Les Généraux Andafiavaratra
et la France
au XIXe siècle à Madagascar

Les Généraux Andafiavaratra et la France au XIXe siècle à Madagascar

Jean-Luc Andrian

Livre nominé pour le prix littéraire
Annual Alf Andrew Heggoy Book Prize, 2009

A highly original and richly illustrated study that reassesses the colonial - pre-colonial divide in Madagascar through the prism of the leading military actors who helped entrench Hova dominance and monarchical rule in Madagascar's central highlands and beyond over the course of the nineteenth century before coordinating the resistance to French incursions from the 1880s onward.

The French Colonial Historical Society Newsletter,
September 2009 Edition

Remerciements

J'aimerais tout d'abord remercier ma femme, Hortense, et ma fille, Cynthia, pour leur patience et leur soutien durant les années où j'avais virtuellement partagé ma vie avec les acteurs des évènements du XIXe siècle qui sont relatés dans ce livre. Je tiens aussi à remercier ma mère, Rachelle qui m'a donné l'inspiration d'écrire ce livre sur l'histoire de la dynastie des Andafiavaratra.

J'aimerais également adresser mes remerciements à Sir Mervyn Brown pour ses conseils à propos des sources d'information sur l'histoire de Madagascar; et au Dr Graham H. Neale pour avoir autorisé l'utilisation des résultats de ses recherches à propos de la vie du général Digby Willoughby, commandant en chef des forces malgaches durant la guerre Franco-Hova de 1883-1885.

Je tiens particulièrement à remercier M. Norbert Rabezato d'Ilafy, pour avoir partagé généreusement en 2005 une collection de recueils de journaux malgaches relatant l'histoire du clan des Tsimiamboholahy d'Avaradrano, une région située au nord d'Antananarivo la capitale de Madagascar.

Je tiens beaucoup à remercier Dr Gustav Steensland (Archiviste en Chef de Mission Archives, School of Mission and Theology, Stavanger, Norway), Ms. Nicola Woods (Rights and Reproductions Coordinator at Royal Ontario Museum), Mr. David Wright (Cutator at Wisbech and Fenland Museum),

Remerciements

et Ms. Lisa Keys (Photographs/Periodicals - Kansas State Historical Society) pour avoir fourni les photos d'illustration utilisé dans le livre. Toute reproduction de celles-ci doient être préalablement autorisée par leurs organisations respectives.

Enfin, je tiens à remercier infiniment mes parents, Jean et Rachelle, ainsi que mes frères Jean-José, Jean-Christian et ma soeur Joëlle, pour leur amour et soutien inconditionnel.

Sommaire

Avant-propos

Selon un témoignage datant de 1885,[1] les Malagasy, habitants de l'île de Madagascar, plus particulièrement les Hova, un groupe ethnique des Hautes-Terres centrales, avaient été, à l'exception des Japonais, le seul peuple au monde à avoir accompli une progression effarante pendant la période allant de 1865 à 1885. Hautement fiers des valeurs de leur civilisation austronésienne, et bénéficiant du savoir-faire occidental sur le plan militaire et technologique, les Hova ont repoussé par la force les frontières de leur royaume bien au-delà de ses limites naturelles. Ils devinrent ainsi le groupe ethnique dominant de l'île au XIXe siècle, et envoyèrent leurs émissaires sillonner le monde afin de représenter les peuples de Madagascar. Ce livre relate l'histoire de leurs illustres généraux, plus spécialement ceux issus de la dynastie des Andafiavaratra, et celle des monarques que ces derniers avaient servis de père en fils depuis 1787. Ensemble, ils ont veillé sur le destin de l'île de Madagascar jusqu'à la conquête française en 1895. Les généraux Andafiavaratra étaient les descendants des souverains d'Analamanga, un royaume aborigène établi jadis sur les sommets de la colline qui domine aujourd'hui la ville d'Antananarivo, la capitale de la nation moderne malgache. Par ailleurs, leur patriarche Andriantsilavonandriana, conseiller favori du roi le plus charismatique du royaume Hova, Andrianampoinimerina, fut un puissant notable issu du clan des Tsimiamboholahy d'Ilafy, un village situé à quelques kilomètres au nord d'Antananarivo.

Bardés de tous les honneurs militaires ou Voninahitra (Vtra), contrôlant pendant plus de soixante ans le destin de l'île de Madagascar et occupant les postes les plus prestigieux du royaume Hova unifié, les généraux Andafiavaratra avaient été les frères d'armes d'experts militaires britanniques, vétérans des guerres impériales en Afrique australe. Ils s'étaient opposés plusieurs fois à l'armée coloniale française à Madagascar tout au long du XIXᵉ siècle, avant de capituler en septembre 1895, devant la détermination de cinq mille hommes commandés de main de maître par le général Duchesne, commandant en chef du corps expéditionnaire français. L'île devint alors un protectorat français, avant d'être annexée par la France en 1896. En dépit de leur courage face aux fusils Lebel à répétition et aux obus à la mélinite des artilleurs français,[2] les patriotes malgaches n'avaient pas pu à l'époque préserver l'indépendance de l'île de Madagascar.

Je me souviendrai toujours d'un moment pathétique que j'ai partagé avec une famille française du Sud de la France, dans les années 1980. Juste avant de commencer le dîner, le patriarche de la maison avait tenu à formuler ses profonds et sincères regrets concernant les crimes commis par l'armée française à Madagascar lors de la grande révolte du peuple malgache en mars 1947, chose jugée « inacceptable » par M. Jacques Chirac lors de sa visite à Madagascar en juillet 2005 en tant que Président de la République française. Je ne peux aujourd'hui qu'admirer le courage de ce patriarche qui n'a pas hésité à accepter et à exorciser une page moins glorieuse de l'histoire de sa nation. Bien longtemps avant lui, Camille Pelletin, lors de son discours datant du 11 juillet 1885, s'était élevé contre la politique coloniale poursuivie par l'État français dans les quatres coins du monde, en ces termes : [3]

« *Qui nous donne le droit d'attaquer Tunis parce que nous avons Alger, Tokin car nous avons la Cochin-Chine et Madagascar car nous avons la Réunion ?* »

Ce livre aborde une autre page de l'histoire commune entre la France et Madagascar, celle d'une époque où la France avait essayé par tous les moyens d'imposer ses droits dits « historiques » aux peuples de Madagascar, alors que les Hova avaient établi leur influence sur une majeure partie de l'île en 1824, sous l'impulsion de leur jeune roi Radama I ou *Radama Le Grand*. Ce fut l'époque où Hippolyte Laroche, résident-général de la France à Madagascar et ancien préfet de la Haute-Garonne, avait osé dénoncer les brutalités commises par l'armée française lors de l'insurrection des Menalamba ou Toges rouges, en 1896. La répression avait alors coûté la vie à des milliers d'habitants.[4] Par ailleurs, ce fut aussi un temps où le général Duchesne, artisan de la conquête de Madagascar en 1895, a remis en question la décision unilatérale de son gouvernement de vouloir annexer l'île de Madagascar. Les généraux Hova avaient alors capitulé malgré la résistance farouche des derniers patriotes malgaches dans les rizières, les champs et sur les collines entourant la ville d'Antananarivo.

Je dédie « *Les Généraux Andafiavaratra et la France au XIXe siècle à Madagascar* » à Rachelle, qui dans les années 1940, alors âgée de huit ans, avait l'habitude de visiter le grand mausolée familial des Andafiavaratra du nom de *Fasan-dRainiharo*, dans le quartier d'Isoraka à Antananarivo. Elle était accompagnée dans sa visite par son père et ses frères. Selon le rituel, au début du mois de novembre, lors de la fête des Morts, ils déposent une gerbe de fleurs au sommet d'un majestueux tombeau. Ensemble, ils saluent le locataire du lieu, qui ne fut autre que leur grand-père Ramampanjaka, un des fils du général 16Vtra Rainimaharavo et de Rasoaray, fille aînée du général et Premier ministre Rainiharo. Rachelle se rappelle encore aujourd'hui, avec une certaine nostalgie, de la beauté de la grande pelouse verdoyante qui poussait à l'intérieur de l'enceinte, parsemée ici et là de belles fleurs multicolores et de plantes de *voatainosy*.

Fermé aujourd'hui au grand public, le mausolée de Rainiharo fut jadis un haut lieu des descendants du roi Andriampirokana d'Analamanga, c'est-à-dire la dynastie des Andafiavaratra. Seul le chant des oiseaux vient troubler de temps en temps le sommeil éternel du celui qui s'était battu jusqu'au bout pour préserver l'indépendance de Madagascar au XIXe siècle, c'est-à-dire le Premier ministre Rainilaiarivony.

« *Nos Corps peuvent être décimés, mais notre Gloire demeure à jamais.* »
Le Premier ministre Rainilaiarivony, 3 juillet 1894.

1. Le peuple Hova de Madagascar

Madagascar est une grande île de l'Océan Indien, située au large des côtes orientales du continent africain, et séparée de celles-ci d'une distance de 400 km par le canal de Mozambique. Malgré sa position géographique et la présence d'héritages bantou et arabe dans les mœurs des habitants, l'île a un fort lien culturel et ethnologique avec une partie de l'Asie; lien dû à la présence de groupes ethniques d'origine polynésienne et mélanésienne. Parmi ces derniers figurent les Hova, habitants des Hautes-Terres centrales de Madagascar ou plus spécialement d'une région connue sous le nom de Imerina. Ils seraient les derniers arrivés parmi les vagues successives d'immigrants en provenance d'Asie.

Ayant été instructeur à l'École Royale d'Antananarivo, la capitale de l'île de Madagascar, le Père Jésuite François Callet avait abondamment écrit sur l'histoire du royaume Hova de Madagascar. Il a publié le premier volume de la fameuse séric des *Tantara Ny Andriana* en 1873. Le prêtre jésuite a compilé entre 1865 et 1883, des évènements historiques qui lui ont été transmis oralement par Faralehibemalo, femme originaire d'Ambohimanga, un village considéré comme sacré selon les traditions Hova

15

et situé à vingt kilomètres au nord de la capitale. Callet lui-même y a séjourné entre 1876 et 1881.[1] Par ailleurs, Raombana, l'historien par excellence de la cour royale Hova avait lui aussi écrit en 1853 une série de documents historiques en anglais, connus sous le titre de *Raombana's History*.[2] Ces deux chefs d'œuvres classiques constituent une source d'information intarissable sur l'histoire plus ou moins orale des différentes monarchies Hova à Madagascar au XIXe siècle.

Les rares étrangers, qui furent les premiers à avoir été en contact avec les Hova, ont été surpris de voir l'état avancé de leur société par rapport à celles des tribus ou royaumes avoisinants. Ainsi, séjournant à Madagascar entre 1758 et 1787, Nicolas Mayeur a reconnu l'existence d'une civilisation Hova, dont les individus avaient un niveau intellectuel assez élevé tout en étant doté d'un esprit ingénieux plus que remarquable.[3] Il a sillonné l'île de long en large afin de recruter des esclaves pour le gouverneur de l'île de La Réunion ou Ile de Bourbon.[4] Par ailleurs, il avait travaillé pour le compte du gouvernement français en tant qu'interprète. En 1887, le général britannique Digby Willoughby, commandant en chef de l'armée Hova, décrivit les Hova comme étant un peuple intellectuel et indépendant, doté d'une faculté spéciale pour l'organisation et l'administration, et dont les membres se distinguent par leur courage et leur dynamisme.[5] Selon lui, ces derniers sont loin d'être des barbares à partir du moment où ils ont eux-mêmes réussi en moins d'un demi-siècle à sortir du monde de l'obscurité et de l'idolâtrie, pour embrasser la religion chrétienne et la civilisation européenne. Par ailleurs, le colonel Shervinton témoigne en 1884 que les Hova sont capables d'assimiler rapidement de nouveaux concepts,[6] une qualité remarquée dix ans auparavant par le colonel William W. Robinson, consul des États-Unis d'Amérique à Madagascar entre 1875 et 1886.[7]

Malgré un jugement singulièrement défavorable à l'encontre du comportement des Hova en général,[8] *Edward Frederick Knight* avait fini par admettre que ces derniers avaient bel et bien atteint un niveau de civilisation plus qu'avancé.[9] Il fut le correspondant du journal anglais *The Times* à Madagascar durant la guerre Franco-Hova de 1895. Stratton avançait que les Hova avaient fortement influencé les populations locales avec lesquelles ils avaient cohabité, parce qu'ils avaient de réelles connaissances techniques, et étaient animés d'un sentiment de supériorité.[10] Selon le témoignage d'un journaliste français du journal *Le Temps*, datant de 1895, la qualité des ouvrages militaires construits par les Hova au sommet d'Andriba, une région montagnarde située à cent soixante kilomètres de leur capitale, attestait l'état avancé de leur industrie au XIXe siècle.[11]

Pendant longtemps, l'origine ethnique des Hova et des autres populations de l'île demeura une énigme. En 1885, le révérend britannique George A. Shaw avait élaboré une thèse selon laquelle les Hova seraient originaires de la Mélanésie ou plus précisément de la Polynésie orientale.[12] Deux-cent-quatre-vingts ans auparavant, les explorateurs Frederic de Houtman et Luis Mariano avaient insinué que le dialecte, pratiqué sur les Hautes-Terres à l'intérieur du pays s'apparentait au Bouki qui lui n'avait rien à voir avec ceux du continent africain voisin.[13] Par ailleurs, de récentes recherches attestaient que la signature vocale du dialecte des Hova, devenu aujourd'hui la langue nationale officielle de Madagascar sous l'appellation *Malagasy*, est similaire à celle des langues austronésiennes, plus particulièrement le Tagalog des Philippines.[14] Au-delà des similarités linguistiques, le contrat social liant les souverains et les sujets chez les Hova semble aussi provenir de cette région du monde.[15] Ainsi, il est généralement admis aujourd'hui que les Hova constituent un groupe ethnique dont l'origine du dialecte est austronésienne, au même titre que les Malais, les Indonésiens et les Philippins. Par ailleurs, le drapeau rouge et blanc arboré par leur monarchie ressemble fort à celui d'un empire indonésien, qui a existé vers la fin du XIIIe siècle et connu sous le nom de Majapahit de Java.

Aux environs du Xe siècle, bien avant l'arrivée des Hova à Madagascar, un peuple aborigène connu sous le nom de Vazimba et originaire de la Polynésie occidentale, avait habité les Hautes-Terres centrales de Madagascar.[16] Les Vazimba de Madagascar n'avaient ainsi rien de commun avec les êtres mythiques de très petite taille, si populaires aujourd'hui dans la mémoire collective des habitants de l'île. À cause de la couleur de leur peau beaucoup plus mate que celle des Hova, certains observateurs avaient avancé que les Vazimba auraient séjourné sur le continent africain. D'autres avaient même essayé d'établir une certaine liaison entre les Vazimba et les Mazimba, un peuple nomade des côtes orientales du centre Afrique.[17]

Selon Stratton, les Hova avaient au fil du temps préservé leur aspect physique d'origine, car ils se mélangeaient rarement avec les populations locales de l'île.[18] Ainsi, ils affichaient une apparence physique très différente de celle des autres groupes ethniques de Madagascar. La disparité physique entre les différentes ethnies de l'île est décrite ci-dessous par un observateur : [19]

1. Le peuple Hova de Madagascar

« Les indigènes présentent des différences très notables dans leurs aspects physiques et dans la couleur de leur peau : les uns sont noirs et ont les cheveux crépus, comme les Cafres de Mozambique et d'Angola; d'autres sont également noirs, mais ont les cheveux lisses; d'autres sont basanés comme les mulâtres, et il en est qui ont presque le teint des Blancs et peuvent soutenir la comparaison avec les Métis les plus clairs. Ce sont ces derniers qui furent arrachés d'un royaume situé au centre de l'île, et qui se vendent à Mazalagem aux Arabes de Malindi. »

Les Hova s'étaient installés définitivement sur les Hautes-Terres centrales de l'île vers le début du XVIe siècle, au détriment des Vazimba, après avoir été chassés des côtes orientales, par les populations locales qui avaient l'habitude de les désigner sous le nom de *Tankova*. Vers 1550, sous le règne du roi Andriamanelo, fils de la reine Rangita, connue pour être une descendante directe des Vazimba, la nouvelle terre des Hova prit le nom d'*Ankova* ou la demeure permanente des Hova. Elle devint un royaume unifié sous le nom de *Imerina* vers le début du XVIIe siècle, durant le règne du roi Ralambo, fils d'Andriamanelo et celui qui avait appelé son peuple *Merina*. Né à Betafo Ambohimangakely, Ralambo a été à l'origine de la structure sociale des Hova ou des Merina sous forme de castes. Celle des *andriana* ou les nobles se trouvaient en haut de la pyramide, au même titre que les souverains. Elle est composée d'une manière hiérarchique, des *zanakanandriana*, des *zazamaroluhy* et des *andriamasinavalona*.[20] Puis vient celle des citoyens dits libres, dominée par les *hova*, ceux qui excellaient dans l'art du commerce, et qui avaient un sens inné de l'organisation et des affaires. Leurs puissants généraux à la tête de l'armée royale avaient transformé, au XIXe siècle, le royaume Hova en un état fortement militarisé. Derrière la caste des hova figure celle des *tandapa* ou ceux qui effectuaient les travaux de domestique au palais des souverains;[21] puis les *zazahova*, qui eux servaient entre autres de garantie dans les transactions financières;[22] et enfin, les *mainty* ou les personnes qui avaient été battues sur les champs de bataille, mais originaires des Hautes-Terres.[23] Tout au bas de la hiérarchie sociale des Hova se trouve la caste des *andevo* dont les membres étaient généralement des prisonniers de guerre issus des régions situées en dehors de l'Imerina, voire des esclaves en provenance d'Afrique ou plus spécialement de la Mozambique.[24]

Selon Larson, les peuples du centre, c'est-à-dire les Hova, ont acquis leur identité politique vers la fin du XVIIIe siècle, sous l'impulsion de leur charismatique roi du nom d'Andrianampoinimerina. Par contre, ils auraient établi leur identité ethnique en combattant la politique d'ouverture à la civilisation européenne et le système de monarchie absolue imposée par son fils, le roi Radama I.[25] Ce dernier fut reconnu en 1817 par l'Angleterre impériale, une grande alliée de la monarchie Hova, comme étant le Roi de l'île de Madagascar. L'alliance stratégique Anglo-Hova a sans aucun doute permis aux Hova d'améliorer considérablement leur savoir-faire technique et militaire, leur permettant ainsi d'étendre et d'affermir leur domination sur les autres tribus ou royaumes de Madagascar.[26] Suite au grand discours de Radama à Sahafa en 1822, les Hova entamèrent la conquête de l'île en soumettant tour à tour par la force ou par la ruse, les divers chefs de tribus ou monarques des régions en dehors de l'Imerina.[27] En fait, Radama n'avait fait que matérialiser la déclaration faite par son père bien des années auparavant. En effet, ce dernier avait alors affirmé que seul l'océan constituerait les limites naturelles de son royaume.

1. Le peuple Hova de Madagascar

Toux deux avaient hérité d'une armée aguerrie, dont les chefs étaient majoritairement issus des puissants clans hova d'Avaradrano, plus spécialement, les Tsimiamboholahy et les Tsimahafotsy. Ces derniers avaient permis au roi Andrianampoinimerina d'unifier par la force le royaume Hova. Ayant amassé de grosses fortunes grâce au développement des échanges avec l'étranger le long des côtes orientales de Madagascar, le pouvoir des clans était tel qu'ils parvinrent à influencer les souverains, à placer les plus talentueux de leurs fils à la tête de l'armée Hova, et dominer la scène politique et militaire à Madagascar tout au long du XIXe siècle.

Fortement attachés à l'identité politique Hova héritée du roi Andrianampoinimerina,[28] les généraux de la dynastie des Andafiavaratra d'origine Tsimiamboholahy, s'étaient opposés jusqu'au bout aux ambitions coloniales de la France, marquant ainsi de leurs empreintes l'histoire de l'indépendance de l'île de Madagascar au XIXe siècle. Une telle obstination pourrait s'expliquer par le fait qu'ils étaient ni plus ni moins que les fils, les pères ou les frères des fameuses femmes d'Avaradrano, celles qui avaient osé défier le pouvoir absolu du roi Radama I en avril 1822.[29] Vaincus par l'armée française en 1895, lors d'une expédition militaire qui avait coûté la vie à des milliers de soldats français, les généraux Andafiavaratra disparurent complètement du devant de la scène politique et militaire à Madagascar. Ils reposent aujourd'hui en paix, ainsi que leurs familles, derrière les enceintes silencieuses du mausolée *Fasan-dRainiharo* ou le tombeau de Rainiharo, situé dans le quartier d'Isoraka à Antananarivo. L'édifice tombal a été offert en 1846 à leur patriarche, le général et Premier ministre Ravoninahitra Ingahivony alias Rainiharo, par la reine Ranavalona I, la souveraine la plus controversée de l'histoire de la monarchie Hova de Madagascar.

21

2. La montée en puissance des Andafiavaratra

Vers la fin du XVIIIe siècle, un roi Hova du nom d'Andrianampoinimerina était devenu le symbole de l'identité politique et de la grandeur de tout un peuple à Madagascar. Cependant, malgré les grands développements sociaux, politiques et militaires qui avaient été réalisés durant son règne, le modèle de gouvernance instaurée par le monarque demeure un des sujets les plus controversés de l'histoire du royaume Hova. En effet, afin de stabiliser ce dernier, il avait fait alliance avec les puissants notables et gardes prétoriennes des clans roturiers d'Ilafy et d'Ambohimanga, au détriment des nobles. En opérant ainsi, Andrianampoinimerina avait créé une révolution sociale et monarchique qui avait conduit à l'affaiblissement progressif du pouvoir des souverains Hova au XIXe siècle, au profit des puissants généraux issus de la dynastie des Andafiavaratra. Par ailleurs, en déclarant que seul l'océan constituait les limites naturelles de son royaume unifié par la force, il avait établi la justification des conquêtes militaires des Hova à travers tout le territoire de Madagascar.

2.1 Entorse aux règles de succession royale à Ambohimanga

En 1787, le prince Imboasalama avait été au centre d'une longue dispute qui allait désigner le cinquième roi d'Ambohimanga. Son oncle, Andrianjafinanahary ou Andrianjafy, fut tristement célèbre pour être un monarque tyrannique et brutal.[1] Ce dernier régnait en maître absolu sur toute la région d'Avaradrano. Andrianjafy avait essayé à plusieurs reprises, sans y parvenir, d'éliminer physiquement Imboasalama, pour l'empêcher de lui succéder au trône au détriment de son fils Ralaitokana, avènement prédit par les devins du royaume. Il était même allé jusqu'à tuer son propre frère, le prince Andriantsimitovizafinitrimo, qui lui avait eu le malheur de prévenir Imboasalama à propos d'un complot le visant. La rivalité entre les deux hommes finalement tourna en faveur du prince qui, soutenu par douze guerriers fortement armés, s'était emparé du trône d'Ambohimanga alors que son adversaire séjournait à Ilafy, un village voisin.

Afin de consolider son nouveau pouvoir et d'imposer sa légitimité auprès des nobles, Imboasalama, régnant alors sous le nom d'Andrianampoinimerina, s'était empressé à forger des alliances avec les grands notables, et les chefs militaires issus des puissants clans de la région d'Avaradrano. Maniant habilement la carotte et le bâton, il avait réussi à venir à bout de la réticence des Tsimahafotsy à le soutenir, méthode qui n'avait pas réussi auprès des nobles et des Tsimiamboholahy d'Ilafy. En effet, ces derniers, ayant un certain sens de l'honneur et de la loyauté, avaient préféré rester fidèles à leur roi Andrianjafy.[3] Malgré une longue guerre fratricide qui avait opposé les deux camps,

2. La montée en puissance des Andafiavaratra

aucun d'eux n'avait réussi à faire plier son adversaire.[4] Entre temps, Andrianjafy décida de s'établir temporairement chez son gendre, le roi Andriamboatsimarofy, à Antananarivo.

Finalement, Andrianampoinimerina avait fini par recourir à la ruse afin de parvenir à ses fins. Il s'était mis à acheter la loyauté envers leur roi Andrianjafy de trente chefs plébéiens originaires d'Ambohitrarahaba, alors que la guerre faisait rage entre les armées Tsimahafotsy et Tsimiamboholahy du côté d'Anosimiarinimerina. Les conspirateurs avaient alors conçu un plan, selon lequel ils recommanderaient à leur roi de retourner à Ambohimanga, en lui faisant croire que le trône avait été abandonné par son ennemi.[5] En fait, le but était tout simplement de l'assassiner sur le chemin. Profitant de l'impopularité grandissante de leur future victime, et bénéficiant de l'approbation des grands notables d'Avaradrano, tel le nommé Rabefiraisana, ils mirent leur plan à exécution et jetèrent la dépouille d'Andrianjafy au fond de la vallée d'Andriantsahafady, située au sud du village Ambohimanga.

Ayant eu vent des nouvelles selon lesquelles Andrianjafy serait entre les mains des Tsimahafotsy à Ambohimanga, les Tsimiamboholahy et les nobles d'Ilafy se mirent à marcher en grand nombre en direction du village. Conscient du fait que la survie du royaume d'Avaradrano elle-même était menacée, et ayant reçu le soutien d'Andriantsilavo, l'un des grands chefs Tsimiamboholahy, le roi Andrianampoinimerina décida de négocier une paix des braves avec ses ennemis. Fortement influencés par leurs chefs Andriantsilavo et Rahagamainty, les Tsimiamboholahy n'avaient d'autre choix en 1789 que d'accepter la main tendue du nouvel homme fort d'Avaradrano, d'autant plus

25

que le prince Ralaitokana, fils d'Andrianjafy, était à l'époque trop jeune pour régner. Quant aux nobles d'Ilafy, ils obtinrent du monarque d'immenses domaines terriens. Dorénavant, les Tsimahafotsy et Tsimiamboholahy allaient être représentés d'une manière égale au sein de la nouvelle armée unifiée d'Avaradrano. Le prince Ralaitokana avait eu respectivement pour frère et sœur, Ratsiantahana et Ratsimiantanasoa. La mère de cette dernière, du nom de Ranavalondraka, était originaire d'Ilafy, le bastion des Tsimiamboholahy.

En accédant au trône par la force, le roi Andrianampoinimerina avait attiré les foudres de l'historien le plus éminent de la cour royale Hova, c'est-à-dire Raombana. En effet, ce dernier l'avait accusé de n'être ni plus ni moins qu'un usurpateur du pouvoir. Par ailleurs, selon un observateur, les Hova n'auraient jamais accepté d'être des sujets d'Andrianampoinimerina s'ils avaient su que ce dernier avait été un fils illégitime de la princesse Rasoherina, sœur du roi Andrianjafy, avec un prince d'Antananarivo.[6] Afin de cacher une telle vérité, les historiens du palais auraient tout simplement fait passer l'épouse du roi Andriamiaramanjaka de la région d'Ikoly, c'est-à-dire Ranavalonandriambelomasina, la sœur de Rasoherina, comme ayant été sa vraie mère.

Craignant un complot de la part des nobles, auxquels il avait retiré beaucoup de privilèges, entre autres celui de diriger les affaires de l'État, Andrianampoinimerina avait tout fait pour limiter leur mobilité au sein de son royaume.[7] Pragmatique, il avait préféré forger une alliance stratégique avec les chefs de clans roturiers, car il savait que ces derniers étaient bel et bien la force dominante au sein du royaume d'Avaradrano, bien avant son accession au trône.[8] Par ailleurs, son choix semble avoir été dicté par le fait que ses nouveaux alliés avaient été les seuls à être en mesure de formuler une vision étatique et unifiée du royaume Hova à l'époque.[9] Fort du soutien inconditionnel des puissants clans d'Avaradrano, il avait alors entamé avec succès la réunification du royaume de l'Imerina. Son fils, le roi Radama I, avait parachevé son rêve de grandeur, en poussant plus tard les frontières d'un tel royaume bien au-delà des Hautes-Terres centrales de Madagascar.

Le roi Andrianampoinimerina avait considéré les Tsimahafotsy comme étant les *Rain'ny olona*, c'est-à-dire, les patriarches de ses sujets, du fait qu'ils avaient été les premiers à se rallier à cause lors de sa confrontation avec le roi Andrianjafy. Par contre, il avait assimilé les Tsimiamboholahy au *Vakitronga*, tant il admirait leur intégrité et leur sens de l'honneur. Le *Vakitronga* est un arbre qui symbolise la vertu selon les traditions Hova.[10] L'alliance entre Tsimiamboholahy et Tsimahafotsy sous le règne d'Andrianampoinimerina avait été matérialisée à l'époque, par une cérémonie de dépôt de pierre dans le village d'Antsimon'Anosy ou Anosimena, situé au nord d'Asabotsi'i Namehana. Ce dernier était un fief sous le contrôle du noble Andriambao, un contemporain du roi Andrianampoinimerina et descendant du roi *Andriamasinavalona*, celui qui avait favorisé la cohabitation de ses descendants avec les Tsimiamboholahy dans la région d'Ilafy.

Le prince Imboasalama était-il un usurpateur en 1787 ou ne faisait-il que matérialiser, un vœu émis par son grand-oncle, le roi Andriambelomasina, père du roi Andrianjafy? En effet, Andriambelomasina aurait souhaité l'accession au trône de son petit-neveu au détriment de son petit-fils

Ralaitokana. Raombana quant à lui, doute fortement de l'existence d'un tel vœu royal qui, de loin, demeurait le seul argument de taille en faveur de la légitimité des pouvoirs d'Andrianampoinimerina auprès des Hova en tant que roi. Cependant, d'une manière générale, les Hova respectent hautement le monarque dont le modèle de société basé sur le fameux concept du *fokonolona*, demeure aujourd'hui une des références sociales de la nation moderne malgache. Par ailleurs, en réalisant la réunification du royaume de l'Imerina, le roi Andrianampoinimerina avait permis à la majorité des Hova de rester des hommes libres, à une époque où des milliers d'hommes, de femmes et d'enfants de Madagascar, victimes des raids des tribus Sakalava avoisinantes, furent acheminés de force dans les quatre coins du monde, en tant qu'esclaves.

2.2 La dynastie des Andafiavaratra

Andriantsilavo, un des chefs du clan Tsimiamboholahy d'Ilafy, fut le patriarche des généraux de père en fils issus de la dynastie des Andafiavaratra, et qui avaient pratiquement contrôlé le destin du royaume unifié Hova de Madagascar au XIXᵉ siècle. Il avait été promu Gardien du palais royal, après avoir rallié ses troupes à la cause du roi Andrianampoinimerina lors de la conquête du trône d'Avaradrano par ce dernier en 1787. Quant au rajout du suffixe andriana à propos de son nom, il s'expliquerait par le fait qu'il avait décliné une offre royale d'anoblissement. Ainsi, Andriantsilavo fut aussi connu sous le nom de Andriantsilavonandriana. Selon la tradition orale, ce dernier aurait préféré rester un roturier muni d'immense pouvoir consultatif auprès du roi, plutôt que de devenir un noble totalement écarté des affaires du royaume. En tant que *loholona*, c'est à dire un Sage, il avait été l'un des conseillers les plus éminents de la monarchie Hova. Par ailleurs, il avait géré les grandes affaires de l'État et siégé au sein du conseil d'État du roi Andrianampoinimerina, au même titre que Rahagamainty et un certain Rahagafotsy. Ce dernier, dont le fils nommé Ramahafadrahona soutenait plus tard l'accession au pouvoir de la reine Ranavalona I en juillet 1828, avait été le coupeur de têtes par excellence du royaume. Les fils d'Andriantsilavo, entre autres, les officiers Rajery, Ratsimanisa Rainimaharo et Ingahivony Ravoninahitra, plus connu sous le nom de Rainiharo, avaient eux aussi siégé au sein du conseil d'État du royaume, dirigé par un certain Rabefiraisana. Celui-ci avait patronné les cérémonies d'intronisation du roi Andrianampoinimerina en 1787.[11] Quant à Rahagamainty, il fut honoré du titre *Mpitaiza Andriana*, c'est-à-dire l'éducateur privilégié des nobles ou des héritiers du trône. Le lien marital entre Rainiharo et Rabodomirana, étant respectivement le fils d'Andriantsilavo et la petite-fille de Rahagamainty, témoignait des relations étroites entre les deux chefs Tsimiamboholahy.

En proposant sa propre vie en échange de celle de son roi, lors d'une séance où ce dernier simulait sa propre mort afin d'identifier le plus dévoué de ses conseillers, Andriantsilavo avait plus qu'impressionné Andrianampoinimerina. Selon la tradition orale, le roi aurait alors souhaité un partage du pouvoir entre ses propres descendants issus de la caste des andriana, et ceux d'Andriantsilavo, qui étaient apparemment des roturiers. À première vue, le vœu royal semblerait bouleverser complètement l'échelle des valeurs sociales des Hova, définie par le roi Ralambo au XVIIᵉ siècle. Cependant, ce vœu pourrait aussi s'expliquer du fait que le patriarche Tsimiamboholahy avait pour femme, Rabako Ravololona, une descendante des derniers authentiques souverains Vazimba du royaume d'Analamanga. En effet, Andrianampoinimerina vouait un grand respect à l'héritage Vazimba, à tel point qu'il assimilait la tête du zébu, symbole de l'honneur et du pouvoir royal suprême en Imerina, à la noblesse d'Analamanga. De la descendance directe du roi Vazimba Andriampirokana, Rabako Ravololona fut la fille de Rainitavy d'Ambodinandohalo. Ainsi, en souhaitant le partage du pouvoir entre les descendants de la noblesse Hova issue des reines Vazimba Rafohy et Rangita, et ceux issus des monarques Vazimba d'Analamanga, Andrianampoinimerina semblait vouloir confirmer la noblesse de ces derniers auprès de ses sujets. Aussi étrange que cela puisse être, le vœu royal a bel et bien été exaucé beaucoup plus tard, par les couples royaux qui ont dirigé le destin du royaume Hova au XIXᵉ siècle à Madagascar. En effet, les descendants d'Andriantsilavo, entre autres le général Rainiharo et ses deux fils, les généraux Raharo Rainivoninahitriniony et Rainilaiarivony, avaient épousé des reines issues de la dynastie du roi Andrianampoinimerina. Comme s'il voulait clamer haut et fort son héritage culturel et royal Vazimba, le général Rainiharo avait bâti sa maison sur le lieu même où avait vécu un Vazimba du nom de Rafahana, c'est-à-dire à Ambatondrafandrana, domaine situé au sommet de la colline d'Analamanga.

Ainsi, en ralliant la cause du roi Andrianampoinimerina en 1787, en lui donnant sa loyauté jusqu'au bout, et en épousant une descendante des souverains Vazimba d'Analamanga, Andriantsilavonandriana allait permettre à ses descendants, les généraux de la dynastie des Andafiavaratra, de partager plus tard le pouvoir avec les

2. La montée en puissance des Andafiavaratra

monarques Hova. Vers le milieu du XIXe siècle, le royaume Hova avait été alors pratiquement contrôlé par les officiers Andafiavaratra, entre autres, Rajery, Ratsimanisa, Rainiharo, Rainivoninahitriniony, Rainilaiarivony, Ratsimatahodriaka, Rainiharovony, Rainimaharavo, Ravoninahitriniarivo, Rainizanamanga, Rainiandriantsilavo, Rainisoa Ravanomanana, Ralaiarivony, Rajoelina, Rapanoelina, Radilifera, Ratelifera, Rainitomponiera, Randriantsilavo, et Rainivalitera. Ensemble, ils symbolisèrent tout aussi bien la gloire que la faillite de l'une des plus grandes dynasties Hova au XIXe siècle. Certains d'entre eux s'étaient battus jusqu'au bout pour préserver l'indépendance du territoire de Madagascar devant les ambitions coloniales de la France, alors que d'autres avaient tout simplement choisi de coopérer avec elle, au même titre que des personnages éminents de la noblesse *andriana*. En fait, les Andafiavaratra avaient été fortement divisés à l'époque entre anglophiles et francophiles, à la suite de la politique d'ouverture prônée par leur patriarche, le Premier ministre Rainilaiarivony. Les rivalités internes avaient été telles que des généraux compétents et populaires, tel Ravoninahitriniarivo, avaient été écartés du cercle du pouvoir, alors que la relève s'était tout simplement égarée dans les excès de tout genre. Celle-ci avait même fini par perdre toute crédibilité auprès du peuple, tant elle avait trop abusé du pouvoir. Quelques-uns avaient cependant choisi la voie de la rédemption en contruisant des églises, entre autres celles d'Ambohimiandra et d'Amboditsiry. Ainsi, une grande dame des Andafiavaratra, en la personne de Victoire Rasoamanarivo, avait été la représentante des premiers chrétiens catholiques de Madagascar et des déshérités d'Antananarivo au XIXe siècle, chose qui lui avait valu une béatification papale en 1989. Enfin, notons que certains officiers d'élite des

Andafiavaratra avaient été à l'époque formés au Royal Military Academy of Woolwich, une des académies militaires les plus prestigieuses d'Angleterre.

Le mot Andafiavaratra désignait une zone située sur le côté nord du palais du roi Andrianampoinimerina à Ambohimanga, dédiée à la garde prétorienne Tsimiamboholahy.[12] Ce fut aussi le nom attribué à un vaste domaine situé sur les hauteurs de la colline d'Analamanga, un peu plus au nord du palais des souverains de Manjakamiadana, à Antananarivo. Le général Rainiharo avait partagé le domaine entre ses enfants, et un de ses petits-enfants.[13] Ainsi, il avait octroyé la partie Nord, connue sous le nom d'Ambatobe, à son fils aîné Rainivoninahitriniony alias Raharo. Celle du centre, c'est-à-dire Kianjatsiroa, avait été partagée entre son fils cadet Rainilaiarivony et sa fille aînée Rasoaray. Quant à Ambohijafy, la partie située plus au sud, elle revenait à son petit- fils Ravoninahitriniarivo. Autant Ambatobe qu'Ambohijafy, elles avaient servi toutes les deux de lieux de résidence des rois d'Analamanga, entre autres, Andriandroka, Andriandrokabe, et Andriampirokana, ancêtres des Andafiavaratra. Ambatobe aurait été léguée par la princesse Rabodosahondra, soeur du roi Radama I, aux Tsimiamboholahy qui avaient été envoyés peupler Antananarivo, à la demande du roi Andrianampoinimerina. Par ailleurs, ces derniers avaient été propriétaires des grands domaines tels Andranomalahelo, Andohalokely et Ambatondrafandrana, tous les trois, localisés sur les hauteurs d'Analamanga. En fait, leur territoire s'étendrait vers Isotry, Isoraka, Anjoma, Ambohitsirohatra et la partie située à l'ouest de celle-ci, quartiers faisant partie des faubourgs bas de la ville d'Antananarivo. Quant aux parents de Rainiharo, ils habitèrent à l'est d'Ambohijafy, c'est-à-dire à Ampamalo, l'endroit où résiderait le tombeau du roi Andriampirokana.

2. La montée en puissance des Andafiavaratra

Bâti en 1872 selon une architecture élaborée par le Britannique William Pool, sous l'initiative du Premier ministre Rainilaiarivony, le palais des Andafiavaratra se trouve à l'emplacement même de la maison familiale à deux étages du général Rainiharo. Il se dresse majestueusement sur la propriété du roi Andriampirokana. Ravagé par les flammes le 11 septembre 1976, ayant été reconstruit depuis, le palais sert aujourd'hui de musée appartenant à l'État malgache. Considéré comme un patrimoine national, il porte désormais le nom officiel de *Palais Andafiavaratra des Premiers ministres*. Il avait jadis abrité la toute première école du royaume de langue anglaise, établie le 8 décembre 1820 par le révérend David Jones. L'un des premiers à avoir fréquenté l'école fut le prince Rakotobe,[14] fils de la princesse Rabodosahondra. Cependant, la toute première école du royaume aurait été de langue française et avait été l'œuvre d'un sergent de l'armée française du nom de Robin. Ce dernier avait introduit l'art de lire, d'écrire, et de penser français, au jeune roi Radama I.[15] Il avait été promu ODP, c'est-à-dire officier de palais, puis commandant en chef de l'armée Hova des régions orientales de Madagascar. Robin, un Créole originaire de l'île Maurice, avait été considéré pendant longtemps comme étant un fugitif de l'armée française, par les autorités de l'Île de Bourbon-Réunion voisine.[16] Il avait été cependant recruté en 1824 par le commandant Jean-Louis Joseph Carayon, pour promouvoir les intérêts français à Madagascar, alors qu'il était au service de la Couronne Hova.[17] Ayant été expulsé de l'île par les Hova en octobre 1828, il s'était engagé de nouveau dans l'armée française au service du commandant Gourbeyre, celui qui avait bombardé en juillet et août 1829 les villes de Tamatave et Foulpointe, connues respectivement aujourd'hui sous les noms de Toamasina et Mahavelona.

Dominant les hauteurs d'Andohalo avec un extérieur rougeâtre comme la couleur du sol sur les Hauts Plateaux de Madagascar, le palais demeure aujourd'hui une des preuves vivantes de la gloire de la famille royale des Andafiavaratra au XIXe siècle. Le lendemain de la défaite de l'armée Hova en 1895, il avait été occupé par l'état-major militaire français, puis utilisé en 1916 et en 1948 par les autorités coloniales pour juger les membres de la résistance populaire malgache. En 1923, le palais devint un centre de formation militaire connu sous le nom *École Militaire préparatoire d'enfants de troupe indigènes de Madagascar*, le côté nord ayant été occupé par les officiers de l'armée française. Après l'indépendance qui avait eu lieu le 26 juin 1960, il avait servi tour à tour de baraquements militaires, de résidence présidentielle, de demeure du Premier ministre, de cour de justice, voire d'école d'art.

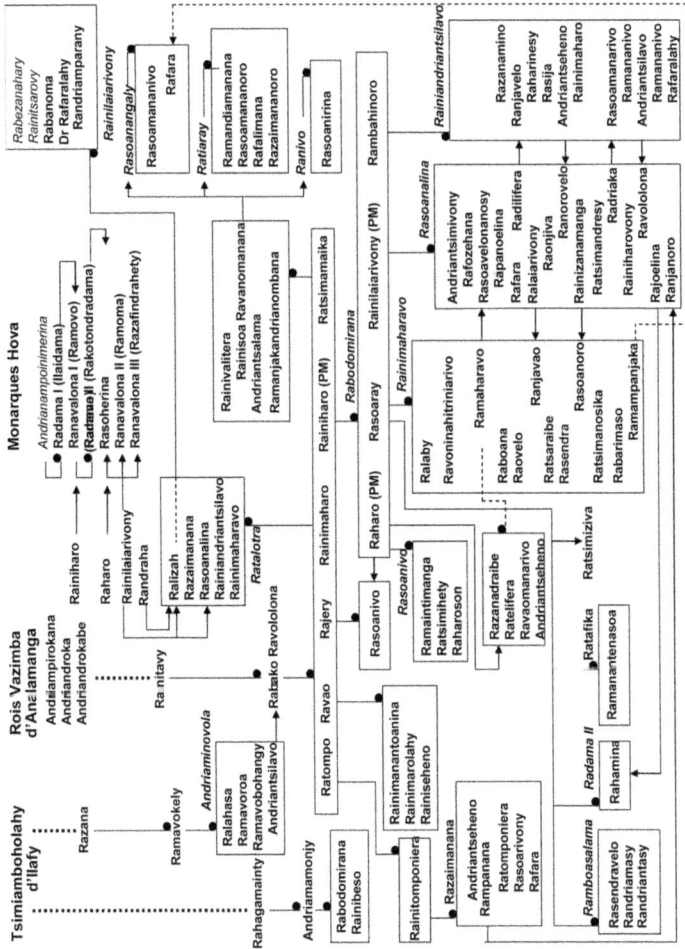

La dynastie des Andafiavatra et les monarques Hova au XIXe siècle

Tsimiamboholahy d'Ilafy

Razana
Ramavokely

Andriamamonjy
Rabodomirana
Rainibeso

Rahagamainty Ramavobohangy Andriantsilavo

Rois Vazimba d'Anelamanga

Andriampirokana
Andriandroka
Andriandrokabe

Andriaminovola
Ralahasa
Ramavoroa
Ramavobohangy
Andriantsilavo

Ratako Ravololona

Ra nitavy

Rainitomponiera
Razaimanana
Andriantseheno
Rampanana
Ratomponiera
Rasoarivony
Rafara

Rainimarolahy
Rainimanantoanina
Rainiseheno

Ratompo   Ravao

Monarques Hova

Andrianampoinimerina
Radama I (Ilaidama)
Ranavalona I (Ramavo)
(Radama) II (Rakotondradama)
Rasoherina
Ranavalona II (Ramoma)
Ranavalona III (Razafindrahety)

Rainiharo
Raharo
Rainilaiarivony
Randraha

Ralizah
Razaimanana
Rasoanalina
Rainiandriantsilavo
Rainimaharavo

Ratalotra

Rainimaharo   Rainilaiarivony (PM)

Rajery   Rasoanivo

Rasoanivo
Ramanitimanga
Ratsimihety
Raharoson

Ratafika   Ramanantenasoa

Radama II
Rahamina

Ramboasalama
Rasendravelo
Randriamasy
Randriantasy

Raharo (PM)   Rainimaharo

Rabodomirana

Raharo (PM)   Rasoaray   Rainilaiarivony (PM)

Ralaby
Ravoninahitriniarivo

Razanadraibe
Ratelifera
Ravaomananarivo
Andriantseheno

Ratsimiziva

Rainiharo (PM)   Ratsimamaika

Ramaharavo

Raboana
Raovelo

Ratsaraibe
Rasendra

Rasoanoro

Ratsimanosika
Rabarimaso
Ramampanjaka

Rajavao

Rasoamananivo
Rafara

Ramandiamanana
Rasoamananoro
Rafalimana
Razaimananoro

Ranivo   Rasoanirina

Rambahinoro

Rasoanalina
Andriantsimivony
Rafozehana
Rasoavelonanosy
Rapanoelina
Rafara   Radilifera
Ralaiarivony
Raonjiva
Ranorovelo
Rainizanamanga
Ratsimandresy
Radriaka
Rainiharovony
Ravololona
Rajoelina
Ranjanoro

Ratiaray

Rainiandriantsilavo
Razanamino
Ranjavelo
Raharinesy
Rasija
Andriantseheno
Rainimaharo
Rasoamananivo
Ramananivo
Andriantsilavo
Ramananivo
Rafaralahy

Rabezanahary
Rainitsarovy
Rabanoma
Dr Rafaralahy
Randriamparany

Rainilaiarivony
Rasoanangaly   Rasoamananivo   Rafara

Lien marital   A →

Liste des descendants de A et B   B •

3. La reine Ranavalona I

Lors d'un voyage à Madagascar en juillet 2001, une étudiante américaine a réussi tant bien que mal à saisir les sentiments ambigus des Hova contemporains à l'égard de la reine Ranavalona I,[1] dont le règne demeure le plus controversé de l'histoire de la monarchie Hova. Elle avait alors conclu que ces derniers, selon leurs affinités politiques ou religieuses, considéraient Ranavalona comme la protectrice intransigeante de la souveraineté territoriale de l'île, comme une xénophobe aveugle ou tout simplement comme l'incarnation du diable en personne.

Contrairement à ce que l'on pourrait croire, la reine Ranavalona I n'était pas la première à avoir adopté une politique isolationniste concernant le royaume Hova, au début du XIXe siècle. En fait, elle n'avait fait qu'adopter une stratégie déjà poursuivie par son mari, le roi Radama I. En effet, doutant des intentions réelles de l'Angleterre à l'égard de son royaume,[2] Radama avait rompu une alliance qui l'avait tant aidé à conquérir presque tout le territoire de Madagascar. Ainsi, déçu de la retombée de sa politique dite d'ouverture avec l'étranger, il avait alors choisi d'isoler son royaume du monde extérieur, vers la fin de son règne. Ranavalona avait alors mené cette même politique mais jusqu'à l'extrême. L'attaque des forces françaises du commandant Gourbeyre sur Toamasina en juillet 1829 n'avait fait qu'accélérer les choses. Ainsi pourrait s'expliquer la suspicion légendaire de Ranavalona, à l'égard des nations impériales européennes du XIXe siècle, y compris l'Angleterre.

3.1 Le pouvoir absolu du zébu à trois cornes de Ramavo

La princesse Ramavo Rabodoandrianampoinimerina, née en 1780, était une *Roambinifolovavy*, c'est-à-dire l'une des douze femmes légitimes du roi Radama I. Cependant, elle ne portait pas le titre de reine, titre réservé à la princesse Rasalimo d'origine Sakalava. Ne voulant pas qu'un prince, de sang Sakalava, puisse succéder un jour à son fils, la reine Rambolamasoandro avait assassiné en janvier 1824 le prince Itsimandriamabovoka, le fils aîné de Rasalimo. Pour sa succession, Radama aurait préféré son neveu, le prince Rakotobe, mais avait finalement choisi la princesse Raiketaka Razanakinimanjaka,[3] qui elle, fut sa fille avec la reine Rasalimo. Raiketaka devrait alors prendre pour époux Rakotobe. Peut-être, en choisissant Raiketaka, Radama avait voulu réparer le crime commis auparavant par sa mère. En tout cas, ce qui semble sûr, c'est que la princesse Ramavo n'était pas du tout parmi la liste de ceux ou celles qui avaient été pressenti pour lui succéder, malgré qu'ils aient été tous les deux éduqués par la princesse Ralesoka, la sœur unique du roi Andrianampoinimerina. Par ailleurs, en dépit de leur union qui dura à peu près vingt ans, le couple Radama-Ramavo n'avait point produit un seul héritier du trône.

3. La reine Ranavalona I

Afin de préparer sournoisement l'accession au trône de leur protégé, c'est-à-dire le prince Rakotobe, les Tsimahafotsy avaient caché pendant plusieurs jours les nouvelles de la mort de Radama en 1828. Ce dernier se serait suicidé au moyen d'un couteau, tellement il avait été déprimé par la maladie qui l'avait cloué au lit pendant des mois. Cependant, il avait été aussi rapporté que le monarque s'était accidentellement tranché la gorge, alors qu'il était dans un état semi-conscient. En tout cas, les Tsimahafotsy avaient été trahis dans leur effort, par Andriamihaja, un jeune officier originaire de la région de Namehana et appartenant au clan des Tsimiamboholahy. Ce dernier, faisant partie du complot au départ, avait tout simplement dévoilé l'affaire à la princesse Ramavo, dont les ambitions ne cessaient entre-temps de grandir. Celle-ci, ne faisant aucune illusion quant à l'issue finale de la maladie qui avait rongé progressivement son mari, avait déjà planifié le processus violent de succession qui eu lieu au lendemain du décès de ce dernier. Par ailleurs, pour pouvoir accéder sans coup férir au trône, elle avait rallié les grands chefs de l'armée et les grands dignitaires du parti traditionaliste du royaume. Ces derniers avaient alors tout fait pour empêcher le prince Rakotobe de monter au trône car il aurait été selon eux, trop favorable à la propagande religieuse des missionnaires britanniques, du fait qu'il avait été éduqué par David Jones. Ayant fait les frais de la politique d'ouverture du roi Radama I, les grands notables et chefs militaires avaient joint la cause de celle qui avait opté pour son abandon pur et simple. En effet, Radama avait préféré remplacer plusieurs d'entre eux par des Européens lors de l'attribution des postes clefs au sein de son royaume.[4] Par ailleurs, en bannissant la traite d'esclaves sur tout le territoire de Madagascar sous la pression de l'Angleterre, le monarque les avait complètement coupés de leur source principale de revenus.[5] D'un autre côté, le roi avait fini par aliéner les gouverneurs des régions en les remplaçant par des personnes issues des régions périphériques de l'Imerina. Il s'était irréversiblement coupé d'un grand nombre de ses sujets, en faisant éduquer les enfants Hova par des missionnaires étrangers, au grand dam des éducateurs locaux.[6]

La protestation ouverte de quatre mille femmes d'Avaradrano en avril 1822 contre un roi doté de pouvoir absolu,[7] fut sans aucun doute un événement majeur à propos de l'histoire des Hova au XIXe siècle. La décision de leur souverain de bannir le trafic d'esclaves serait à l'origine de leur colère.[8] Ayant ordonné à ses soldats de tuer de sang-froid les instigatrices de la manifestation, Radama avait ensuite exigé l'abandon de leur corps sur la place publique pendant des jours, à la merci des chiens et des oiseaux.[9] Ayant été un témoin oculaire de la scène de barbarie, le révérend David Griffiths aurait affiché une certaine satisfaction devant la tournure des évènements.[10] Selon lui, la révolte des femmes d'Avaradrano n'était ni plus ni moins qu'une menace à propos de la poursuite des missions religieuses à Madagascar. En fait, son attitude était plus que prévisible, du fait que les missionnaires britanniques, en dehors de leurs travaux de propagande religieuse, ne se mélangeaient pas trop, à l'époque, avec les Hova. La princesse Ramavo n'appréciait point une telle attitude discriminative, méthode connue sous le nom de *Colour Bar*.[11] Par ailleurs, étant donné le grand ressentiment des Hova à l'encontre de leur roi et sa politique dite d'ouverture, Ramavo s'était ouvertement affichée comme étant l'ultime protectrice des valeurs traditionnelles Hova afin de conquérir le trône.

3. La reine Ranavalona I

Pragmatique, la princesse Ramavo avait pris de vitesse ses adversaires, en ralliant à sa cause les puissants clans d'Avaradrano, les devins du palais, et les officiers de l'armée. Le 27 juillet 1828, elle avait ordonné l'assassinat de tous les membres de sa belle-famille, à commencer par le prince Rakotobe et le père de ce dernier, c'est-à-dire le prince Ratefinanahary d'Imamo, commandant en chef de l'armée Hova et gouverneur de la ville de Toamasina. L'ordre de Ramavo fut exécuté le 1ᵉʳ août 1828, par les officiers Andriamihaja, Rainimahay, Rainiharo, Rainijohary, Rafohezana et Andriamambavola. Même le Premier ministre Ralala, n'a pu échapper aux séries d'exécutions sommaires qui suivirent. La princesse Ramavo n'avait fait que rendre la monnaie de sa pièce à son mari qui avait massacré des membres de sa famille lorsqu'il accéda au trône en 1810.

Suite à son investiture, au mois de juin 1829, en tant que reine sous le nom de Ranavalona I, la princesse Ramavo nomma les officiers Andriamihaja et Rainiharo, respectivement au poste de commandant en chef de l'armée Hova et secrétaire de l'État. Le premier avait été sûrement récompensé pour sa trahison. Les traditionalistes avaient justifié leur soutien à Ramavo en s'appuyant sur le fait que, le roi Andrianampoinimerina aurait souhaité la prise du pouvoir par les enfants de celle-ci, à la fin du règne de son fils.[12] Un opposant avait même payé de sa vie, lors d'une réunion des représentants de l'État, présidée à l'époque par le général Rainimahay, pour avoir mis en cause la véracité d'un tel voeu royal.

Symbole ultime du pouvoir royal, le zébu de la princesse Ramavo, devenue reine sous le nom de Ranavalona I, avait trois cornes tout au long de son règne. En effet, en plus des deux cornes qui représentaient chacune l'autorité absolue de la reine elle-même et la puissance des généraux de l'armée royale, une troisième était venue s'immiscer, symbolisant la montée en puissance des devins du royaume. C'est peut-être la raison pour laquelle, durant le règne de la reine Ranavalona I, le zébu lui-même était devenu fou et s'était transformé en taureau cruel, totalement imprévisible. Les devins, devenus conseillers privilégiés de la souveraine, avaient pratiquement tiré les ficelles du pouvoir royal, au grand dam des intellectuels.

3.2 La fermeté légendaire de la reine Ranavalona I

En montant sur le trône, la reine Ranavalona I avait juré de régner afin d'assurer le bien-être de son peuple, de préserver les traditions ancestrales de ses sujets, et de ne céder aucune parcelle de son royaume qui s'étendait alors bien au-delà des Hautes-Terres centrales de Madagascar. Le sultan de Zanzibar avait dû se rendre à l'évidence en 1829, devant la volonté de la souveraine de régner sans partage. En effet, celle-ci avait rejeté l'offre d'alliance proposée par son ambassadeur, venu spécialement à Madagascar, pour assister à la cérémonie de couronnement de Ranavalona. Par ailleurs, la France et la Grande-Bretagne apprirent à leur grande surprise, en 1845, sa grande détermination à vouloir protéger coûte que coûte, l'intégrité territoriale de tout son royaume. En effet, à la suite des bombardements sans discrimination de leurs navires de guerre le 15 juin, sur la ville de Toamasina alors réduite totalement en cendres, Ranavalona avait ordonné à ses militaires d'exposer au bout de lances, sur la plage, les têtes des soldats Franco-Britanniques qui avaient succombé lors de l'assaut mené contre le Fort Hova de la région. Elle avait même exigé que personne ne retire les têtes de là où elles étaient, tant que la France et la Grande-Bretagne ne lui présentaient pas des excuses officielles. La tête d'un jeune intellectuel Hova formé en France avait fait partie de l'exposition morbide, parce qu'il avait échoué à convaincre la souveraine de retirer têtes de la plage.[13] En fait, l'exposition de têtes coupées au bout de lances, sur la place publique, fût une méthode largement utilisée par la souveraine, durant la grande persécution des premiers chrétiens malgaches en juillet 1840.[14]

En guise de représailles, Ranavalona décida de bloquer toute exportation de viande de bœuf et de graines de riz à destination de l'île Maurice et de la Réunion, tant que les deux gouvernements ne lui payaient pas les réparations financières destinées à la reconstruction de la ville de Toamasina. Elle avait déjà utilisé la même stratégie, à la suite du bombardement de la ville, au même titre que Mahavelona, par les navires de guerre du commandant Gourbeyre en 1829. En gelant tout échange commercial avec la France et la Grande-Bretagne en 1845, Ranavalona avait fait le bonheur des vaisseaux marchands américains. Ainsi, un nommé William Marks, d'origine américaine et neveu du juge Vincent Marks de la ville de Mahajanga, avait obtenu pendant des années, le monopole de tout commerce avec le gouvernement Hova. Il devint même une figure éminente au sein de la cour royale d'Antananarivo, en tant que général 15Vtra.[16] Par ailleurs, il avait occupé entre 1861 et 1863, le poste de Premier secrétaire, au sein du ministère des Affaires étrangères du gouvernement du roi Radama II.[16]

Alors que les grandes familles Hova commencèrent à souffrir économiquement des effets de l'embargo, les Mauriciens décidèrent unilatéralement de rompre le long statu quo. En fait, leurs problèmes de ravitaillement en denrées alimentaires étaient tels, qu'ils décidèrent de présenter des excuser auprès de la souveraine. Ils étaient même allés jusqu'à désavouer les actions prises le 15 juin

1845 par le commandant britannique William Kelly, contre l'avis de leur propre gouvernement. Afin d'inciter Ranavalona à lever l'embargo, Ils avaient remis une somme de quinze mille dollars au gouvernement Hova, par l'intermédiaire du missionnaire James Cameron et d'Aristide Mangeot.[17] L'ordre fut alors donné aux soldats de retirer les fameuses têtes de la plage.[18] Consciente de la puissance de l'armée Hova, Londres décida par la suite de renoncer définitivement, à toute idée de campagne de représailles militaires contre la dame de fer de l'île de Madagascar. Par contre, les militaires français ruminaient leur revanche tant l'affront avait été inacceptable tel à leurs yeux. Considérant la présence française depuis 1829 dans l'île de Sainte-Marie à l'est de Madagascar comme une directe menace contre son royaume, Ranavalona forgea une alliance stratégique avec le sultan d'Oman de Zanzibar afin de reconquérir l'île. Elle avait soutenu militairement ce dernier dans sa guerre contre les Mombasa.

3.3 Les accusations du révérend Joseph John Freeman

Le révérend Joseph John Freeman arriva à Madagascar vers l'année 1827. Il quitta l'île deux ans après avoir eu vent d'une invasion imminente de la France, pour y revenir à nouveau en 1831. Le 3 juillet 1836, il accompagna en Angleterre, à bord du navire français *Mathilde*, une mission Hova dirigée par le colonel Andriantsitohaina, et composée majoritairement de sous officiers. Elle avait été chargée par la reine Ranavalona I d'expliquer aux autorités anglaises, les décisions prises à l'encontre des ressortissants britanniques vivant à Madagascar. Le capitaine français Garnot qui avait fait partie du voyage fut expulsé par les Hova de l'île en 1839. La mission avait aussi pour but d'acheter un bateau de transport maritime pour l'armée du général Rainiharo, afin de permettre à ce dernier de maintenir le contrôle de l'île stratégique de Nosy Ve, située dans la baie de St. Augustin à l'extrême sud de Madagascar. La délégation Hova avait été reçue le 1er mars 1837 par le roi William IV et sa femme, la reine Adélaïde, et par le roi Louis Philippe sur leur chemin de retour à Madagascar. Le capitaine Garnot avait alors à tord informé les autorités de Paris de la décision de Ranavalona de céder la région de Diégo-Suarez dans l'extrême nord de l'île, en échange de l'île de Sainte-Marie.

Sûrement écœuré devant toutes les atrocités commises sous le règne de la reine Ranavalona I, le révérend Freeman avait mis l'Angleterre impériale au banc des accusés au XIXe siècle, pour avoir armé et entraîné une armée qui avait été utilisée, selon lui, pour répandre la terreur sur tout le territoire de Madagascar. Les expéditions militaires des Hova à travers l'île, durant le règne de Ranavalona, auraient fait plus d'un million de victimes. Cent mille autres individus auraient été purement exécutés, voire massacrés. Par ailleurs, à la même époque, plus de vingt mille femmes et enfants auraient été pris en captivité par l'armée Hova.[19] On pourrait se demander comment Ranavalona était arrivé à ce point-là, elle qui avait pourtant toléré le christianisme durant les huit premières années de son règne.[20] Un auteur contemporain alla même jusqu'à comparer la souveraine avec l'empereur Caligula de Rome, à cause de l'extrême cruauté de ses actes.[21] La grande méfiance de la souverainne à l'égard toute influence étrangere à Madagascar avait été en partie entretenue par les actions belliqueuses des puissances coloniales européennes envers son royaume au XIXe siècle. Par ailleurs, elle se sentait fortement menacé par l'effet subversif de la propagande religieuse des missionnaires étrangers auprès de ses sujets. Sans aucun doute, elle voyait la civilisation européenne comme étant une menace contre son pouvoir absolu et contre les traditions ancestrales Hova.

Peut-être faudrait-il quand même souligner que les accusations du révérend Freeman contrastaient énormément avec les réactions des missionnaires britanniques qui avaient servi la monarchie Hova, sous le règne du roi Radama I. En effet, ces derniers ne manquaient pas de tomber en admiration devant les préparations militaires de l'armée du roi dont la mission était à l'époque de conquérir tout le territoire de Madagascar. Leur fascination pour le jeune roi Hova avait été telle, qu'ils le désignèrent sous le nom de *Radama Le Grand*. Ce dernier venait juste de recevoir des instructeurs militaires britanniques envoyés par Sir Robert Towsend Farquhar, le gouverneur écossais de l'île Maurice.[22] Radama préparait alors l'attaque de grande envergure contre les Sakalava du Menabe à l'ouest et les Betsimisaraka dans la partie orientale de Madagascar. En fait, pressés par l'Angleterre, les Hova avaient déjà entamé dans le passé des guerres offensives contre ces derniers afin de stopper leurs raids meurtriers dans les îles Comores.[23] En tout cas, la complaisance des missionnaires britanniques face aux préparatifs de guerre du roi Radama I justifie leur rôle d'agents au service de la monarchie Hova.[24]

3.4 Les trois mousquetaires français de Ranavalona

Alors que l'Angleterre et ses missionnaires religieux de la *London Missionary Society* ou LMS, perdirent leur position d'influence auprès des Hova, au début du règne de la reine Ranavalona I, trois aventuriers français Napoléon de Lastelle, Jean Laborde et Jean-François Lambert aidèrent énormément le royaume Hova à progresser dans le domaine industriel, militaire et commercial. Ils ne furent pas les seuls étrangers à avoir joui de grands privilèges durant le règne de la reine Ranavalona I. En effet, on rapporte que vers les années 1840, un grec du nom de Lambros Nicolos aurait été hissé au rang d'*andriambaventy*, c'est-à-dire un grand juge, et aurait même bénéficié de la citoyenneté malgache.

De Lastelle s'était installé à Madagascar en tant que planteur vers 1825. Il hérita ensuite, en 1829, de l'usine de production de sucre d'Arnoux située à Mahela, sur la côte Est.[25] Il avait été très actif dans les régions de Toamasina, de Mananjary et de Fenoarivo. Il avait certainement dû bénéficier de certaines faveurs pour avoir été l'amant de la princesse Juliette Fiche des Betanimena.[26] Par ailleurs, il avait mis à disposition du royaume *Hova, le Tsiromandidy,* le premier bateau assemblé dans son usine de Morondava, située sur la côte ouest. Il avait été nommé ambassadeur commercial itinérant du royaume Hova en Europe.[27] En 1837, il avait monopolisé les échanges commerciaux qui s'étaient effectués le long de la côte est, à la suite de paiements d'une énorme somme d'argent au général Ramaharavo Rainimaharavo.[28] Il était parmi ceux qui avaient financièrement bénéficié des opérations militaires conduites par le général Rainiharo et son armée en 1836 dans l'extrême sud de l'île, et avaient bénéficié de la traite d'esclaves qui s'était développée dans cette région. Une communication écrite adressée au ministre des Affaires étrangères en 1839 par l'amiral Dupperé, montre que de Lastelle avait été un agent à la solde du gouvernement français,[29] alors qu'il avait acquis la nationalité malgache.

Né le 16 octobre 1805 à Auch, Jean Laborde était un fabricant de canons de petit calibre en Inde, avant de lever l'ancre en direction du sud de l'Océan Indien, à la recherche d'un trésor transporté par un bateau qui aurait fait naufrage à proximité des côtes de Madagascar. Il allait être le nouvel artisan du royaume Hova après avoir lui-même fait naufrage en 1831 du côté de Mananjary, au sud-est de l'île. Ayant fait la connaissance de Lastelle à la même époque, il fut introduit par ce dernier auprès de sa future patronne, la reine Ranavalona I.[30] *Savoie,* son compagnon de naufrage, avait épousé la sœur de la princesse Juliette Fiche.[31] À la suite de leur naufrage, les deux hommes furent capturés par les Antanosy, une tribu du Sud-est alliée des Hova. Ils avaient bénéficié de la protection royale du fait qu'ils étaient ni plus ni moins, que des esclaves de Ranavalona, sort réservé à tout étranger échouant par malheur sur les côtes de Madagascar. Ayant signé un contrat avec les Hova en 1831, Jean Laborde fut envoyé à Antanamanjaka, un village situé à peu près à trois kilomètres d'Ilafy, où il rejoignit Droit, un autre artisan français originaire de la Franche-Comté. Bénéficiant d'une main d'œuvre locale formée auparavant par les missionnaires britanniques,[32] les deux hommes bâtirent ensemble la première usine artisanale d'armement du royaume. Par ailleurs, Jean Laborde développa une industrie artisanale à Soatsimanampiovana,[33] du côté de la forêt d'Angavo et où se trouvait sa maison de campagne. Il avait alors à son service un esclave connu sous le nom de Poncet, qui fut en quelque sorte son homme à tout faire. Il fut par la suite transféré sur Antananarivo sur décret royal, et habita temporairement du côté d'Ambodin'Andohalo, avant de bénéficier d'une résidence permanente à Ambohitsorohitra.[34] Jean Laborde, au même titre que de Lastelle, avait aussi bénéficié, dans une certaine mesure, du trafic d'esclaves dans les régions situées à l'extrême sud de Madagascar. À la suite du départ en masse des missionnaires britanniques en 1835, il avait assuré l'éducation du prince-héritier Rakotondradama et avait introduit ce dernier à la culture française. En fait, en expulsant les Anglais, et en choisissant Jean Laborde comme le tuteur de son fils, la reine Ranavalona n'avait fait que remplacer, peut-être sans le savoir, une influence étrangère par une autre. À sa mort, Laborde avait laissé une fortune immense à ses héritiers. Cet héritage fut au centre du différend qui avait opposé la France et le gouvernement Hova d'Antananarivo au XIXe siècle. Sans aucun doute, il avait marqué l'histoire de Madagascar à travers ses grands chefs d'œuvres artistiques et ses réalisations industrielles, entre autres le palais de Manjakamiadana au sommet de la colline d'Analamanga, le grand mausolée *Fasan-dRainiharo* d'Isoraka à Antananarivo et le complexe industriel de Mantasoa. Ayant aussi obtenu la citoyenneté malgache, au même titre que de Lastelle, Jean Laborde avait été ennobli par les Hova qui l'avait hissé au rang d'*andriamasinavalona*. Il fut le conseiller favori de la reine Ranavalona I. Un observateur britannique avait même rapporté que Laborde avait été sans aucun doute plus Hova que les Hova.[35] En tout cas, il était l'artisan de leur victoire controversée sur les tribus du grand Sud en 1835. Cependant, il avait perdu définitivement leur estime en s'alliant plus tard avec des agents jésuites à la solde de l'État français. En fait, Laborde avait été dans une certaine mesure, influencé par un autre aventurier français beaucoup plus jeune, mais très ambitieux, connu sous le nom de Joseph-François Lambert. Réputé pour être un homme de bonne nature, Laborde avait été sûrement tiraillé entre l'amour qu'il avait pour sa terre de prédilection et les intérêts coloniaux de sa nation d'origine. Une telle double allégeance pourrait bien être à l'origine de son limogeage par les autorités de Paris le 7 novembre 1877, alors qu'il occupait le poste de consul de France depuis avril 1862. Marié à une malgache, il avait eu un fils qui s'appelait Clément. Dans une des lettres qu'il avait adressées à son frère, Jean Laborde avait résumé le personnage de la reine Ranavalona I en ces termes : [36]

« *Je suis convaincu qu'en dépit de tous les crimes pour lesquelles elle est considérée comme responsable, elle n'est pas aussi dingue comme on le puisse le penser. Elle est une bonne mère et a encore de bonnes qualités qui surprendraient ceux qui n'ont entendu que les crimes commis sous son nom. Malheureusement, le fanatisme l'a indéniablement rendu barbare.* »

Né à Redon en 1824, Joseph-François Lambert fut l'homme qui par deux fois, avait sauvé l'armée Hova du désastre lors des expéditions militaires conduites par ses généraux dans l'extrême sud de l'île, et sur la côte ouest. En effet, en 1855, il avait ravitaillé en vivres par bateau, l'armée du général Rainivoninahitriniony stationnée à Taolagnaro. Au cours de la même année, à la demande de Napoléon de Lastelle, il avait acheminé une grosse quantité de riz aux soldats Hova encerclés par les Sakalava à Majunga.[37] À la suite de tels services, Lambert fut accueilli en héros par les Hova à son arrivée à Antananarivo. Ennobli par la reine Ranavalona, il avait joui de nombreux privilèges et avait été très proche du prince-héritier Rakotondradama. Les deux hommes auraient même établi des liens fraternels à travers une cérémonie de pacte de sang connue sous le nom de *fatidra*.[38] Promu au rang de duc de l'Imerina à son retour à Madagascar en 1861, à la suite de son expulsion en

1857, Lambert avait voyagé en Europe en tant qu'ambassadeur officiel représentant la monarchie Hova. Il avait créé en 1855 la *Compagnie Maritime de la Mer des Indes*, et s'était énormément enrichi du commerce d'esclaves.[39] En effet, il achetait des esclaves le long des côtes du Mozambique pour les revendre ensuite aux colons de l'île de la Réunion. Exploitant habilement ses relations privilégiées avec le prince-héritier, Lambert avait pratiquement réussi à conquérir l'île de Madagascar, sans tirer le moindre coup de feu, grâce à la fameuse charte qui portait son nom. Cependant, à la suite de l'échec du complot de 1857 destiné à destituer la reine Ranavalona I, il fut expulsé manu militari de l'île au même titre que Jean Laborde. Il s'était établi par la suite dans les îles Comores où, grâce à l'aide de l'amiral Fleuriot de Langle et à la complicité de la reine Djoumbe Fatima, devenu son amant, il parvint à accaparer un grand nombre de terres.

3.5 Le complot Lambert de 1857

La dérive totalitaire et la folie de sa mère, à propos des persécutions à grande échelle des premiers chrétiens malgaches, aurait fini par marquer Rakotondradama. En effet, sans être converti au christianisme, le prince était très ouvert au message religieux des chrétiens. Ainsi, afin de mettre fin au règne sanglant de sa mère, il aurait sollicité l'aide de la France, en 1847 par le biais de l'amiral Cécile et du gouverneur de la Réunion Hubert Delîle, respectivement en 1847 et 1852.[40] Il aurait même fait appel à l'empereur Napoléon III afin que Madagascar fut mise sous protectorat français. Cependant, le révérend Ellis, à partir de discussions personnelles qu'il avait eues avec le prince en 1856, doutait profondément de la véracité de telles affirmations. Selon lui, Rakotondradama vouait une loyauté sans faille à sa mère.[41]

En juin 1857, pour des raisons apparemment différentes, Lambert et Jean Laborde, les jésuites Finaz, Webber, Jouen, l'Autrichienne Ida Pfeiffer, le prince Rakotondradama, les frères Andafiavaratra Rainilaiarivony et Raharo Rainivoninahitriniony, et certains officiers du palais, décidèrent d'organiser un complot afin de destituer Ranavalona au profit de son fils. Déjà en 1847, Jean Laborde avait essayé d'en faire autant, mais sans succès.[42] Il avait alors fait appel à l'amiral Cécile. Quant au complot de 1857, il avait dû être annulé à cause de l'hésitation de dernière minute des frères Andafiavaratra.[43] Doutant fortement du succès de l'opération, Rainilaiarivony avait convaincu son frère de faire marche-arrière.[44] En fait, il aurait été pratiquement impossible à Raharo de convaincre la plupart des gardes du palais de se retourner contre Ranavalona, sachant l'efficacité du réseau d'espions établi par cette dernière dans tout le royaume. La découverte du complot ne fut guère annoncée au public à cause de l'implication du prince Rakotondradama. Cependant, ce dernier aurait bel et bien informé la souveraine, à propos du plan des conspirateurs.[45] Finaz, Jouen et Webber furent introduits à la cour Hova à leur arrivée à Madagascar, en tant qu'assistants d'administration, le premier répondant au nom de Hervier.[46] Ils étaient cependant membres d'un réseau français établi par Laborde et Lambert. Selon Ellis, ces deux derniers n'avaient qu'une chose en tête à l'époque, c'était de pousser les troupes françaises à intervenir militairement à Madagascar. Quant aux frères Andafiavaratra, d'origine Tsimiamboholahy, leur participation au complot pourrait peut-être s'expliquer par leur désir de voir les Tsimahafotsy écartés pour de bon du cercle du pouvoir, chose difficile à réaliser du fait qu'un des leurs, le général et Premier ministre Rainijohary, était au moment du complot l'époux fonctionnel de Ranavalona.

Démasqués, les conspirateurs d'origine étrangère furent confinés en résidence surveillée alors que les autorités Hova se réunissaient au palais pour décider de leur sort. Les traditionalistes, contrôlés par le général Rainijohary et les partisans de la manière forte de Ranavalona, optaient pour l'épreuve du tangena, alors que le reste préconisait la prudence afin de ne pas provoquer directement la France. Le tangena était un arbre fruitier dont le noyau des fruits était utilisé à l'époque pour extraire du poison. Son usage avait été introduit en Imerina sous le règne du roi Radama I. Selon Pfeiffer, le jeune prince Rakotondradama lui-même aurait supplié sa mère pour sauver la vie des conspirateurs étrangers. Ainsi, ces derniers furent jugés à travers une parodie d'épreuve du tangena dirigée par le général Rainijohary en personne, où chacun d'eux fut représenté par un poulet. La dose de poison du tangena avait été calculée pour provoquer la mort subite de ce dernier, prouvant ainsi la culpabilité de l'accusé qu'il représentait. Cependant, celle destinée à celui qui fut associé au père Webber avait été très fortement diluée parce que le jésuite avait auparavant soigné le général Rainimanonja d'une tumeur au nez.[47] En effet, se faisant passer pour un pharmacien du nom de Joseph, Webber avait ramené de l'île Maurice un docteur du nom de Milhet-Fontarabie, pour effectuer l'intervention chirurgicale requise sur son frère. Par ailleurs, grâce à une complicité interne, la plupart des officiers du palais ayant participé au complot, avaient réussi à passer l'épreuve du Tangena. Quant aux deux frères Andafiavaratra, ils étaient sortis de toute l'affaire comme si de rien n'était. Sachant qu'ils ne voyaient sûrement pas d'un bon œil l'influence grandissante des agents français dans les affaires de l'État, il est fort probable qu'ils n'avaient été que des agents doubles,[48] dont la mission avait été ni plus ni moins que d'infiltrer le réseau de Lambert et Jean Laborde.

Par les bons services qu'il avait rendus à la monarchie Hova, Jean Laborde fut gracié, et accompagné manu militari sur la côte est, suivi de son fils Clément. Quant à Lambert et Ida Pfeiffer, ils avaient été sommés de quitter Antananarivo sur-le-champ et sous bonne escorte, alors tous les deux souffraient d'une forte fièvre. Afin de provoquer leur mort durant le trajet, les militaires auraient reçu l'ordre de ralentir autant que possible la longue marche vers Toamasina, et de choisir un parcours parsemé de terrains très hostiles. Ida Pfeiffer avait plusieurs fois perdu connaissance et n'avait pas pu changer ses habits durant les cinquante-trois jours du voyage.[49]

3.6 La fin du règne de la reine Ranavalona I

La reine Ranavalona I décéda le 16 août 1861 à l'âge de quatre-vingt-un ans. Elle fut ensevelie avec tous les honneurs à Ambohimanga avec ses biens, ceux de nature financière inclus. Déterrées en 1883, ses richesses avaient permis au gouvernement Hova de se ravitailler en armes et munitions à l'approche du conflit Franco-Hova de 1883-1885.[50] Lors de ses funérailles, les lutteurs de taureau avaient eu l'honneur de porter à pied le cercueil royal jusqu'à Ambohimanga.[51] En fait, de son vivant, la souveraine était une vraie passionnée de la tauromachie. Vingt-cinq mille zébus auraient été tués pour l'accompagner dans l'au-delà, selon les croyances de l'époque. Ainsi se terminaient les trente-trois ans du règne sanglant de la reine Ranavalona I. En voulant isoler Madagascar de toute influence étrangère, et en s'appuyant aveuglement sur les puissants devins du royaume, Ranavalona s'était fatalement glissée vers un extrémisme qui avait fini par aliéner ses propres sujets. Ainsi, le gardien des idoles, Rainitsiadavana, converti au christianisme, avait payé de sa vie en 1834, d'oser proclamer l'égalité biblique entre la souveraine et ses esclaves *masombiaka* originaires du Mozambique.[52] Le malheureux Rainitsiadavana avait tout simplement oublié que, même durant le règne du roi Radama I, les missionnaires britanniques s'étaient abstenus de partager tout message chrétien au monarque, et cela, malgré les bonnes relations qu'ils avaient eues avec le jeune roi. En fait, ils avaient tout de suite compris que les monarques Hova n'étaient ni plus ni moins que des dieux vivants, régnant en maître absolu sur leurs sujets. Curieusement, afin de ne pas provoquer ces derniers, le roi Radama I avait plus ou moins toléré les activités religieuses des missionnaires, en confinant celles-ci au sein de *l'église du palais*. En fait, Radama avait toléré le côté évangélique de leur mission, aussi longtemps qu'ils transféraient le savoir-faire européen à son peuple. Il les avait même encouragés à bâtir des églises en 1820. Ainsi, vers la fin de son règne en 1828, il y aurait eu un demi-million de Hova converti ou favorable au message religieux des missionnaires.[53]

Contrairement à son prédécesseur, la reine Ranavalona I se méfiait de toute influence européenne sur ses sujets. Knight, bien au courant des méfaits et des abus des colons britanniques en Afrique australe, semblait lui donner raison, du moins sur ce sujet. En effet, il avait affirmé à l'époque qu'il ne blâmait point les Hova de se méfier viscéralement des Européens et de leur civilisation.[54] Pour ma part, le jugement historique du règne de la souveraine la plus controversée de l'histoire de la monarchie Hova de Madagascar se trouve quelque part entre les accusations accablantes du révérend Joseph Freeman, et les affirmations rapportées ci-dessous de l'ethnologue contemporain Keith Ladder: [55]

« *Contrairement à plusieurs royaumes d'Afrique et d'Asie, Madagascar avait réussi à repousser toutes les visées colonialistes, quand Ranavalona était au pouvoir. L'île était restée un État indépendant, malgré tous les efforts déployés par la Grande-Bretagne, et surtout la France, pour l'annexer.* »

Par ailleurs, Jean-Jacques Rousseau aurait bien pu inspirer la reine Ranavalona I. En effet, il avait affirmé que s'il avait été le chef d'un des peuples du continent africain, il aurait établi lui-même des lieux d'exécution le long des frontières où il aurait lui-même pendu le premier Européen qui osait y pénétrer ou le premier citoyen qui essayait de fuir.[56]

En définitive, Ranavalona avait expulsé les Européens afin de préserver son peuple d'une forme de servitude importée d'outre-mer, c'est-à-dire la colonisation. Elle avait exécuté ses propres sujets par milliers, car à ses yeux, en embrassant le message subversif des missionnaires étrangers, ces derniers n'étaient ni plus ni moins que les fossoyeurs d'un grand royaume dont elle fut censée en être l'ultime gardienne.

4. Le général et Premier ministre Rainiharo

Selon la tradition orale, le destin du jeune officier Ingahivony Ravoninahitra aurait basculé à la suite de pas de danse qui avaient impressionné sa souveraine, lors d'une grande fête organisée au palais. Ainsi, le simple officier de palais devint le puissant général 13Vtra Rainiharo, commandant en chef de l'armée royale, Premier ministre du royaume Hova, et mari de la reine Ranavalona I. Entre 1829 et 1852, Rainiharo était à la tête d'une armée Hova très bien équipée, et qui savait utiliser les dernières technologies militaires de l'époque. Par ailleurs, celle-ci avait bâti des forteresses gigantesques et quasi imprenables le long des côtes de Madagascar, afin de protéger l'île contre toute invasion des puissances étrangères. En fait, les Hova avaient beaucoup bénéficié du savoir-faire européen dans le domaine de l'armement, grâce aux Français Droit et Jean Laborde. Ce dernier avait même bâti pour eux de grands centres industriels de fabrication d'armes et de munitions, d'où avaient été fabriqués les fameux canons qui avaient fait le malheur des troupes Franco-Britanniques en juin 1845. Afin de maintenir la présence militaire Hova dans l'ensemble de l'île, le général Rainiharo avait entamé plusieurs expéditions militaires jusque dans l'extrême sud de Madagascar. Sa gloire militaire avait été ternie par sa collaboration étroite avec la reine Ranavalona I, lors des persécutions à grande échelle des premiers chrétiens de Madagascar au XIXe siècle.

4.1 L'amant favori de la reine Ranavalona I

Le général Ingahivony Rainiharo avait épousé Rabodomirana, la fille de Ramamonjy, un officier de palais du roi Radama I et fils de Rahagamainty,[1] compagnon d'armes du père de Rainiharo, c'est-à-dire Andriantsilavo. Rainiharo et Rabodomirana eurent pour enfants, Raharo et Rainilaiarivony, et les sœurs Rasoaray et Rambahinoro. Les deux frères devinrent plus tard généraux et premiers ministres comme leur père. Rainiharo avait gravi rapidement la hiérarchie militaire et devint commandant en chef de l'armée Hova, après avoir soutenu l'accession de la reine Ranavalona I au trône en 1828. Il avait hérité d'une armée qui avait beaucoup bénéficié de l'expérience militaire d'officiers étrangers, entre autres l'Écossais James Hastie, le Jamaïcain James Brady et le Français Robin, entre 1820 et 1822. Ces trois derniers avaient pris en charge l'armée Hova, à la suite des lourdes pertes subies par celle-ci lors de sa confrontation avec les troupes Betsimisaraka, dans l'Est de l'île.

La reine Ranavalona avait d'éminents conseillers et amants dévoués, avant de fixer son choix sur Rainiharo. Parmi eux figurait le général Rainimahay,[2] qui lui fut remplacé par le général Andriamihaja un opportuniste, partisan d'une politique beaucoup plus ouverte au monde occidental. N'appréciant pas les manières arrogantes d'Andriamihaja, et son côté arriviste, les traditionalistes du royaume l'avaient dénigré auprès de Ranavalona qui se serait débarrassé physiquement de lui, en le faisant subir l'épreuve

4. Le général et Premier ministre Rainiharo

du Tangena. À la suite du décès d'Andriamihaja, la souveraine s'était offerte des faveurs de ses beaux-frères Ratsimandresy et Ramarosata, avant d'être séduite par les charmes de Rainiharo, réputé à l'époque pour être un bel homme. Ce dernier avait été d'abord chef des officiers de palais, puis commandant en chef de l'armée, avant d'être promu Premier ministre du royaume Hova en 1834. En tant que tel, il devint le mari désigné de la reine Ranavalona I. Selon les traditions de l'époque, le couple royal Rainiharo-Ranavalona ne partageait pas la même demeure. Ranavalona habitait au palais de Manjakamiadana, alors que la maison du général Rainiharo se trouvait un peu plus au nord, bâti à l'intérieur du grand domaine d'Andafiavaratra. Comme les Hova n'avaient pas prévu la montée d'une femme sur le trône, Ranavalona avait été considéré par son entourage plutôt comme un roi. En tant que telle, selon les traditions royales Hova, elle avait eu droit à plus de douze femmes, chacune d'elle représentant une colline sacrée de l'Imerina. Dans son cas, il s'agirait plutôt de douze amants. Ainsi, il n'était pas étonnant que le général Rainiharo a dû partager les faveurs de Ranavalona avec d'autres confrères à l'époque, tels les frères Rainijohary et Rainimanonja, voire son propre frère, le général Ratsimanisa.

En devenant le mari de Ranavalona, Rainiharo ne faisait que perpétrer l'alliance politique, militaire et sociale établie par le roi Andrianampoinimerina vers la fin du XVIIIe siècle, entre les souverains et les puissants clans d'Avaradrano. Par ailleurs, le pouvoir du général avait été tel à l'époque que sa famille étendue, c'est-à-dire les Andafiavaratra, avait monopolisé tout commerce extérieur avec l'étranger. Pour maintenir une telle position stratégique entre 1822 et 1840, le général Rainiharo avait placé des garnisons de troupes d'élite sur toutes les routes commerciales reliant Antananarivo et les accès portuaires situés sur la côte est de Madagascar.[3]

4.2 Le mythe d'invincibilité de l'armée du général Rainiharo

Sous le règne de la reine Ranavalona I, la France et l'Angleterre considéraient l'île de Madagascar comme une source majeure de ravitaillement en vivres pour leurs colonies dans l'Océan Indien et un grand marché pour la vente de boissons alcoolisées. Par ailleurs, le comte de Villèle, grand producteur de sucre de l'île de la Réunion, devenu ministre du gouvernement français, voyait l'île de Sainte-Marie à l'est du pays, comme une solution pour ses problèmes de main-d'œuvre. Ainsi, saisissant le prétexte d'une arrestation à Sainte-Marie d'un ressortissant français par les soldats Hova, le comte envoya en 1829 six navires de guerre, commandés par le commandant Gourbeyre, bombarder les troupes Hova stationnées à Mahavelona et Toamasina. Celle-ci avait été alors occupée de temps à autre par des soldats d'origine sénégalaise. La France voulait en fait forcer la reine Ranavalona I à abandonner la partie orientale de Madagascar. Pour cela, les forces françaises devraient tout d'abord reconquérir l'île de Sainte-Marie,[4] cédée à la France par la reine Bety du royaume Betsimisaraka, la fille du roi Ratsimilao, le 30 juillet 1750.[5] Celle-ci avait été à l'époque séduite par le caporal Jean-Onésime Fillet, un fugitif de l'armée française. La défaite des troupes françaises à Mahavelona en 1829, face à la formidable armée du général Rainiharo, avait sonné le glas de toute présence française à Madagascar à cette époque-là. En effet, la reine Ranavalona I rejeta l'offre de négociation de paix proposée par Tourette au nom de la France. Le roi

4. Le général et Premier ministre Rainiharo

Louis Philippe n'avait d'autre choix que d'ordonner l'évacuation générale des Français de toute la partie orientale de l'île.[6] Ainsi, peut-on dire que les généraux Hova ont bel et bien gagné la première bataille d'un conflit qui les avait opposés à l'armée française à Madagascar, tout au long du XIXe siècle.

Malgré la puissance de son armée, le général Rainiharo avait dû entreprendre quatre expéditions militaires dans les régions du sud-est de l'île, entre 1829 et 1832, avant de venir à bout de la résistance des Tanala.[7] Ces derniers s'étaient battus, en 1832, d'une manière héroïque à Ikongo et Ivohibe, face à une armée Hova composée de sept mille hommes qui les avaient encerclés pendant des mois. En 1835, Rainiharo poussait son armée vers le sud de l'île, jusque dans la baie de St. Augustin, en passant par les territoires Bara, Mahafaly et Masikoro. Une de ses incursions dans le pays Bara avait été alors repoussée vaillamment par les populations locales, à tel point qu'il était obligé de replier son armée sur Antananarivo. Vers la fin de l'année 1835 et au cours de l'année 1836, il déclencha la campagne militaire de Tuléar, ville aujourd'hui connue sous le nom de Toliara, avec l'appui de plus de quinze mille soldats et de nombreux officiers. L'ultime but de l'expédition était de prendre de force l'île de Nosy Ve située dans la baie de St Augustin, et à quatre kilomètres d'Anakao, un village Vezo du littoral. L'île était utilisée à l'époque par les bateaux européens et américains de passage comme endroit de ravitaillement. Malgré l'assistance militaire apportée par ces derniers aux chefs de tribus de la région, le général Rainiharo et ses soldats avaient réussi à s'emparer de l'île en question. Cependant, faute de moyens de transport maritimes, il avait du mal à y maintenir une présence permanente Hova. L'île de Nosy Ve et la région de Toliara passèrent alors à nouveau sous le giron de la France quelques années plus tard.

On rapporte qu'en 1835, Rainiharo avait été aidé par Jean Laborde lors de sa campagne militaire dans le sud de Madagascar. Ce dernier embarquait à Mahela une cinquantaine de soldats et trois officiers Hova. Ensemble, ils voyagèrent à bord du bateau *Voltigeur* en direction du sud,[8] où ils avaient pris en otages le fils du roi Marantsetse et quelques chefs d'origine Sakalava après avoir été invités à bord du bateau, soit-disant pour prendre part à des négociations de paix. Ces derniers furent par la suite transportés de force à Taolagnaro, puis expédiés par voie terrestre vers Antananarivo où ils furent tous exécutés.[9] Traumatisées par une telle épisode, les populations des régions du Fiherenana s'étaient enfuies vers les forêts voisines lorsque les troupes du général Rainiharo s'approchèrent de Toliara.[10] Dix ans plus tard, c'est-à-dire en 1845, fuyant à nouveau l'avance des troupes Hova dans l'extrême sud de Madagascar, elles s'étaient réfugiées en masse dans les régions situées un peu plus au nord, et à l'ouest, alors que les peuples du Sud-est rejoignirent les zones forestières situées à l'intérieur des terres. On rapporte qu'une ruse similaire à celle de l'affaire *Voltigeur* aurait été utilisée par l'armée Hova lors de sa campagne militaire dans la région du Betsileo.[11]

Vers l'année 1837, le général Rainiharo entama la mission de pacification de la région du Boina située au nord-ouest, et celle du Menabe dans l'Ouest de Madagascar, toutes les deux considérées à l'époque comme les centres névralgiques du grand royaume Sakalava. L'avance des Hova sur ces territoires avait entraîné la fuite du roi Andriantsoly vers l'île Mayotte. Par ailleurs, des milliers de Sakalava du Boina furent acheminés par des bateaux français vers l'île de Nosy Be. À la suite du refus du sultan d'Oman du Zanzibar en 1838 de prolonger une protection dont elle avait pourtant bénéficié pendant deux ans alors qu'elle résidait dans l'île de Nosy Be, Tsiomeko, une jeune princesse Sakalava du Boina, s'était enfui vers l'île Nosy Komba. Le 14 juillet 1840, la princesse avait reçu les garanties de la protection de la France. En contrepartie, alors qu'elle n'était à peine âgée de douze ans, elle avait dû céder les îles Nosy Be, Nosy Komba, et toute la région s'étendant de la baie de Pasandava jusqu'au Cap St Vincent.[12] On rapporte que Tsiomeko avait été en fait séduite par un jeune capitaine de l'armée française. Ce dernier aurait été à l'origine du transfert de ses terres sous contrôle français, avec la complicité de l'amiral de Hell, gouverneur général de l'île de la Réunion.

Dû à des problèmes logistiques insurmontables, et à une rébellion quasi permanente des autochtones, à l'exception des Bara avec qui il avait établi des alliances,[13] Rainiharo avait en fait du mal à maintenir la présence permanente de ses troupes dans les régions qu'il avait conquises. Les populations de la région du Betsileo et celles du Sud-est, c'est-à-dire les Tanala, se soulevèrent en masse contre le dictat Hova respectivement en 1836 et en 1850.[14] Les Tanala avaient même réussi à expulser définitivement l'armée Hova de leurs régions, malgré les quatre expéditions militaires entreprises par le général Rainiharo. Par ailleurs, la présence de celle-ci dans l'extrême sud de Madagascar se réduisait à des forteresses militaires, séparées les unes des autres par de vastes régions contrôlées par des populations hostiles.[15] Sachant que le sort réservé à tout prisonnier de guerre était ni plus ni moins, à l'époque, que d'être un esclave, il n'est pas étonnant que les campagnes de pacification menée par les Hova sur tout le territoire de Madagascar au du XIXe siècle, ait considérablement augmenté leur nombre en Imerina.[16]

Le 13 mai 1845, les représentants de la reine Ranavalona I informèrent les onze ressortissants français et britanniques de la ville de Toamasina que, dorénavant, les lois Hova en vigueur s'appliqueraient à leur personne.[17] Le 15 juin 1845, afin de forcer la reine Ranavalona I à revenir sur sa décision, Sir William Gomm donna l'ordre au capitaine William Kelly et son équipage du *HMS Conway*, de quitter l'Ile Maurice à destination de la ville de Toamasina. Le but de l'expédition militaire serait aussi d'obtenir la libération de Jacob Heppick, devenu esclave après que sa barque *Marie Laure* échoua sur les rivages de Madagascar. Par ailleurs, sous l'ordre de l'amiral Bazoche, gouverneur de l'île de la Réunion, le commandant Romain-Desfossés et ses hommes, à bord du *Berceau* et la *Zélée*, se joignirent aux forces britanniques.[18] Ensemble, les forces Franco-Britanniques bombardèrent la ville de Toamasina, et débarquèrent en force pour prendre d'assaut le fort Hova de Toamasina. Assisté par un expert en artillerie d'origine espagnole, les soldats de Rainiharo avaient réussi à repousser les envahisseurs. Il y avait eu ce jour-là dix-sept morts et quarante-trois blessés du côté français, et quatre morts et douze blessés du côté britannique. Hernon rapporta que les marins français et britanniques passèrent leur temps à se chamailler à propos d'un drapeau Hova qu'ils avaient capturé durant l'assaut, alors que la bataille faisait encore rage à l'intérieur et aux alentours du fort.[19] Les Hova auraient perdu plus de deux cents hommes durant l'affrontement. Les fameux canons de Jean Laborde, dont le premier avait été livré à l'armée Hova le 12 juillet 1844, et la ténacité des soldats de Rainiharo, avaient eu raison de la désinvolture des forces Franco-Britanniques en 1845.

4.3 L'Homme d'État face à la montée du christianisme

À la suite de l'annonce en mars 1835 par la reine Ranavalona I de l'interdiction totale de la pratique et de l'enseignement de la religion chrétienne à ses sujets, sur tout le territoire de Madagascar, l'armée du général Rainiharo s'était mise à exécuter par milliers ceux qui avaient osé défier l'ordre royal. Le couple Ranavalona-Rainiharo voyait dans la montée du christianisme, une réelle menace pour la stabilité du royaume, et contre la civilisation Hova. Le message religieux des missionnaires avait incité les populations de l'Imerina à braver l'autorité absolue de leur souveraine, chose considérée sûrement à l'époque par Rainiharo, ni plus ni moins comme un véritable acte de trahison.

Alors que le roi Radama I avait restreint la propagande religieuse des missionnaires aux membres de sa Cour, la reine Ranavalona I avait toléré leur présence auprès de son peuple durant les sept premières années de son règne. Son attitude à leur égard avait dramatiquement changé lorsque leur message avait fini par influencer les officiers de l'armée, et son entourage immédiat, tel le jeune prince-héritier Rakotondradama. Alors que Madagascar était totalement isolée du reste du monde entre 1836 et 1847,[20] l'armée Hova était devenue une épée de Damoclès qui pendait d'une manière permanente au-dessus des têtes de ceux qui, de près ou de loin, pratiquaient la religion interdite. La répression avait été telle qu'un Hova se serait fort réjoui de la destruction de la maison de Rainiharo par un violent orage.[21] Cependant, même si ce dernier avait une corne du zébu entre ses mains, en étant Premier ministre du royaume

65

et mari de Ranavalona, le vrai pouvoir était à l'époque entre celles des puissants devins du palais.[22] Par ailleurs, il semble qu'il s'était, dans une certaine mesure, démarqué de la position radicale de la souveraine lors du procès de la princesse Ramoma. En effet, Rainiharo avait été contre son inculpation.[23] Ramoma était alors accusée par son frère, le général 13Vtra Ramahatrarivo I, de faire partie des nouveaux chrétiens. Le romancier Ballantyne, dans son livre intitulé *The Fugitives or, The Tyrant Queen of Madagascar* et publié en 1887, avait décrit un personage de Rainiharo plutôt résigné, quant à son désir de voir le mouvement chrétien totalement éradiqué de Madagascar. En effet, le Rainiharo de Ballantyne ne bronchait point, lorsque Rainisoa, son neveu, lui avait annoncé que ses propres fils faisaient eux aussi partie de la mouvance chrétienne. Rainisoa n'était autre que le général 15Vtra Rainisoa Ravanomanana, le fils de Ratsimamaika Ranorovelo, une des sœurs de Rainiharo. Il avait été parmi les premiers Hova à être converti au christianisme et avait occupé le poste de chef des Aides de Camps de l'armée Hova. Rainisoa avait fait bâtir une église protestante à Amboditsiry, un des grands fiefs des Andafiavaratra au XIXe siècle. Il décéda aux alentours de 1855 et 1856, et repose aujourd'hui en paix dans un impressionnant tombeau familial situé au même endroit.

4.4 Une fin digne d'un empereur

Ayant été servi par plus de mille cinq cents aides de camp de son vivant,[24] Rainiharo décéda le 10 février 1852. Ranavalona avait organisé pour son enterrement des cérémonies funéraires dignes d'un grand empereur. Sûrement, elle avait voulu honorer non seulement l'homme qu'elle avait tant aimé, mais aussi le grand chef militaire, qui à ses yeux avait tant oeuvré pour l'indépendance de l'île de Madagascar au XIXe siècle. Le bruit des canons tonnait trois fois tous les deux mètres, le long d'un parcours funèbre jonché de zébus qui avaient été tués pour l'occasion. Le général Rainiharo fut enterré au grand mausolée qui porte son nom, c'est-à-dire le *Fasan-dRainiharo* ou le tombeau de Rainiharo, situé dans le quartier d'Isoraka des Tsimiamboholahy. Il fut remplacé au poste de Premier ministre par le général Andrianisa Rainijohary issu du clan des Tsimahafotsy, fils de Rabefanota. Ce dernier avait été l'un des douze guerriers qui avaient aidé le roi Andrianampoinimerina à accéder au trône par la force en 1787. Le général Raharo Rainivoninahitriniony, fils aîné de Rainiharo, devint par la même occasion, commandant en chef de l'armée Hova, alors que son frère Rainilaiarivony fut promu au grade de général 13Vtra. Par ailleurs, ce dernier devint secrétaire particulier de la reine Ranavalona.²⁵ Malgré la nomination de Raharo, la nouvelle révolution de palais avait pratiquement placé à nouveau les Tsimahafotsy, en la personne de Rainijohary, au-devant de la scène politique et militare.

5. Le général et Premier ministre Rainivoninahitriniony

Né en 1821, le général Raharo Rainivoninahitriniony, fils aîné de Rainiharo, devint Premier ministre de l'État Hova, après avoir aidé le prince-héritier Rakotondradama à accéder au trône au détriment de son cousin, le prince Ramboasalama. Ce dernier avait bénéficié du soutien des traditionalistes dont le chef n'était autre que le général Rainijohary. Raharo avait violemment supprimé en 1852 une révolte des Antetsaka dans le Sud-est de l'île.[1] Son armée avait alors fait des milliers de prisonniers, en majorité des femmes et des enfants, amenés de force à Antananarivo pour servir d'esclaves. Une telle méthode avait été couramment utilisée par les groupes ethniques Antandroy, Mahafaly et Bara vers la fin du XVIIIᵉ siècle lors des conflits de nature tribale.[2] En fait, la notion de guerre propre n'existait point à cette époque là, car même l'armée impériale britannique avait dû interner de force des milliers de femmes et d'enfants dans des camps afin de venir à bout de la résistance des Boers en 1902 en Afrique australe. La cruauté du Premier ministre Rainivoninahitriniony fut si légendaire qu'il était redouté autant par ses ennemis que par ses amis.

5.1 Les grandes colères légendaires de Raharo

Le général Raharo Rainivoninahitriniony était le chef de conspirateurs qui avaient décidé d'assassiner le roi Radama II ou Rakotondradama, accusé d'être trop libéral et laxiste à l'égard des étrangers. Il s'était arrangé pour mettre au trône la femme de ce dernier, la princesse Rabodozanakandriana qui avait régné sous le nom de Rasoherina et était devenue son épouse en tant que Premier ministre. Raharo avait même eu le culot de prononcer le discours royal de la souveraine, lors du jour d'investiture de celle-ci le 30 août 1863. Cependant, il commença à sentir l'impopularité de son gouvernement quand les Hova savaient que leur roi ne s'était pas suicidé comme on leur avait fait croire, mais plutôt avait bel et bien été assassiné d'une manière impropre. En effet, ils avaient appris que le sang royal aurait coulé lors de son étranglement par ses assassins, chose qui était absolument tabou à l'époque, d'après les traditions Hova.

Raharo devenait même de plus en plus nerveux lorsque les rumeurs de la survie de Radama II se répandaient rapidement à travers le royaume. Les bruits couraient à l'époque que ce dernier aurait repris connaissance alors que les troupes le transportaient vers son lieu d'enterrement, et que ces dernières, totalement atterrées, l'auraient laissé s'échapper. Les rumeurs étaient telles que le survivant Radama II serait à l'origine des différentes révoltes survenues dans les régions occidentales avoisinant Antananarivo. Le révérend William Ellis et Jean Laborde reportèrent même l'existence de séries de complots organisés par les supporteurs du roi Radama II, dont le but était de se saisir du pouvoir pendant les moments où la suite royale était occupée en dehors d'Antananarivo.

Raharo réussissait tant bien que mal à mater les révoltes et mettre en échec les divers complots en employant des méthodes très radicales. À la suite de l'échec du complot de mai 1864 qui avait sérieusement menacé l'existence de son gouvernement, Raharo arrêta soixante-dix-neuf personnes, accusées d'avoir répandu de fausses rumeurs à propos de la survie de Radama II. Au cours d'une réunion à Ambohimanga, il demanda la mise à mort immédiate de tous les accusés, requête rejetée par son entourage immédiat, incluant la souveraine.[3] Il devint alors particulièrement menaçant, jusqu'à rouer de coups le général Rainijohary. Il menaçait tout le monde de son épée, et s'était même mis à gifler la reine Rasoherina, geste arrêté in extremis par son frère Rainilaiarivony. L'incident s'était finalement terminé par un compromis qui mettrait le sort des accusés entre les mains d'un conseil de chefs. Seize d'entre eux furent ainsi condamnés à mort pour avoir témoigné que le roi Radama II était bel et bien vivant. Dix parmi eux furent envoyés en exil, et les autres furent relâchés.

5.2 La tombée en disgrâce

Le Premier ministre Raharo Rainivoninahitriniony était tellement enivré par le pouvoir et l'arrogance qu'il ne se rendait même plus compte à tel point, sa violence et ses états d'ivresse avaient fini par aliéner sa grande famille, c'est-à-dire les Andafiavaratra. Jean Laborde avait rapporté qu'à une occasion, Raharo avait forcé la reine Rasoherina à boire de l'alcool, chose formellement interdite pour tout souverain

Hova, depuis les déboires du roi Radama II avec l'alcoolisme. Il aurait même menacé avec sa lance son frère Rainilaiarivony, commandant en chef de l'armée Hova. Son tempérament coléreux, intempestif et imprévisible devenait de plus en plus intolérable aux Andafiavaratra qui, sous l'impulsion des frères Rainimaharavo et Randriantsilavo, décidèrent de le destituer au profit de son frère.[4] On retira alors Raharo son titre de Premier ministre et tous les honneurs militaires, le 14 juillet 1864. Il devint totalement ruiné et fut finalement exilé à Manazary, village appartenant aux Andafiavaratra, et situé à l'est de la ville d'Antsirabe dans la région du Vakinakaratra.

En 1865, de son lieu d'exil, il avait essayé vainement de reprendre le pouvoir et s'était retrouvé mis sous résidence surveillée à Ambohidrainandriana, près d'Antsirabe. En mars 1868, alors que la reine Rasoherina était mourante, bénéficiant de complicités à l'intérieur de l'armée, Raharo avait réussi à sortir secrètement de son nouveau lieu d'exil. Il fut impliqué dans un complot organisé par le prince et général 16Vtra Andriantsitohaina, soutenu par les chefs militaires Tsimahafotsy. Raharo devrait alors remplacer son frère au poste de Premier ministre. Les frères Ramaharo Rainimaharavo et Rainiandriantsilavo, cousins de ce dernier, et appartenant à la mouvance des radicaux chrétiens de l'époque,[5] s'étaient aussi ralliés aux conspirateurs afin de favoriser l'accession au trône du prince chrétien Rasata au détriment de la princesse Ramoma, la favorite de Rainilaiarivony. À la suite de l'échec du complot, les conspirateurs furent tous condamnés à mort, peine que Rainilaiarivony commua en exil permanent pour Raharo et Rasata. Quant aux frères Rainiandriantsilavo et Ramaharo Rainimaharavo, ils furent graciés par le Premier ministre. Ces derniers, épaulés par le général 13Vtra Rainianjalahy, avaient même dirigé l'opération d'arrestation du reste des conspirateurs.[6] Raharo, quant à lui, fut envoyé en exil, loin dans le pays Betsileo, plus précisément à Ambohimandroso. Rainilaiarivony pénalisa les Tsimahafotsy pour leur participation au complot, en confinant leur chef, c'est-à-dire le général Rainijohary, à Tsiatosika près de Mananjary. Ce dernier y décéda en 1833.[7] Rasata, quant à lui, se retrouva banni pour le restant de sa vie à Mahabo sur la côte ouest. Ce dernier, petit- fils d'Andriamahazonoro, un des conseillers Anakara Antemoro du roi Andrianampoinimerina, et de la princesse Rabodosahondra, avait été soupçonné d'être trop favorable aux intérêts français à Madagascar.[8] Plus tard, le nom de Raharo refit surface lors d'un nouveau complot organisé par le général Rajoelina contre son père, le Premier ministre Rainilaiarivony. Les conspirateurs cette fois-ci furent tous exilés à perpétuité à Ambositra, dans le pays Betsileo, à l'exception de Raharo, qui lui fut gracié par son frère, peut-être du fait qu'il était le mari de Razanadrainibe, petite-fille de ce dernier. Notons que Raharo avait été auparavant le mari de Rasoanivo, fille de Rajery, le frère ainé du général Rainiharo. Au sommet de sa gloire, il avait eu à sa disposition plus de huit cents aides de camps.[9] Il décéda en exil à Ambohimandroso en 1869.

6. Les frères Andafiavaratra et le roi Radama II

À la suite du décès de leur père, le 10 février 1852, les frères Andafiavaratra, entre autres, Raharo et Rainilaiarivony, et les Tsimiamboholahy en général, se trouvaient relégués au second plan sur la scène politique, même si Raharo devint le commandant en chef de l'armée. En effet, bénéficiant de la présence du général Rainijohary au sommet de l'État en tant que Premier ministre, les Tsimahafotsy étaient en mesure d'influencer les grandes décisions qui affectaient le destin du royaume Hova. Alors que la jeune garde des Andafiavaratra était de plus en plus attirée par la mouvance chrétienne vers la fin du règne de la reine Ranavalona I, les frères Raharo et Rainilaiarivony allaient jouer un rôle prépondérant dans le processus de succession royale, celui qui avait fait accéder au trône le prince-héritier et général 15Vtra Rakotondradama, né le 23 septembre 1829.

6.1 L'accession au trône du prince Rakotondradama

Issus d'un héritage jugé plutôt conservateur, les frères Andafiavaratra Raharo et Rainilaiarivony avaient oeuvré pour faire accéder au trône Rakotondradama, qui était plutôt quelqu'un de très ouvert au mode occidental du fait de son éducation. En effet, celle-ci avait été assurée, dès son jeune âge, par Jean Laborde. Les Tsimahafotsy et les traditionalistes quant à eux, avaient misé sur le prince et général 14Vtra Ramboasalama, neveu de Ranavalona. Ils voulaient tout simplement poursuivre la politique de main de fer et d'isolement pratiqué par celle-ci. Finalement, les frères Andafiavaratra sortirent vainqueurs d'une lutte de pouvoir âpre ayant opposé les deux camps, après avoir habilement déjoué le plan du général Rainijohary. En fait, bien avant le décès de la souveraine, ils avaient tout simplement placé leurs fidèles éléments à tous les postes clefs de l'armée.[1] Rakotondradama fut alors couronné Roi de Madagascar, sous le nom de Radama II, le 23 septembre 1862, à Mahamasina, devant une foule réjouie d'avoir finalement retrouvé sa liberté. Le général Raharo devint par l'occasion le nouveau Premier ministre de l'État alors que son frère fut promu commandant en chef de l'armée. Malgré l'insistance des gardes du palais pour son exécution, le prince Ramboasalama fut exilé et placé en résidence surveillée dans sa terre d'origine à Ambohimirimo où il décéda le 21 avril 1862. Les frères Andafiavaratra l'avaient sûrement gracié, car il était au moment du complot, le mari de leur sœur Rasoaray qui l'avait suivi en exil avec leurs enfants. Le Premier ministre déchu Rainijohary fut quant à lui exilé à Ambohimanga où son rôle fut réduit au simple gardien du tombeau de la reine Ranavalona I. La nouvelle révolution de palais plaçait de nouveau les Andafiavaratra au-devant de la scène politique et militaire au sein du royaume Hova, comme au temps de leur père, le général Rainiharo.

6.2 L'amnistie générale du 1ᵉʳ septembre 1861

En accédant au trône, le roi Radama II relégua la princesse Ramoma, sa femme, au rang de Vadikely ou seconde épouse, afin d'épouser la princesse Rabodozanakandriana, fille de la princesse Rafaramanjaka. Celle-ci était la sœur aînée de Ranavalona. Le jeune monarque ne perdit pas de temps pour effacer l'héritage controversé de sa mère. Ainsi, il avait aboli la peine de mort et interdit l'épreuve du Tangena sur tout le territoire de Madagascar. Par ailleurs, il avait proclamé une amnistie générale à l'égard de ceux qui avaient rejeté par la force l'autorité des monarques Hova, et ceux qui avaient été coupables pour avoir embrassé la religion chrétienne.[2] De nombreux individus persécutés à cause de leur foi, tels ceux qui s'étaient exilés à l'île Maurice durant les années terribles de Ranavalona, avaient pu ainsi retourner dans leurs régions d'origine. L'amnistie du roi Radama II avait été aussi étendue à tous les prisonniers de guerre ramenés de force à Antananarivo durant les campagnes de l'armée Hova. Ainsi, trois chefs de tribus Sakalava, capturés durant le règne du roi Radama I, furent relâchés et autorisés à rentrer chez eux, emportant avec eux, les restes des dépouilles de ceux des leurs qui avaient succombé en captivité. Le roi Radama II avait par ailleurs promis qu'aucune guerre ne serait plus menée par l'armée Hova, contre les populations issues des régions avoisinantes et côtières.[3] En fait, il n'avait fait que suivre à la lettre les conseils que lui avait donnés le révérend William Ellis, alors qu'il n'était seulement que le prince-héritier.[4] Par souci de réciprocité, les Sakalava libéraient tous les Hova qui avaient été capturés lors des raids qu'ils avaient effectués le long de la frontière occidentale de l'Imerina. Parallèlement, de nombreux chefs tribaux originaires des régions provinciales arrivèrent à Antananarivo afin d'exprimer leur allégeance au nouveau roi. Afin de promouvoir la paix et la tolérance auprès de ses sujets, Radama II proclama la liberté de religion sur tout le territoire de Madagascar,[5] décision qui avait permis aux étrangers comploteurs de 1857 de revenir à Antananarivo. Ainsi, à son retour, Lambert fut haussé au titre de duc de l'Imerina, alors que Jean Laborde devint en 1862, consul du gouvernement français à Madagascar. Les missionnaires jésuites n'étaient pas non plus du reste, car ils avaient obtenu pour la première fois, de la part d'un souverain Hova, l'autorisation officielle de propager la foi catholique sur tout le territoire de Madagascar. Le père jésuite Jouen avait même présidé la cérémonie religieuse du couronnement du roi Radama II au palais le 23 septembre 1862.

6.3 Le révérend William Ellis et les missionnaires jésuites

Au grand dam des jésuites, le révérend William Ellis, directeur de la LMS, avait réussi à convaincre le roi Radama II de construire des églises sur les sites d'exécution des martyrs chrétiens malgaches.[6] Les missionnaires catholiques avaient alors accusé Ellis d'avoir acheté les faveurs du roi, au moyen d'une somme d'argent offerte par le gouvernement britannique.[7] Ainsi se décrit la rivalité religieuse Franco-Britannique à Madagascar durant le règne de celui qui avait pourtant autoriser ses sujets à pratiquer librement leur foi. Elle avait tourné, du moins au début, à l'avantage des missionnaires britanniques qui avaient pu tirer avantage de l'expérience établie par leurs prédécesseurs, tels David Jones et David Griffiths, au début des années 1820. Par exemple, Ellis lui-même présidait des cérémonies religieuses le dimanche au palais, sous le regard intéressé du roi Radama II qui lui, ne s'était jamais converti au christianisme. Cependant, malgré son influence grandissante auprès du monarque, Ellis n'avait pas réussi à l'empêcher de signer la fameuse charte Lambert. Celle-ci avait permis à Lambert d'exploiter, à titre privilégié, une grosse partie des ressources minières et forestières de Madagascar. En devenant l'amant de Marie Raoamieja, une des concubines du roi, le révérend avait en fait offert malgré lui, l'ouverture tant attendue des jésuites. Doutant certainement de l'intégrité du révérend anglais, l'épouse du roi, c'est-à-dire la reine Rabodozanakandriana Rasoherina, confia dès lors l'éducation de son fils adoptif aux missionnaires jésuites.[8] La souveraine avait même fini par adopter la religion catholique. Ainsi, les transgressions morales du révérend britannique avaient, dans une certaine mesure, favorisé le développement du catholicisme à Madagascar au XIXe siècle. On rapporte qu'Ellis avait tout fait pour discréditer les jésuites et leur religion auprès des malgaches.[9] Quant aux jésuites, ils devraient bien savoir à l'époque que la réussite de leur mission était plus ou moins liée aux intérêts à long terme de l'État français à Madagascar. Notons qu'un des leurs, devenu roi des Bemba en Zambie, avait aidé en 1898 la milice privée du colon britannique John Cecil Rhodes à annexer le territoire de ses sujets, sans tirer le moindre coup de feu.[10] En France, le prêtre catholique Freppel d'Angers avait été parmi ceux qui avaient incité le gouvernement français à envahir Madagascar, malgré la prudence et le réalisme affichés par Jules Ferry et Georges Périn en 1884.[11] Cependant, dû à leur sens du sacrifice et leurs qualités morales exemplaires, les missionnaires jésuites avaient été en général très respectés par les populations avec lesquelles il vivaient ensemble en Afrique australe.[12]

6.4 Les maladresses du roi Radama II

Le prince-héritier Rakotondradama avait été éduqué par les jumeaux Raombana et Ranahiraka, fils d'Andrianavalona, un des conseillers du roi Andrianampoinimerina, avant d'être mis sous la tutelle de Jean Laborde par sa mère, la reine Ranavalona I. Il aurait signé en tant que Prince, en 1855, un contrat donnant à la Compagnie française Laborde-Lambert les droits d'exploiter des mines sur tout le territoire de Madagascar.[13] Cependant, la validité, voire l'authenticité d'un tel contrat, était plus que douteuse du fait que le prince n'avait pas à l'époque les prérogatives nécessaires pour l'établissement d'une transaction. Le 9 novembre 1861,[14] en tant que roi sous le nom de Radama II, il signa avec la France un traité contre l'avis des chefs de clan, entre autres les frères Andafiavaratra. Selon le traité, contresigné par le ministre des Affaires étrangères Ranahiraka, le ministre de la Justice Rainiketaka et le commandant en chef de l'armée Rainilaiarivony, les Français résidant à Madagascar auraient droit de posséder indéfiniment des terres, et de bénéficier d'autres privilèges jamais octroyés aux étrangers auparavant.[15] En retour, la France devrait reconnaître la souveraineté du roi Radama II sur tout le territoire de Madagascar, chose qu'elle avait faite d'une manière verbale, lors du voyage du Baron Brossard de Corbigny à Madagascar le 8 février 1862.[16] Par ailleurs, ce dernier avait communiqué au souverain Hova, les souhaits de Napoléon III d'établir des échanges commerciaux avec Madagascar. En marge du traité de novembre 1861, le roi Radama II aurait signé secrètement un protocole d'accord avec la France. Ce dernier permettrait à Napoléon III d'étendre sa souveraineté sur les territoires Sakalava et Antakarana situés respectivement au nord-ouest et au nord de Madagascar.[17] Il devint même le propriétaire d'une entreprise connue sous le nom de *Compagnie de Madagascar*.

Les problèmes du jeune roi commencèrent réellement lorsqu'il se mit à abuser des boissons alcooliques, et mena une vie de débauche qu'il partageait avec ses turbulents amis de jeunesse, les Menamaso, ou ceux qui avaient yeux les rouges.[18] Il se laissait trop influencer facilement par ces derniers qui parvinrent progressivement à accroître leur influence sur les affaires de l'État, chose qui n'était pas du goût des frères Andafiavaratra. Ainsi, le ministre de la Justice Rainiketaka était un Menamaso. En octroyant à ses amis, originaires du sud de l'Imerina, des postes influents au gouvernement, le roi Radama II violait tout simplement une règle sacro-sainte établie par le roi Andrianampoinimerina. Celui-ci avait en effet organisé un mode de gouvernance privilégiant les Hova du Nord, et limitant le rôle de ceux du sud dans l'application des instructions. Son manque de personnalité et son immaturité en tant que monarque,[19] furent à l'origine de la tragédie de Radama II. D'abord, il avait provoqué les traditionalistes du royaume en autorisant le révérend Ellis à prêcher à Ambohimanga, le village le plus sacré des Hova.[20] Puis, il avait aliéné les plus ambitieux des Hova en appointant des étrangers à des postes importants de l'État. Ainsi, Clément Laborde et le général 15Vtra William Marks avaient été tour à tour, secrétaire d'État au ministère des Affaires étrangères,[21] alors qu'Ellis officiait en tant que conseiller de Ramanarika, le ministre des Affaires étrangères. Par ailleurs, sa décision de nommer Lambert en tant qu'ambassadeur officiel du royaume Hova en Europe en 1868, n'avait sûrement pas fait l'unanimité au sein du gouvernement. En favorisant les étrangers au détriment des locaux, Radama II avait dû faire face à une opposition farouche de la part des grands notables et des chefs militaires issus des puissants clans d'Avaradrano, comme il fut le cas sous le règne du roi Radama I. Par ailleurs, sa décision de supprimer le *fanompoana*, c'est-à-dire le régime de corvée, et le système des privilèges, n'avait fait qu'attiser la colère de ces derniers à son égard. Et par-dessus tout, en voulant trop adopter le modernisme à l'Européenne, Radama II avait fini par se mettre directement en porte à faux avec les pratiques ancestrales de ses sujets.

Certaines des décisions que Radama II avait prises à l'époque avaient été contraires aux intérêts du royaume qu'il gouvernait. En octroyant des privilèges spéciaux aux étrangers résidant à Madagascar, il avait tout simplement fini par aliéner ses propres sujets comme au tant du roi Radama I. Par ailleurs, en octroyant à Lambert une license d'exploitation minière valable sur tout le territoire de Madagascar, il avait fait de l'île ni plus ni moins qu'une colonie française de facto. Conscients de l'immaturité de leur jeune roi, les Hova avaient mis sûrement à nouveau brandi leur identité ethnique afin de sauver leur héritage politique.[22] Sans aucun doute, vu de l'hexagone, le roi Radama II avait été le prince de la renaissance des intérêts coloniaux français à Madagascar au XIXᵉ siècle. Ainsi, la rupture était inévitable entre Rakotondradama et les frères Andafiavaratra qui l'avaient aidé à monter sur le trône. En effet, ces derniers étaient plutôt partisans d'un royaume Hova militairement fort et indépendant, et par-dessus tout allié de l'Angleterre.

6.5 Le Coup d'État des frères Andafiavaratra

À partir de mars 1863, une guerre civile larvée s'installait entre les Menamaso et le Premier ministre Raharo Rainivoninahitriniony.[23] Radama II avait lui-même déclenché le processus qui conduira à sa mort tragique en proposant à Raharo d'avoir recours au duel afin de régler son différend avec le Menamaso Rabetsarazaka. Une altercation violente avait opposé en fait les deux hommes lors d'une réunion qui avait eu lieu au palais le 7 mai 1863.[24] En plus, le roi voudrait créer un décret qui autoriserait l'utilisation du duel pour résoudre les problèmes entre les individus, les familles et les villages. Pour soutenir son projet de loi, il avait alors autorisé le port d'armes pour tous ses sujets. Tôt le matin du 8 mai 1863, une longue procession de hauts dignitaires du gouvernement, dirigés par Raharo et son frère Rainilaiarivony, convergea au palais pour demander au roi Radama II d'abandonner son projet. En refusant de le faire, ce dernier signait son arrêt de mort.

Ainsi, le lendemain, un grand nombre de militaires entra dans Antananarivo, et commença la purge sanglante des Menamaso sous la direction du Premier ministre en personne. L'ordre d'exécution de ces derniers fut signé par les généraux 16Vtra Rainijohary, Rainimamonja, Ravahatra, Rainizakamahefa, Rahandraha et Rainingory. Quatre jours plus tard, Raharo envoyait des tueurs au palais pour se débarrasser physiquement du roi Radama II. Ce dernier fut alors assassiné par strangulation sous les yeux terrorisés de son épouse, la reine Rasoherina. Le général Rainibeso, beau-frère du général Rainiharo, aurait été parmi les assassins du roi ce jour-là.[25] Après avoir annoncé au peuple la mort du roi comme ayant été un suicide, les conspirateurs donnèrent l'ordre aux soldats de l'enterrer à la hâte et sans fanfare à Ilafy. Les nouvelles du meurtre du roi s'étaient répandues très vite partout dans l'île, créant un malaise palpable au sein des populations des régions côtières et celles des Hauts Plateaux qui avaient accueilli favorablement sa politique de cohabitation pacifique. Les fréquents troubles dans les régions situées à l'ouest d'Antananarivo avaient été toutefois attribués à des rumeurs, selon lesquelles Radama II aurait survécu à son assassinat. À la suite de son décès, le gouvernement Hova annulait tous les privilèges qui avaient été accordés aux étrangers. En reniant le traité qui avait fait de Napoléon III, le propriétaire de la Compagnie de Madagascar, les Hova avait dû payer une énorme somme d'argent au gouvernement français.[26] Ainsi, le 8 octobre 1865, au nom de la reine Rasoherina, Raharolahy, le gouverneur de Toamasina, remit au capitaine Tricault quatre-vingt-six barils pleins de pièces d'argent en dollar.

Sous le règne du roi Radama II, les diverses populations de Madagascar avaient vécu en paix entre elles, sous l'autorité d'un même souverain, dont la légitimité sur l'ensemble du territoire avait été reconnue officiellement par les puissances européennes. Malgré ses déboires en tant que monarque, Radama II avait été bel et bien un prince de la Paix au XIXe siècle à Madagascar. Cependant, certaines de ses orientations politiques, surtout celles qui encourageaient le développement de l'influence étrangère dans l'île, avaient été perçues par les traditionalistes du royaume comme étant une menace contre l'identité ethnique des Hova.[27] Par ailleurs, sa consommation abusive de boissons alcooliques avait été sûrement l'une des causes de sa tragédie personnelle. Il avait laissé derrière lui John et Mary, ses enfants avec Marie Raoamieja. Suite à sa liaison avec Rasoaray, la fille aînée du général Rainiharo, il avait aussi eu une fille portant le nom de Rahamima.

7. Le général et ministre Ramaharo Rainimaharavo

Le personnage du général 16Vtra Ramaharo Rainimaharavo avait été plus qu'énigmatique au XIXᵉ siècle, tant il naviguait aisément entre les milieux des affaires, des églises et ceux des hautes sphères secrètes de l'État. Riche, intelligent et très ambitieux, il avait essayé de destituer son cousin, le Premier ministre Rainilaiarivony.[1] Certains missionnaires britanniques voyaient en lui ni plus ni moins qu'une personne uniquement attirée par l'argent, alors que d'autres le considéraient comme un ange de la lumière au service de son gouvernement et de sa foi chrétienne. Selon le révérend Charles Thomas Price, la vérité se trouverait quelque part entre ces deux extrêmes. Cependant, Price aurait aimé que Rainimaharavo ait été lui-même aussi intègre que le Premier ministre,[2] en ayant été le dauphin de ce dernier jusqu'en 1879. Le père de Rainimaharavo n'était autre que le général Ratsimanisa Rainimaharo, frère du général Rainiharo et commandant en chef de l'armée Hova sous le règne de la reine Ranavalona I.

7.1 L'élite intellectuelle de la maison du général Ratsimanisa

Rainimaharavo fut l'élite incontestée de la mouvance chrétienne protestante dite radicale à Madagascar au XIXe siècle.[3] Au lendemain du décès de la reine Rasoherina en mars 1868, il complota contre le Premier ministre Rainilaiarivony, afin de faire accéder au trône un fervent chrétien en la personne du prince Rasata, au détriment de la princesse Ramoma. Il avait été assisté dans son effort par le général 16Vtra Andriantsitohaina, les traditionalistes du royaume et les nobles du rang d'andriamasinavalona. À la suite de l'échec du complot qui avait été démasqué le 24 mars 1868, il avait dû offrir inconditionnellement son allégeance à son cousin,[4] afin d'éviter d'être envoyé en exil ou de se faire exécuter. Fidèle à son engagement chrétien, le général Rainimaharavo avait largement contribué financièrement à la construction de l'église d'Amboniloha.[5] À la demande de son frère, le général Rainiandriantsilavo, il avait assuré l'éducation de sa nièce Victoire Rasoamanarivo, une grande figure du catholicisme à Madagascar au XIXe siècle. Fortement attachés au protestantisme, la religion d'État du royaume, les deux frères s'étaient fermement opposés, à l'époque, à la conversion de Rasoamanarivo à la religion catholique. Mariés respectivement aux sœurs Rasoaray et Rambahinoro, toutes les deux étant les filles du général Rainiharo, Rainimaharavo et Rainiandriantsilavo étaient les frères de Randianina, Ralizah, Rasoanalina et Razaimanana. Celle-ci était l'épouse du général Rainianjalahy, le malheureux héros de la bataille de Tsarasaotra en juin 1895, alors que Ralizah et Rasoanalina avaient été successivement les épouses du Premier ministre Rainilaiarivony. Rainimaharavo avait épousé plus tard sa belle-sœur Rambahinoro, alors que sa femme Rasoaray s'était remariée avec le général Ratsimiziva, puis avec le prince Ramboasalama qu'elle avait suivi en exil à Ambohimirimo. La belle maison de Rasoaray du côté d'Amboditsiry, non loin du palais du Premier ministre, avait été souvent un lieu de repos de la reine Rasoherina, et avait été par ailleurs utilisée par le général Galliéni pour organiser des réceptions officielles. La grande dame des Andafiavaratra, c'est-à-dire Rasoaray, décéda le 16 juillet 1879. Le général Rainimaharavo, quant à lui, mourut le 25 novembre 1890, dans son lieu d'exil à IvatoAmbositra, loin dans le pays Betsileo.

7.2 Entre l'Armée, l'État et le monde des Affaires

En 1873, le général Rainimaharavo commanda une expédition militaire composée de trois mille soldats entraînés par le sergent britannique Lowett, afin de réprimer une révolte des Sakalava du Menabe dirigés par le prince Itoera.[6] Ce dernier fut le petit- fils du roi Ramitraho, un grand adversaire du roi Radama I. La campagne tourna au désastre, à cause des tactiques de guérilla utilisées à merveille par leurs ennemis. Les troupes de Rainimaharavo, menacées par la famine et soumises aux assauts répétés des Sakalava, avaient alors succombé en grand nombre en essuyant de pouchasser Itoera à travers une région quasi inaccessible. Les pertes avaient été telles que Rainimaharavo et ses hommes furent obligés de se replier en catastrophe sur la ville de Fianarantsoa, la capitale du Betsileo.

Le général Rainimaharavo avait bénéficié d'un grand nombre d'aides de camp, au point qu'il était même en mesure de former sa propre milice. Devenir un aide de camp fut à l'époque un moyen d'échapper aux dures manœuvres militaires sur le terrain. En fait, les grands officiers de l'armée, tel Rainimaharavo, avaient trop abusé du système des aides de camp, à tel point que le Premier ministre Rainilaiarivony décida de le réguler drastiquement vers le milieu années 1860. On rapporte toutefois que ce dernier avait décidé d'intervenir, uniquement pour mieux contrôler ses adversaires politiques.[7] Ainsi, les aides de camp attribués au général Rainimaharavo furent réduit de trois mille à trente vers la fin de sa carrière militaire.

Durant les années 1860, alors qu'il était ministre des Affaires étrangères, le général Rainimaharavo dirigeait une entreprise privée de colporteurs.[8] Celle-ci fut très sollicitée par l'armée Hova lors de la guerre Franco-Hova en 1883. Elle avait alors acheminé une grosse quantité d'armes et des munitions à destination d'Antananarivo, et en provenance de la côte ouest.[9] Ayant été accusé d'être un complice des Sakalava à propos d'un trafic d'esclaves à grande échelle dans la région de Mahabo, l'officier Ramboamadio avait acheté les faveurs de Rainimaharavo, afin de pouvoir échapper à la justice.[10] De Lastelle avait aussi usé une démarche similaire en 1837, afin d'obtenir un grand contrat commercial de la part du gouvernement Hova.[11] Malgré ses imbroglios dans le monde des affaires, Rainimaharavo avait été cependant considéré comme le plus compétent des ministres du gouvernement du Premier ministre Rainilaiarivony, et cela, durant les règnes des reines Rasoherina et Ranavalona II. Il avait été remplacé à son poste le 30 août 1879, par son propre fils, c'est-à-dire le général Ravoninahitriniarivo. Tous deux furent membres d'un groupe très influent et composé de conseillers royaux, dont vingt-huit furent des grands généraux de l'armée tels Rainijohary, Andritsitohaina, et Ravahatra, pour ne citer

qu'eux. La belle maison de Rainimaharavo avait abrité les
ministères de l'Intérieur, du Commerce, de l'Éducation et
de la Guerre.[12] Durant le règne du roi Radama II, les frères
Rainimaharavo et Rainandriantsilavo avaient été
respectivement ministre des Finances et celui de l'Intérieur.[13]
Selon un observateur, Rainimaharavo, en tant que ministre
des Affaires étrangères, serait favorable pour le
développement de la présence française à Madagascar.[14]
Cependant, le courant ne passait pas entre lui et Cassas, le
commissaire de la république de France. Ce dernier n'aurait
pas du tout apprécié la façon dont le ministre s'était adressé
à Campan, consul de France, à travers une lettre. En fait, le
différend entre Rainimaharavo et Campan remontait à
l'époque où le ministre n'avait pas autorisé ce dernier à
construire une maison dans le quartier d'Andohalo, sur une
sur une propriété que Campan avait héritée de Jean
Laborde.[15] Accusé par ailleurs de ne pas honorer les clauses
d'un traité Franco-Hova signé par le roi Radama II,
Rainimaharavo avait été tenu responsable par les autorités
françaises à Madagascar, de toute rupture des relations
diplomatiques entre les deux gouvernements.

8. Le général et ministre Ravoninahitriniarivo

Né le 6 juin 1841, le général 15Vtra Ravoninahitriniarivo, fils du général Ramaharo Rainimaharavo et de Rasoaray, était un brillant chef militaire dont les qualités s'illustraient par les succès des campagnes militaires qu'il entreprit dans les régions situées dans l'Ouest de Madagascar. En 1873, il fut commandant en chef d'une expédition militaire dans le pays Bara dans le Sud. Contrairement à son père, il réussissait tant bien que mal dans ses campagnes en utilisant la force de persuasion. Ainsi, ils avaient réussi à ramener pacifiquement les Bara sous le giron de la couronne Hova, en les ravitaillant en vivres et nourriture. Par ailleurs, Ravoninahitriniarivo avait rompu avec la méthode brutale de ses prédécesseurs en relâchant les prisonniers en grand nombre.

8.1 Le brillant et populaire ambassadeur des Hova

Le général Ravoninahitriniarivo était par-dessus tout un brillant diplomate. Il avait été ambassadeur du gouvernement Hova en Europe, avant d'être rappelé pour joindre le gouvernement du Premier ministre Rainilaiarivony en tant que ministre des Affaires étrangères, remplaçant ainsi son père. Il fut propulsé au devant de la scène politique juste au moment où le contentieux Franco-Hova entra dans sa phase explosive en 1883. Jeune et dynamique, il était connu pour être un homme d'une honnêteté sans reproche.[1] Ce qui expliquerait certainement sa grande popularité auprès des Hova. Selon un observateur britannique, le général Ravoninahitriniarivo avait une apparence physique et des manières comparables à celles d'un Européen, mais du genre latin.[2]

Ravoninahitriniarivo avait été le premier responsable Hova à mettre en cause publiquement le système de corvée connu sous le nom de *fanompoana*. Selon lui, celui-ci reste un des plus gros obstacles pour la modernisation de Madagascar.[3] Il lui avait fallu avoir beaucoup de courage pour prendre une telle position à l'époque, du fait que le *fanompoana* avait enrichi les grandes familles de l'Imerina au XIXᵉ siècle. Il avait même été utilisé abondamment par l'armée pour recruter ses soldats. Par ailleurs, les gouverneurs Hova dans le pays Betsileo s'étaient aussi servis du *fanompoana* pour forcer les individus à atteindre les cérémonies religieuses présidées par les missionnaires étrangers.[4]

À la suite de l'échec des tractations engagées avec Baudais à Madagascar, le gouvernement du Premier ministre envoya une délégation Hova en France, le 20 juillet 1882. Celle-ci était dirigée par le général Ravoninahitriniarivo et était composée du général 15Vtra Ramaniraka, d'Andrianisa, et de Marc Rabibisoa. En tant chef de délégation, le fils de Rasoaray avait la lourde responsabilité de négocier une paix honorable avec la France, sans pour autant céder un pouce du territoire de Madagascar. Andrianisa et Marc Rabibisoa faisaient partie du voyage, respectivement, en tant que secrétaire d'ambassade et interprète.

L'objectif de la délégation Hova était aussi de gagner la sympathie de la Grande-Bretagne et des États-Unis d'Amérique, à propos du différend Franco-Hova en cours.

8. Le général et ministre Ravoninahitriniarivo

Ravoninahitriniarivo et ses hommes arrivèrent à Marseille le 2 octobre 1882 après avoir quitté l'île Maurice le 7 septembre. Entre-temps, sous les pressions de Londres, Duclerc, président du conseil en France, ordonna le capitaine Le Timbre de lever le blocus à l'encontre de l'*Antananarivo*, l'unique vaisseau de guerre des Hova. Les pourparlers diplomatiques entre la délégation Hova et leurs homologues français s'étaient rapidement transformés en un marché de dupes à Paris. On rapporte que les Hova auraient été mal reçus durant leur séjour.[5] Les émissaires de Rainilaiarivony avaient été sommés de signer un accord qui reconnaîtrait de facto les droits territoriaux français sur l'ensemble de l'île. Même le public français n'aurait pas été informé de l'existence d'une telle pression à l'égard de la délégation Hova. La présence de Baudais et Campan en France, en qualité de conseillers des membres du conseil durant les pourparlers, n'aurait fait qu'envenimer la situation. En habile diplomate, Ravoninahitriniarivo avait offert de retirer tous les drapeaux Hova des territoires disputés du Nord-ouest de Madagascar. En contrepartie, il avait demandé aux autorités françaises de renoncer à envoyer toute force militaire dans ces régions. Devant l'intransigeance de celles-ci et la volonté du général à préserver l'intégrité territoriale de Madagascar, les deux camps ne pouvaient que constater l'échec des pourparlers. On savait certainement de part et d'autre, à ce moment-là, que la guerre était inévitable.

La délégation Hova continua alors son périple européen à destination de l'Angleterre où elle avait été bien accueillie. En fait, celle-ci, au même titre que les États-Unis d'Amérique, avaient reconnu la légitimité du gouvernement du Premier ministre Rainilaiarivony à représenter Madagascar sur le plan international. Par ailleurs, les amis britanniques de Madagascar avaient préparé le terrain pour les visiteurs Hova, en poussant inlassablement leur gouvernement à intervenir dans le différend Franco-Hova, en faveur des Malagasy. Ravoninahitriniarivo emmena par la suite sa délégation aux États-Unis afin de ratifier officiellement un traité de paix Américano-Malagasy, celui qui fut établi à Madagascar en 1881 par le colonel William W. Robinson.[6] À travers le traité, l'Amérique reconnaîtrait la reine Ranavalona II comme étant la reine de l'île de Madagascar. Ravoninahitriniarivo avait été reçu par le secrétaire d'État Frelinghuysen. Il avait transmis à ce dernier les cadeaux royaux destinés au Président américain Chester Arthur. Il avait demandé aux États-Unis d'utiliser leur influence auprès de la France, afin de faciliter le règlement du différend Franco-Hova. La délégation Hova avait profité de leur séjour pour visiter une usine de fabrication de fusils. Le 17 avril 1883, à son retour des États-Unis, lors de son passage à Londres, le général Ravoninahitriniarivo s'était adressé aux représentants britanniques du comité pour Madagascar en ces termes : [7]

« *En tant qu'amis de Madagascar, vous serez heureux d'entendre que les Américains ne sont pas moins chaleureux que vous pour ce qui est de la sympathie pour notre cause. Ils nous imploraient de comprendre qu'il n'y avait point de manque de cordialité de leur part envers la France. 'Il y avait toujours un sentiment vivant dans nos cœurs depuis le temps de Lafayette', disent-ils, 'mais, nous reconnaissons qu'à travers sa présente politique à l'égard de Madagascar, elle est en train d'agir injustement et de trahir son honneur national'. Ce sont les mots que nous avions entendus dans chaque ville que nous avions visitée, où les gens nous avaient souhaité beaucoup de succès pour notre mission. En signant un traité avec la reine, le gouvernement du Peuple de France l'avait explicitement reconnue comme étant la souveraine de tout Madagascar. Pour illustrer l'intérêt actif des Américains pour le bien-être de notre pays, nous pourrions vous rappeler l'intention du gouvernement.* »

Pressentant l'imminence d'une guerre contre la France, à la suite de l'échec des pourparlers de paix de Paris, le général Ravoninahitriniarivo avait recruté, lors de son passage à Londres, le colonel Digby Willoughby.[8]

8.2 L'affaire Thomas Wilkinson

Le missionnaire britannique Thomas Wilkinson arriva à Madagascar en 1862. Il s'était installé à Toamasina en tant que commerçant, et avait l'habitude d'envoyer des articles de presse à un journal mauricien dans lequel il commentait négativement la politique adoptée par le gouvernement Hova. Les remarques de Wilkinson n'étaient pas du tout du goût du Premier ministre Rainilaiarivony à tel point que ce dernier finit par demander, sans succès, son départ de l'île en 1871.[9] Wilkinson n'était pas bien apprécié par ses collègues missionnaires. À la fin du discours de la reine Ranavalona III le 3 juillet 1884, un groupe de jeunes Hova s'étaient agglomérés près de son domicile alors qu'il était en train de prendre sa sieste. Réveillé par le bruit extérieur, l'ancien missionnaire prit son revolver et tira en direction des Hova, blessant l'un d'entre eux, du nom de Rainibehevitra, à la jambe. Conscient de la gravité de son acte, Wilkinson contacta rapidement le consulat britannique. Selon les clauses du traité Anglo-Hova, tout résident britannique coupable d'avoir blessé ou tué un Malagasy par une arme de guerre, même d'une manière accidentelle, devrait être expulsé de Madagascar. L'entretien de Wilkinson avec le consul Graves et le consul adjoint Clayton Pickersgill s'était terminé par l'établissement d'un procès verbal qui reconnaissait la responsabilité du missionnaire. L'affaire aurait pu s'arrêter là si ce dernier n'avait pas constamment discrédité le gouvernement Hova dans le passé. Le général Ravoninahitriniarivo sauta sur l'occasion pour demander l'expulsion pure et simple de Wilkinson de Madagascar, le 26 juillet 1884. Pickersgill abandonna cette fois-ci alors son compatriote zélé à son propre sort. Sans aucun doute, depuis longtemps, les Hova voulaient se débarrasser d'un étranger plus qu'encombrant à leurs yeurs, et qui de surcroît soutenait à l'époque les points de vue de leur ennemi, c'est-à-dire la France. Un article paru dans le journal anglais *The Times* de décembre 1884 désigna Ravoninahitriniarivo comme étant la source des malheurs de Wilkinson à Madagascar. Ce dernier avait même déposé une plainte officielle auprès du Premier ministre Lord Granville.

8.3 La tombée en disgrâce

N'ayant pas apprécié la nomination de son cousin, le général 16Vtra Ramariavelo Rainiharovony, au poste de commandant en chef de l'armée Hova, Ravoninahitriniarivo aurait comploté en septembre 1886, pour renverser le gouvernement du Premier ministre Rainilaiarivony.[10] En fait, le fils de ce dernier, Rainiharovony était si jaloux de la popularité de son cousin, qu'il avait tout fait pour l'écarter du cercle du pouvoir.[11] Le nouveau commandant en chef de l'armée était tristement célèbre à l'époque pour être quelqu'un qui respectait rarement les lois.[12] Afin de contrecarrer les ambitions politiques de son cousin, Ravoninahitriniarivo avait établi une alliance contre nature avec le prince Ramahatrarivo II et le général Radriaka, le demi-frère de Rainiharovony.[13] Tous les trois avaient refusé d'assister à une cérémonie organisée au palais à l'occasion du retour du général Rainiharovony de son voyage en Europe. Ils s'étaient fait représenter par le général 15Vtra Rainimiadana, un des instigateurs du complot Rasata en 1868.

Accusé par ses détracteurs d'avoir falsifié le sceau royal,[14] le général Ravoninahitriniarivo avait été mis aux arrêts alors qu'il rendait visite à la reine Ranavalona III. Il avait été jugé coupable de son acte en septembre 1888, et écopa une peine de condamnation à mort, à la suite d'un procès qui s'était tenu au tribunal d'Ambatondrafandrana situé juste au nord du palais de Manjakamiadana. Le petit peuple qui avaient assisté au procès, avait quitté les lieux silencieusement à l'annonce du verdict. Il manifesta ainsi leur profond doute quant au bien fondé de la décision de justice prise à l'encontre de leur héros. Craignant un soulèvement populaire, Ranavalona avait commué la sentence de Ravoninahitriniarivo en simple bannissement, suivi d'un retrait de tous les honneurs militaires. Le général fut par la suite exilé à Ambositra, loin dans le pays Betsileo, où il décéda le 10 décembre 1894.

Selon un observateur, le procès de Ravoninahitriniarivo montre les premiers signes du déclin des Andafiavaratra au XIXe siècle.[15] Baptisé chrétien le 1er août 1866,[16] le général avait épousé la princesse Ratavy, une descendante du roi Andrianjaka, celui qui avait conquis le royaume Vazimba d'Analamanga vers le début du XVIIe siècle. Il laissa derrière lui une jeune héritière du nom de Rangarine. Celle-ci décéda le 26 novembre 1881.

9. Bienheureuse Victoire Rasoamanarivo

Victoire Rasoamanarivo était une grande figure du catholicisme à Madagascar au XIXe siècle. Elle s'était beaucoup battue comme une générale d'armée, non seulement pour promouvoir sa religion, mais aussi pour défendre la cause des plus faibles et des malheureux de l'époque.[1] Ce sont sûrement les raisons pour lesquelles elle s'est fait béatifier par le Pape Jean-Paul II à Antananarivo, le 30 avril 1989. Ainsi, devant une foule de plus d'un demi-million de personnes, Rasoamanarivo, petite-fille du général Rainiharo, devint Bienheureuse Victoire Rasoamanarivo. Quelle ironie du destin! Le premier Malagasy à être béatifié par le Vatican est issu de la maison de celui dont l'armée avait persécuté les premiers chrétiens de Madagascar durant le règne de la reine Ranavalona I.

9.1 Une quête spirituelle précoce

Née en 1848 au palais d'Andafiavaratra, Rasoamanarivo était la fille du général Rainiandriantsilavo et de Rambahinoro, celle-ci étant l'une des filles du général Rainiharo. Rainiandriantsilavo était, quant à lui, le fils du général Ratsimanisa, le frère du général et Premier ministre Rainiharo. À la demande de ses parents, Rasoamanarivo avait été mise sous la responsabilité de son oncle, le général Rainimaharavo qui lui avait assuré son éducation. En novembre 1861, Rasoamanarivo fut enrôlée par sa mère dans une école catholique, alors qu'elle avait tout juste treize ans. Elle fut tout naturellement attirée par l'enseignement religieux des missionnaires jésuites, tout en admirant beaucoup leur sens de dévotion. Au lendemain du décès du roi Radama II, un sentiment anti-français s'était développé au sein de la monarchie Hova. En fait, les Hova commencèrent à se méfier des intentions de la France à propos de Madagascar. Les fameux traités Franco-Sakalava de 1840 et 1841, qui établiraient la souveraineté de la France sur les territoires Sakalava du Nord-ouest, n'avaient point arrangé point la situation. Alors que la monarchie Hova renouait ses relations avec son alliée de longue date, c'est-à-dire l'Angleterre, et que le protestantisme devint une religion d'État, Rasoamanarivo opta pour le catholicisme. Ainsi, le 1er novembre 1863, elle fut baptisée sous le nom de *Victoire* par le jésuite Webber, et reçut sa première communion le 17 janvier 1864.

9.2 Les malheurs de Rasoamanarivo

Sa conversion à la religion catholique ne fut pas du goût de son père et de son éducateur, le général Rainimaharavo. Ces derniers utilisèrent tous les moyens pour la forcer à renier sa nouvelle religion. Cependant, ni les menaces de bannissement, ni les réprimandes de tout genre n'eurent raison de l'obstination de Rasoamanarivo. Alors que bon nombre de filles issues de bonnes familles finirent, par pression, par renoncer à leur nouvelle religion, Rasoamanarivo avait maintenu son choix jusqu'au bout. Sa grande famille avait finalement fini par capituler devant sa résilience et la grande compassion qu'elle avait pour sa foi.

Cependant, voulant à tout prix éviter tout conflit frontal avec les Andafiavaratra, les missionnaires jésuites avaient conseillé leur protegée de renoncer à son souhait à devenir une sœur religieuse. Le 13 mai 1864, ayant reçu leur bénédiction, Victoire Rasoamanarivo épousa son cousin le général Ratsimatahodriaka, plus connu sous le nom de Radriaka. Celui-ci était le fils adoptif du Premier ministre Rainilaiarivony avec sa seconde épouse Rasoanalina. Il fut officier de palais à l'âge de 18 ans, puis commandant en chef des troupes Hova durant le règne du roi Radama II. Illustre officier de l'armée Hova et vice-ministre de la guerre, Radriaka était, par ailleurs, tristement célèbre pour ses infidélités et violences conjugales, et pour son abus des boissons alcooliques. Ses excès furent tels que la reine elle-même recommanda à Victoire de demander le divorce. Au contraire, celle-ci pria pour la rédemption de son mari. En 1881, Radriaka fut gravement blessé au crâne en tombant d'un balcon alors qu'il était sous l'effet de l'alcool. Le 14 mars 1888, sachant que ses jours étaient comptés, il demanda à être baptisé et implora le pardon de sa femme. Victoire eut le privilège d'emmener son mari à l'église avant qu'il ne décédât ce jour là.

Victoire Rasoamanarivo fut très respectée par le Premier ministre Rainilaiarivony qui la consultait de temps en temps à propos des affaires de l'État. Deux des frères de Victoire, entre autres Andriantsilavo et Andriantseheno, avaient respectivement épousé Ravololona et Ranorovelo, les filles de son oncle beau-père. La grande influence qu'avait Victoire sur ce dernier avait sûrement contribué au succès des jésuites auprès du gouvernement Hova au XIXe siècle.

9.3 La Passion selon Bienheureuse Victoire Rasoamanarivo

Les missionnaires jésuites partirent de Madagascar à la suite de la détérioration des relations Franco-Hova au début des années 1880. Ils avaient confié à Victoire Rasoamanarivo la tâche de poursuivre leur mission en leur absence. Celle-ci avait su une fois de plus, contre vents et marées, défendre sa cause comme une vraie générale d'armée. Elle était même allée jusqu'à braver les militaires qui gardaient l'entrée de la cathédrale d'Andohalo, afin de pouvoir célébrer une messe. En démontrant leur loyauté à la couronne durant le conflit Franco-Hova de 1883-1885, Rasoamanarivo et ses protégés finirent par avoir gain de cause auprès du gouvernement Hova. Le catholicisme devint dès lors une mouvance spirituelle totalement acceptée par les dirigeants Hova. À leur retour à Madagascar vers la fin de la guerre, les missionnaires jésuites furent très surpris de voir le succès de leur religion auprès des Malagasy. Rasoamanarivo, quant à elle, consacra le reste de sa vie pour le soutien de tous ceux qui furent abandonnés ou punis par la société. Décédant le 21 août 1894, l'une des grandes dame de la dynastie des Andafiavaratra fut enterrée auprès des siens, dans le tombeau ancestral d'Ampasan-dRainiharo situé dans le quartier d'Isoraka des Tsimiamboholahy. Ses restes auraient été transférés dans le tombeau des missionnaires à Ambohipo en 1961, puis dans la Chapelle sise de la cathédrale d'Andohalo, le jour de sa béatification, c'est-à-dire le 30 avril 1989. Située à une centaine de mètres au nord du palais de Manjakamiadana, la belle villa de Madame Victoire se dresse toujours aujourd'hui majestueusement au sommet d'Analamanga.

10. Le général et Premier ministre Rainilaiarivony

Le général 16Vtra Rainilaiarivony avait conjuré le sort pour devenir l'un des plus brillants politiciens du monde au XIXe siècle. Rejeté par ses parents dès sa naissance pour être venu au monde sous un jour de mauvaise augure, selon les traditions Hova, il avait été repris par des membres de sa grande famille, avant d'être éduqué par des missionnaires anglais, puis par les frères jumeaux Ranahiraka et Raombana. Il devint secrétaire particulier de la reine Ranavalona I à l'âge de quatorze ans, puis commandant en chef de l'armée Hova à l'âge de vingt-quatre ans. Il accéda au poste de Premier ministre pour la première fois, sous le règne de la reine Rasoherina, à la suite de la destitution de son frère Raharo le 14 juillet 1864. Il avait dès lors pratiquement contrôlé le destin du royaume Hova unifié jusqu'à la conquête française de 1895. Sa longévité au pouvoir, malgré la virulente opposition des nobles à sa politique de modernisation de Madagascar, s'expliquerait par la mainmise qu'il avait sur une puissante armée totalement acquise à sa cause.[1]

10.1 La rédemption de Tsimanosika

Né le 30 juin 1828 à Ambohidralambo, un jour du mauvais signe selon les croyances Hova, c'est-à-dire Alakaosy, Rainilaiarivony rejoignit dès sa naissance le rang des damnés de la société Hova. Ses parents le rejetèrent après avoir coupé la partie haute de deux doigts de sa main gauche, et le surnommèrent Tsimanosika ou celui qui fut rejeté. Il fut alors repris par des membres de la grande famille des Andafiavaratra qui le confièrent au missionnaire anglais David Griffiths en 1834. Il fut particulièrement brillant et plein de promesses, à tel point que ce dernier le confia à son tour aux jumeaux Raombana et Ranahiraka, à la suite du départ en masse des missionnaires britanniques en 1835. Tout juste âgé de dix ans, Rainilaiarivony aurait déjà eu en sa possession une petite somme d'argent qui l'avait beaucoup aidé à se débrouiller tout seul, en faisant du commerce dans la rue. Il avait excellé dans ce domaine et avait toujours su marchander d'une manière équitable. Un commerçant anglais le surnomma alors *Deal Fair,*[2] qui en fait, fut l'origine de son vrai nom malgache, Radiliferatsimanisoka. Il portait un tel nom jusqu'à la naissance de son premier fils Ralaiarivony, date à laquelle son nom devint Rainilaiarivony. Sa renommée et ses succès étaient tels, que la reine Ranavalona I avait fini par l'engager en tant qu'officier de palais à l'âge même de quatorze ans. Ses parents n'avaient alors d'autres choix que de reconnaître celui qu'ils avaient rejeté. Sa fougue et sa persévérance au travail avaient séduit la souveraine, d'où sa montée fulgurante à travers la hiérarchie militaire Hova. Il devint ainsi général 13Vtra et commandant en chef de l'armée Hova, à l'âge de vingt-quatre ans. Il était le bras droit de son bouillant frère Raharo, durant la période pendant laquelle ce dernier était commandant en chef de l'armée de Ranavalona I, et Premier ministre du roi Radama II.

10.2 Le grand serviteur de l'État

Son caractère prudent et habile servait en quelque sorte de contrepoids à celui de son frère Raharo plutôt de nature rude, voire violente. Alors qu'il se consacrait à soutenir ce dernier dans sa tâche, Rainilaiarivony était bel et bien à l'origine des grandes innovations apportées à la constitution du royaume Hova, et aux grandes décisions du gouvernement. Quand les abus de pouvoir et excès de colère de son frère, le Premier ministre Raharo, finissaient par aliéner son entourage, les Andafiavaratra poussèrent Rainilaiarivony au devant de la scène politique pour le remplacer en 1864. Celui gouverna alors avec autorité tout en accélérant la concentration du pouvoir entre les mains des Andafiavaratra au XIXe siècle.[3]

Le Premier ministre Rainilaiarivony avait travaillé sans relâche pendant un quart de siècle, afin de moderniser l'île de Madagascar. Clairvoyant, intelligent, et plein d'énergie, il avait fait connaître à ses compatriotes une période de progrès sans précédent. Ignorant souvent l'avis de ses conseillers étrangers qui, selon lui, étaient trop pressés de voir les choses rapidement en place, il introduisait toujours les grandes réformes d'une manière graduelle, afin de les faire accepter volontairement par les Malgaches.[4] Partisan de la méthode de concertation, il n'hésitait cependant à montrer une fermeté exemplaire afin de faire valoir sa vision des choses. Il s'informait constamment sur tout événement qui pourrait potentiellement affecter le destin du royaume, et restait toujours vaillant à l'égard de ceux qui osaient s'opposer à son autorité. Rainilaiarivony ne faisait confiance à aucun de ses conseillers, à l'exception de son premier secrétaire, c'est-à-dire le général Rasanjy. Celui-ci aurait été la seule personne avec qui il partageait ses secrets. Très ambitieux, le Premier ministre n'hésitait pas à utiliser tous les moyens pour atteindre ses objectifs. Malgré qu'il ait été toujours en bons termes avec Londres, et conseillé étroitement par des missionnaires de la LMS, Rainilaiarivony avait toujours agi pour les intérêts des populations de Madagascar. Même s'il était par moments évasif, il tenait presque toujours ses promesses. Supporté par une armée Hova dont la fidélité lui était totalement acquise, Rainilaiarivony, de par sa conduite et son tempérament, avait beaucoup pesé sur le destin de Madagascar pendant la seconde moitié du XIXe siècle.

Sous l'impulsion du Premier ministre, des progrès énormes avaient été réalisés dans les domaines politique, juridique, éducationnel et social. En effet, mille quatre-vingt églises et mille soixante quinze écoles avaient été construites durant le règne de la souveraine chrétienne Ranavalona II, son épouse.[5] La cathédrale anglicane d'Andohalo fut inaugurée beaucoup plus tard, c'est-à-dire le 10 août 1889.[6] La construction de celle-ci avait coûté 5800 £ de l'époque. L'année 1878 avait été marquée par les grandes réformes du système judiciaire, alors que celle de 1879 était plutôt centrée sur la réorganisation de l'armée.[7] Soucieux du développement rapide de la corruption chez les gouverneurs Hova des provinces, le Premier ministre les avait tous remplacés et avait établi un corps de police rurale beaucoup moins brutal à l'égard des citoyens. Composé de six hauts officiers et deux citoyens civils, le gouvernement Hova gérait toutes les affaires du royaume, d'où la nature constitutionnelle de la monarchie. Parmi les ministres, on pourrait noter la présence du général Ravoninahitriarivo au ministère des Affaires étrangères, et de celle du général Rainitsimbazafy au ministère de l'Intérieur.[8] Celui-ci devint plus tard, au lendemain de la conquête française en 1895, le Premier ministre du gouvernement Hova sous protectorat français.

Durant la longue période où il avait été à la tête du gouvernement Hova en tant que Premier ministre, Rainilaiarivony avait épousé successivement les reines Rabodozanakandriana Rasoherina, Ramoma Ranavalona II et Razafindrahety Ranavalona III. Il s'était fait baptiser chrétien en février 1869 par les pasteurs Andriambelo et Rainimanga, au même titre que la reine Ranavalona II.[9] Alors que Ramoma était une chrétienne engagée, même dans sa jeunesse, Rainilaiarivony aurait adopté la nouvelle religion pour des raisons politiques.[10] Cependant, le Premier ministre semble bien prendre au sérieux sa conversion, du fait qu'il ne manquait pas de ramener à l'ordre ses neveux qui osaient se moquer ouvertement de sa nièce et belle-fille Victoire Rasoamanarivo, lorsque celle-ci se mit à prier pour bénir le repas familial. Sous le règne de Ranavalona II, la Bible devint le symbole suprême du pouvoir royal. Elle avait définitivement remplacé les *sampy*, c'est-à-dire les idoles du royaume. Ainsi, quelques mois après la cérémonie de baptême royale, la souveraine avait ordonné leur destruction. La grande lessive commença alors en septembre 1868 pendant lequel, le général Rainimaharavo et son fils, c'est-à-dire le général Ravoninahitriniarivo, avaient été envoyés par le Premier ministre à Ambohimananbola pour brûler l'idole *Rakelimalaza*. Le général 15Vtra Rainandriantsilavo avait eu la responsabilité de brûler *Ranoro*, l'idole des Antehiroka.[11] Celui-ci avait été hautement vénéré durant le règne de la reine Ranavalona I. Le général Rainitsimbazafy, quant à lui, avait été chargé de détruire l'idole *Rafantaka* à Ambohimanga. On rapporte que la distribution des fameux livres de la série du *Tantaran'ny Andriana* du Père Callet, aurait été même interdite par le Premier ministre du fait qu'il contiendrait des informations mettant en valeur les devins du royaume.[12]

Reconnue par la France comme étant la reine de Madagascar, à travers le traité Franco-Hova du 4 août 1868, Ranavalona II avait donné aux populations de Madagascar une longue période de paix et de progrès social, plus spécialement pendant la période allant de 1869 à 1878. La souveraine avait bénéficié du soutien inconditionnel de Rainilaiarivony, son époux. Une si longue période de stabilité politique avait sans aucun doute beaucoup aidé ce dernier à améliorer les conditions économiques et sociales de tous les habitants de Madagascar. Par ailleurs, ne pouvant ignorer pour longtemps les pressions morales et politiques de la part de sa grande alliée, c'est-à-dire l'Angleterre, Rainilaiarivony avait fini en juin 1877 par promulguer des lois qui avaient conduit à l'émancipation de tous les esclaves achetés sur le continent africain et travaillant pour le compte du royaume Hova depuis 1865. Aurait-il pris une telle décision juste pour intégrer les individus nouvellement affranchis dans un système de corvée entièrement contrôlé par son gouvernement, c'est-à-dire le *fanompoana* ?[13] Selon un observateur, malgré la virulente opposition des nobles, Rainilaiarivony avait déjà pensé depuis longtemps à éliminer un tel système afin de le remplacer par un autre qui serait basé sur le principe de taxation du travail fourni par les individus.[14]

10. Le général et Premier ministre Rainilaiarivony

Selon le témoignage suivant, le Premier ministre Rainilaiarivony avait été bien de loin l'architecte de la renaissance malgache au XIXe siècle : [15]

« Jusqu'à ce que la menace de l'invasion étrangère accapare l'essentiel des préoccupations de l'État, le gouvernement de Rainilaiarivony peut-être considéré comme une période active et bénéfique au développement des Hautes-Terres et même à certains égards, au reste de Madagascar. »

Par ailleurs, à la suite de sa visite à Madagascar en 1881, l'amiral britannique Gore Jones ne manquait non plus de mot pour apprécier la bonté naturelle et la grandeur de la reine Ranavalona II : [16]

« À travers les réalisations de la souveraine, son règne avait été de loin le plus grand et le plus généreux qu'avait connu Madagascar. Sa Majesté est réellement une vraie bonne femme dotée de valeurs morales. »

Cependant, l'abus de boissons alcooliques aurait fatalement nui à la santé de la gracieuse reine Ranavalona II.[17] Rainilaiarivony, quant à lui, avait été reproché par un observateur britannique de l'époque d'avoir été trop conservateur quant à la modernisation de l'île de Madagascar au XIXe siècle, surtout en matière de voies terrestres de communication. En fait, en 1886, le Premier ministre avait déjà essayé de financer un projet qui établirait une liaison ferroviaire et une ligne télégraphique entre les villes de Toamasina et d'Antananarivo.[18]

10.3 L'éloquence au service du patriotisme

Le Premier ministre Rainilaiarivony était un très grand orateur capable de soulever l'enthousiasme et la passion de toute une foule.[19] En réponse au discours royal de la reine Ranavalona III, adressé aux Hova le 3 juillet 1894, il délivra le sien avec beaucoup d'énergie afin de préparer les Hova à une confrontation militaire imminente avec la France. Il avait toujours été contre toute intervention de la France dans les affaires de Madagascar.[20] Une traduction libre du contenu du discours du Premier ministre est fournie ci-dessous.[21]

« Lors de cette occasion de votre apparition à Mahamasina, Ô Ranavalonamanjaka, devant un peuple qui pourrait aussi bien être votre père que votre mère, on ne va pas demander à combien de personnes Dieu avait confié la charge du royaume. Vous êtes bel et bien la seule à l'avoir hérité de vos ancêtres ! Vous êtes venu ici devant votre peuple pour nous remercier et pour exprimer votre satisfaction à propos de l'état de nos préparations pour la guerre. Mais d'un autre côté, nous voudrions aussi dire que ce n'est pas à vous, une Reine, de nous remercier. Votre peuple est aussi venu ici pour vous remercier, Ô Majesté. Que Dieu vous bénisse ! Vous avez affirmé que votre conscience pourrait être tranquille s'il fallait offrir de l'argent ou autre chose afin de préserver la paix sans pour autant mettre en cause votre souveraineté et l'indépendance de Madagascar. Vous, la Reine, nous aviez informé de cela, et nous, le peuple, nous vous rendons notre gratitude en ayant été mis au courant des choses qui vous attristent ou vous tracassent. Que Dieu vous bénisse Ô Ranavalonamanjaka ! Et que vous ayez une longue vie et une grande prospérité ! Votre présence ici aujourd'hui, Ô Majesté, nous attriste à cause des paroles

provocatrices de l'ennemi ! Néanmoins, nous nous réjouissons de vous voir parmi nous libéré de tout regret. Vous avez dit que vous n'aimez point que le sang coule si cela peut être évité. Nous sommes bien sûr ravis d'entendre cela. Merci ! Et voici notre version des choses, Ô Majesté ! Nous avons payé de l'argent trois fois à ces Français, la première fois à Fenoarivo, la seconde fois lorsque les indemnités de 48000 avaient été entièrement payées, et une fois encore pour les dédommager à propos du boutre arabe Toualé. Tout cela s'avère insuffisant à leurs yeux, alors qu'en plus, vous êtes prêtes, non sans le moindre regret, à chercher un compromis afin de préserver la paix. Et par-dessus tout, ils s'estiment encore non totalement exonérer. À présent, ils se mettent à affirmer que vous n'êtes pas la reine de Madagascar, mais seulement celle de l'Imerina. À cela nous répondons que votre attitude est tout à fait juste, Ô Majesté, et que nous sommes prêts à nous offrir corps et âme pour vous servir ! Que Dieu voit les cœurs de vos soldats, et qu'il sache que nos paroles seront belles et bien appuyées par les armes. Nos soldats disent que si nous nous sacrifions pour la défense de notre Terre paternelle, nous ne ressentirons pas cela comme comme une mort, mais au contraire, comme une célébrité ou une gloire. Ainsi, nos corps peuvent être décimés, mais notre gloire demeure à jamais. Et constatez à nouveau la façon dont votre peuple a répondu à votre appel ! Malgré le temps qui s'est écoulé depuis votre dernier discours, regardez comment leur nombre est même devenu plus grand que celui du jour de votre consécration. Ô Majesté, écoutez nos paroles ! Soyez rassurée. Ah ! Ah ! Ils disaient qu'il suffirait de tirer trois ou quatre coups de canon pour forcer Madagascar à abandonner immédiatement la partie. En plus de cela, ils avaient réussi à monter le gouvernement de Paris contre nous, en affirmant que les Anglais et les autres nations obtiendraient des privilèges refusés à tout Français résident. Nous ne pouvons pas blâmer le gouvernement de Paris de se comporter ainsi si tel avait été le cas. Mais malheureusement, ce dernier est aussi victime de la campagne de désinformation orchestrée par ses agents, et se sent dans l'obligation de nous attaquer. Ainsi, nous disons, Ô Majesté, soyez bien rassurée ! Nous avons vu leurs actions à Mahajanga, à Anorontsanga, à Manjakandrianombana, à Mahanoro, et dans d'autres endroits portuaires; et vous pouvez réaliser les désirs de votre cœur tout en demeurant relaxée. Ai-je entendu que vous devrez dire, Ô Reine, ' je serai en avant-poste pour vous soutenir ' ? Ces paroles réjouissent certainement nos cœurs, cependant, vos ancêtres Andrianampoinimerina et Lehidama avaient eux régné en paix. Faites en autant, Ô Majesté ! Gouvernez, commandez et régnez en toute tranquillité Ô Majesté, car nous sommes ici pour nous battre ! Ces braves gens auxquels vous avez fait référence dans votre discours, ainsi que l'armée, sont largement suffisants pour protéger le pays. Alors, nous disons, Ô Majesté, qu'il n'y a point de différence entre la nature de leur sang et celle du nôtre ? Ne sommes-nous pas tous faits de chair et de sang ? Pour ce pays qui nous a vus naitre, pour cette portion de la Terre que Dieu nous a donnée, ne vous soumettez point, aussi longtemps que la défense de ce pays est en jeu; Et ne craignez rien, car nous avons notre armée. N'est-ce pas combattants ? Nous ne serons pas les serviteurs de ces Français, et nous préférons mourir au lieu de les servir. Nos arrière-grands-pères, qui ignoraient le vrai Dieu, n'apprécièrent pas quand leur pays était menacé et c'est pour cette raison que leur royaume avait été fondé. Mais nous, nous croyons au vrai Dieu, Ô Majesté, et je n'ai pas honte de l'affirmer ! Ils ne font pas du tout appel à la raison pour attirer notre compréhension. Au contraire, ils nous provoquent, spécialement avec les expressions du genre, ' Nous allons les faire saigner à mort ' . Ceci n'est tout juste qu'une menace *insensée, alors que nous n'utilisions jamais de mots menaçants à leur égard. Ils nous appellent ' les barbares ', mais eux, qui se considèrent comme étant des gens dits civilisés, n'avaient-ils pas pour autant tiré sur nos femmes et nos enfants, sans avoir émis une déclaration de guerre préalable. Ainsi s'affiche devant vous leur dite civilisation ! Ce qu'ils appellent leurs droits et leur justice se trouve à présent exposé aux yeux du monde entier. En 1868, ils avaient signé un traité à travers lequel ils avaient reconnu votre Majesté comme étant la reine de Madagascar. À présent, ils font de nouveau marche arrière en brandissant leur propre traité. Nous leur avions payé une somme d'argent, et c'est cette terre pour qui nous avions déboursé 48000 Livres, qu'ils veulent aujourd'hui posséder. L'affaire avait été réglée en présence même de Napoléon III, et fut répertoriée dans les journaux officiels de leur gouvernement. Il y était écrit qu'ils ne feraient plus aucune revendication concernant notre royaume de Madagascar. Mais constatez à nouveau ce qu'ils sont en train de faire aujourd'hui. Je pourrai continuer sur d'autres exemples, mais je préfère m'astreindre à n'utiliser que des mots qui vous rassureront. Voici ceux de vos soldats : ' Appréciez les choses que votre cœur vous incite joyeusement de faire. Pour ce qui est de la défense de ce pays, et spécialement celle de la souveraineté de Sa Majesté, nous en assumerons '. N'est-ce pas soldats ! Nous sommes totalement réjouis de voir notre Reine si enthousiaste à nous diriger sur-le-champ de bataille, mais en retour nous disons : ' Restez à Antananarivo, nous sommes prêts à repousser l'ennemi '. Parmi nous, il y a des étrangers qui sont vos amis. Soyez rassurée, Ô Majesté, nous ferons tout notre mieux pour ne pas manquer à la loi en ce qui les concerne ! Même si vous ne nous l'aviez pas exigé, le peuple sait qu'ils sont vos amis, et soyez rassurée, car nous prendrons bien soin d'eux. Et au vu de la guerre que la France nous impose, soyez assurée, car je suis ici moi Rainilaiarivony,* et j'assumerai la direction de l'armée, son organisation et sa discipline, alors que chacun assumera la responsabilité qui est la sienne. L'homme qui se tient debout devant vous, Votre Majesté, est prêt pour défendre ce pays et servir sa Reine. Cela est loin d'être une affirmation dénuée de tout fondement, et que Dieu voit à travers mon cœur. Que la mort et la désolation viennent avant que cette Terre nous soit prise par l'ennemi ! Notre guerre est une guerre juste, et nous n'avons pas peur. Si nous mourons, nous avons la justice de notre côté, et Dieu le sait. Et la célébrité de ceux qui meurent en défendant leur pays, ne sera jamais oubliée. Nous devons tous mourir que nous combattions ou pas, cela n'est point trop demandé trop quand le pays nous est arraché de force. Mais s'il nous arrive de mourir en faisant de bonnes actions, Votre Majesté, érigez un monument en notre mémoire, puis ayez confiance à notre armée. N'est-ce pas Ô soldats ! Rainandriamampandry et ses hommes sont en train de garder les régions côtières. Ils vous disent tous ensembles : ' Soyez sans crainte, Ranavalomanjaka, nous ne permettrons pas à l'ennemi de rentrer ' . Hier arrivèrent les lettres venant de Mahajanga. Les Français attaquèrent de nuit, mais ils retournèrent tous dans la mer quand nos soldats leur tiraient dessus. Et encore, Votre Majesté, ils sont une nation puissante ! Mais quand nous avons la justice et le droit à nos côtés, tout se résume à ce que votre père avait l'habitude de dire : ' La confiance est comme un brin de cheveu qui terrasse le taureau ' . Pourrons-nous nous permettre de douter un seul instant que Madagascar puisse résister face à la France ? Cependant, ceux qui ont le droit de leur côté, ont aussi Dieu. Il est certain que Dieu avait déjà eu une grande compassion pour nous, car voilà bientôt un an que la guerre nous fut imposée, mais de par sa bienveillance, nous voici toujours restés les mêmes. Nous avons totalement confiance en nous-mêmes, Ô Majesté, car nous nous appuyons sur Dieu ! Nous ne forcerons *pas nos petits enfants à se battre, car il n'y a aucune raison pour pousser en avant les plus jeunes d'entre eux ? Laissons-les d'abord étudier et grandir dans la sagesse. Nous sommes ici, Votre Majesté pour se battre : N'est-ce pas Ô soldats ! N'ayez pas peur de régner, Ô Majesté, du fait que vos ancêtres avaient été ceux qui avaient créé ce royaume, et nous avons perpétué sa grandeur. Dieu vous a rendu prospère. Dès lors, soyez sans crainte, mais plutôt dirigez et régnez dans la paix. N'est-ce pas Ô soldats !* »

10.4 Les relations diplomatiques avec États-Unis d'Amérique

Le Premier ministre Rainilaiarivony s'était tourné en 1884 vers les États-Unis d'Amérique afin de l'aider à résoudre le différend Franco-Hova en cours. En fait, les relations Américano-Hova avaient été toujours au beau fixe à l'époque. Les échanges commerciaux de Madagascar avec les États-Unis égalaient même celles avec la Grande-Bretagne et la France confondues.[22] Le colonel William W. Robinson, consul des États-Unis à Madagascar, avait été un conseiller de la reine de Madagascar et avait accompagné en 1882 une délégation Hova à Paris. Celle-ci avait pour mission d'expliquer la position des Hova, concernant les régions du Nord-ouest considérées par la France comme étant un territoire français.[23] On rapporte que Robinson avait eu recours à l'art du déguisement afin de pouvoir aider sournoisement la délégation Hova lors de leurs négociations avec les représentants du gouvernement français. Il aurait payé de sa poche les vêtements d'hiver destinés aux membres de la délégation Hova.

Alors que la guerre Franco-Hova de 1883-1885 entrait dans sa deuxième année, et que deux Américains, Emerson et Hulett, avaient été massacrés en territoire Bara et Mahafaly en 1882,[24] Mason Abercrombie Shufeldt, un lieutenant de marine de l'armée américaine, avait rendu visite à la reine Ranavalona III en février 1884.[25] Il avait été accueilli à son arrivée dans le port de Mahanoro par Rainisolofo, gouverneur Hova de la ville. Il avait ensuite mis le cap sur Antananarivo, transporté par huit *maromita* ou transporteurs, et accompagné par quatre représentants du gouvernement Hova. Des colporteurs suivis de trente membres de leurs familles, des spécialistes en tente de campement, un cuisiner et quatre messagers royaux avaient aussi fait partie du voyage. Ces derniers, munis de sagaies, étaient en charge de garder les armes du visiteur, et marchaient en avant du groupe, afin de prévenir les villages situés en amont de l'arrivée imminente d'un *vazaha*, c'est-à-dire d'un homme blanc, venu à Madagascar pour rendre visite à la reine. Tour à tour, les villageois organisèrent des festivités à l'honneur du lieutenant Shufeldt. À son arrivée à Antananarivo, il avait dû attendre trois jours en dehors de la ville avant d'être autorisé à y entrer par la reine Ranavalona III. Un drapeau blanc hissé au sommet du palais de Manjakamiadana indiquait à l'époque que les souverains Hova étaient prêts à recevoir un étranger.

La délégation de Shufeldt marcha en direction du palais de la Reine, accompagnée par une escorte militaire jouant de la musique de marche, et précédée par le messager royal Rakatava tenant entre le drapeau américain entre ses mains. Une foule immense les suivit tout le long du trajet, alors que des milliers de gens s'étaient amassés sur les toits des maisons. Après avoir lu à hautes voix les lectures les lettres d'accréditation diplomatiques présentées par Shufeldt, la reine Ranavalona III et le Premier ministre Rainilaiarivony lui tendirent tour à tour la main, malgré le fait que les souveraines Hova ne saluent jamais à l'époque un étranger en lui serrant la main. Après avoir séjourné pendant plus de six semaines à Madagascar, Shufeldt retourna dans son pays muni d'une lettre transmise par le couple royal, et destinée au Président des États-Unis d'Amérique. Rainilaiarivony y avait invité les Américains à jouer un rôle médiateur dans le conflit Franco-Hova, tout en leur expliquant les réalités politiques à Madagascar. La lettre avait été transmise au ministre des Affaires étrangères du gouvernement américain siégeant à l'époque dans l'État du New Jersey. Une réponse officielle avait été par la suite transmise au gouvernement d'Antananarivo. Alors que les puissances européennes s'étaient arrangées entre elles pour se partager l'Afrique, Shufeldt, au même titre que les Américains résidant à Madagascar, avait essayé vainement en 1895 de convaincre leur gouvernement de s'engager militairement auprès des Hova, afin d'aider ces derniers à préserver l'indépendance de Madagascar.[26] Dans sa correspondance du 20 mai 1884, adressée au Président américain Chester Arthur, Rainilaiarivony faisait état de l'importance du partenariat entre les deux nations dans le domaine économique, politique et militaire. En effet, il lui avait dit que les maisons malgaches étaient illuminées au moyen d'un pétrole des États-Unis, alors que les soldats Hova combattaient les troupes françaises avec des armes d'origine américaine.[27]

Quatorze ans auparavant, le Premier ministre Rainilaiarivony et la reine Rasoherina, avaient déjà échangé des cadeaux avec le Président Andrew Johnson. En 1885, le gouvernement Hova avait dû payer une somme de trois mille dollars au gouvernement des États-Unis, à la suite de l'attaque du navire *Surprise* par les Sakalava.[28] Alors que les relations Franco-Hova s'envenimèrent de nouveau en 1894 au sujet de la représentation de Madagascar à l'extérieur, les États-Unis, ignorant délibérément les accords Franco-Britanniques de 1890, instruisaient leurs représentants diplomatiques de présenter leurs lettres d'accréditation directement auprès du gouvernement d'Antananarivo.[29] Elle avait même invité les Hova, par l'intermédiaire de leur consul John L. Waller, à envoyer des représentants à la foire internationale *World's Columbian Exposition* de Chicago en 1893.[30]

Né en 1850 à New Madrid dans l'État du Missouri en tant qu'esclave, John L. Waller fut le fils de Anthony et Maria Waller.[31] Il commença sa carrière professionnelle en tant qu'avocat, journaliste et puis politicien dans l'État de l'Iowa. Il fut nommé consul des États-Unis à Madagascar par le républicain Benjamin Harrison, après avoir aidé celui-ci à se faire élire lors des élections présidentielles de 1890.[32] La nomination à un tel poste d'un citoyen américain d'origine africaine, était en fait à l'époque une tradition de la politique étrangère américaine concernant Madagascar. Ainsi, défilèrent John L. Waller, Edward Telfair Wetter,[33] Mifflin Wistar Gibbs entre 1898 et 1901, et William Henry Hunt en 1901.[34]

Waller arrivait à Antananarivo le 24 juillet 1891 en qualité de consul des États-Unis d'Amérique. C'était lui qui avait en fait convaincu ses supérieurs hiérarchiques de le laisser présenter ses lettres de créance directement auprès du gouvernement Hova, chose qui n'avait pas du tout été appréciée par les autorités françaises à Madagascar. Par ailleurs, Waller avait tout fait pour combattre les plans des colons français de l'île visant à transformer les Malgaches en esclaves. Considérant le conflit Franco-Hova comme une lutte de ces derniers pour préserver leur indépendance vis-à-vis de la France, il avait tout essayé pour convaincre son gouvernement à soutenir militairement les Hova. Remplacé à son poste de consul en mars 1894, à la suite de l'élection de Grover Cleveland à la Maison Blanche, il décida cependant de rester à Madagascar avec sa famille, soi-disant pour pouvoir gérer des affaires personnelles, mais surtout pour aider les Malgaches. Parallèlement, il avait exploré une possibilité d'émigration massive des Américains d'origine africaine à Madagascar, et celle de pouvoir acquérir des terres à titre personnel. Il était sur le point de régler les derniers détails administratifs concernant des terrains dans la région de Taolagnaro dans l'extrême sud du pays, lorsqu'il fut arrêté et emprisonné en 1894 par le nouveau consul américain, Edward Telfair Wetter, dans la ville de Toamasina. Il avait été en fait accusé d'abus de confiance en tant que consul représentant le gouvernement des États-Unis. Il aurait détourné à son compte les biens financiers d'un autre citoyen américain.[35] Soupçonné par les autorités françaises à Madagascar d'être un espion à la solde du gouvernement Hova, Waller fut arrêté en mars 1895. Jugé coupable lors d'un procès qui avait eu lieu le 20 mars 1895, il avait écopé de vingt ans de travaux forcés, et fut interné dans la maison centrale de Clairvaux en France. En fait, les autorités françaises n'avaient pas du tout apprécié la façon dont Waller décrivit dans ses lettres, le comportement barbare des soldats français lors de la prise de la ville de Toamasina. Deux d'entre elles furent interceptées alors qu'elles étaient destinées à sa femme Susan Waller et à son collaborateur George Tessier.[36]

John Lewis Waller avait une fille connue sous le nom de Jennie Maria Waller, née en 1880. Cette dernière fut mariée à Henri Razafinkarefo Andriamanantena qui serait le fils de la princesse Rasendranoro, et par conséquent, le neveu de la reine Ranavalona III. Rasendranoro était connue pour avoir été la femme du Dr Andrianaly avec qui elle avait eu comme enfants, Rakotomena, Ranavalona et Rasoherina. Elle avait aussi été la mère de Rakotomena et de Razafinandriamanitra III, dont le père fut Andrianorana. Henri Razafinkarefo et Jennie Maria Waller ont eu pour enfants l'auteur compositeur de musique jazz Andy Razaf, de nom d'origine Andriamantena Paul Razafinkarefo, et Marie-Louise Razafinkarefo. Curieusement celle-ci avait le même prénom que celui de la fille de la princesse Razafinandriamanitra III, née à la Réunion en 1897, alors que la reine Ranavalona III s'y trouvait en exil. Le gendre de Waller aurait été tué en défendant la ville d'Antananarivo, lors de la conquête française de 1895.[37] Serait-il par hasard un descendant du fameux Razafinkarefo qui avait fait partie des neufs cadres Hova envoyés par le roi Radama I en Angleterre en 1820 ? Un certain Razafinkarefo avait aussi servi dans le gouvernement du Premier ministre Raharo Rainivoninahitriniony en 1862, en tant que ministre de la Police.[38]

Sous la pression de la communauté noire des États-Unis, le gouvernement américain avait fini par mettre en question la stabilité des relations franco-américaines, si la France ne s'engageait pas à résoudre rapidement le cas Waller.[39] Celui-ci avait sûrement pris une telle ampleur dans les mileux politiques de Washington à l'époque, pour que le Président Grover Cleveland l'addressa dans son annuel discours sur l'état de l'Union en 1895. Le Président américain avait alors informé le Congrès du manque de coopération de la part de la France au niveau des dossiers judiciaires qui avaient été à l'origine de l'inculpation de Waller, malgré l'allègement de ses conditions de détention pour des raisons de santé. Waller avait été finalement mis en liberté par les autorités françaises en 1896. Il décéda en 1907.

Ainsi, les États-Unis d'Amérique avaient déjà reconnu l'existence de Madagascar en tant que nation au XIXᵉ siècle. En envoyant le seul officier étranger qui avait assisté à la cérémonie militaire d'intronisation d'un président d'origine ethnique Merina en 2002, et en investissant aujourd'hui énormément à Madagascar, l'Amérique semble avoir été rattrapée par son histoire quant à ses intérêts économiques dans l'Océan Indien. En effet, déjà au XIXᵉ siècle, les bateaux américains se faufilèrent clandestinement à travers le blocus maritime établi par la marine de guerre française, afin de ravitailler les Hova en armes et munitions. Sans aucun doute, Shufeldt et Waller étaient de loin les pionniers de l'affermissement des relations Américano-Malgaches.

10.5 Les gisements d'or de Madagascar

À la suite de la découverte de plusieurs gisements en 1895, le commerce de l'or s'était beaucoup développé à Madagascar, malgré l'état de guerre qui sévissait dans le pays.[40] Selon Knight, le Premier ministre aurait strictement contrôlé l'exploitation de l'or, car il ne voulait pas que celui-ci soit utilisé par les colons étrangers pour mettre en péril l'indépendance de Madagascar, comme ce fut le cas en Afrique australe. Knight avait même avancé que Madagascar pourrait potentiellement devenir l'une des plus grandes nations productrices d'or au monde du fait de l'abondance du minerai précieux sur son territoire. En effet, l'or avait été découvert en grande quantité dans la région Tanala au

Sud-est du pays, le long de la rivière Onive dans la région du Vakinakaratra, dans les bassins d'Ampasay et de Sakaleona, et dans la région de Fisakana.[41]

Selon les traditions Hova de l'époque, l'or reste une propriété exclusive des Vazimba, les premiers peuples aborigènes à avoir habité les Hautes-Terres centrales de Madagascar. Ainsi, seuls les monarques avaient le droit de le toucher ou de le porter. Cependant, malgré qu'il soit longtemps opposé à l'octroi de concessions d'exploitation d'or aux étrangers, le Premier ministre Rainilaiarivony avait fini par donner quelques-unes à J. Harrison-Smith et Suberbie, et à bien d'autres, surtout à partir de 1886. Suberbie avait été par ailleurs responsable d'une grande concession contrôlée par le gouvernement Hova, et située dans la région de Maevatanana.[42] Il fut un proche du Premier ministre et aurait bénéficié illégalement de l'assistance de l'armée, afin de protéger ses concessions personnelles contre les brigands et les voleurs.[43] Il avait été cependant accusé de s'être enfui avec une grosse quantité d'or, d'une valeur de six cents mille livres, destinée à payer les dettes financières des Hova à l'égard de la France à la suite de la guerre Franco-Hova de 1883-1885.[44] On rapporte aussi que le colonel Shervinton aurait lui aussi été propriétaire d'une concession d'exploitation d'or dans la région de Moramanga.[45] Tout le monde utilisait à l'époque l'or comme monnaie d'échanges à Madagascar. Cependant, seules les personnes qui avaient obtenu des licences légales d'exploitation furent autorisées à vendre de l'or. Malheureusement, la contrebande était telle qu'une grosse partie de celui-ci finissait par être exportée clandestinement par les Indiens et les Arabes, malgré l'omniprésence des troupes Hova sur toutes les routes du pays. Afin de combattre le commerce illégal de l'or, les autorités Hova avaient établi une loi qui autorisait l'exécution des trafiquants.[46] Malgré l'abondance de gisements d'or sur le territoire de Madagascar, il semblerait que le gouvernement Hova n'ait pas réussi à les exploiter efficacement afin de renflouer les caisses de L'État.[47] Le Premier ministre avait même fini par autoriser tous les habitants de Madagascar à extraire de l'or pendant une période de cinq mois, en 1890.[48]

10.6 La valse des prétendants au trône Andafiavaratra

Le Premier ministre Rainilaiarivony avait eu pour première épouse Ralizah, la fille du général Ratsimanisa Rainimaharo, commandant en chef de l'armée Hova sous le règne de la reine Ranavalona I. Ils avaient eu pour enfants Rabezanahary, Rainitsarovy, Rabanoma, et le Dr Rafaralahy Randriamparany. Il épousa par la suite sa belle-sœur Rasoanalina, avec laquelle il avait eu seize enfants. En février 1869, il relégua celle-ci au rang de *vady kely*, c'est-à-dire la deuxième épouse, et épousa la reine Rasoherina en tant que Premier ministre.[49] Il était par la suite l'époux des reines Ranavalona II et Ranavalona III. Bien qu'il ne voyait en aucun de ses fils les qualités d'homme d'État, Rainilaiarivony avait désigné l'un deux, c'est-à-dire le général Ralaiarivony, comme étant son dauphin. Marié à sa cousine Ranjavao, fille de sa tante Rasoaray, Ralaiarivony décéda à la suite d'un accident de chasse à laquelle avait participé son frère Radilifera.[50] Ce dernier, épris de sa belle-sœur, aurait délibérément assassiné son frère. On rapporte que ce fut l'une des raisons pour laquelle le Premier ministre avait fait rapatrier Radilifera de France alors qu'il y poursuivait des études. Marié à Ranjavelo, l'une des sœurs de Victoire

Rasoamanarivo, Radilifera mourut le 24 juin 1921 à l'âge de 70 ans. Quant à Ralaiarivony, il laissa derrière lui les héritiers Razafimalala, Rafelasina et Garine Ranjavony.

À la suite du décès du général Ralaiarivony, le Premier ministre désigna alors son fils Rainiharovony, aussi connu sous le nom de Ramariavelo, comme son nouveau successeur. La nomination de ce dernier n'avait cependant pas fait l'unanimité chez les Andafiavaratra, du fait que le général Rainiharovony était tristement célèbre pour ses états d'ébriété et ses manquements à la loi.[51] Rainiharovony fut marié à sa cousine Razafimalala le 26 août 1880 lors d'une cérémonie religieuse dirigée par le révérend Briggs, au temple du palais de Manjakamiadana. Il fut envoyé par son père en France en 1887 afin de le préparer à sa future fonction d'homme d'État, mais aussi pour consolider sa place à la tête de l'armée, en tant que commandant en chef. Un an plus tard, c'est-à-dire le 14 mars 1888, le général Ratsimatahodriaka, un fils adoptif du Premier ministre de sa femme Rasoanalina, décéda d'une blessure grave du crâne, en tombant du haut d'un balcon. Rainiharovony, quant à lui, aurait été à l'origine de l'obtention de Suberbie de concessions de plantation de café sur la côte ouest de Madagascar. En novembre 1889, un autre fils adoptif de Rainilaiarivony, le général Rainizanamanga, décéda lui aussi d'une mort violente. Des rumeurs couraient à l'époque que ce dernier avait été en fait empoisonné. Le malheur frappa à nouveau le Premier ministre quand le général Rainiharovony, héritier pressenti du trône Andafiavaratra, décéda à son tour le 17 mars 1891. Rainiharovony laissa derrière lui les héritiers du nom de Raharovony, Ramariavelo et Raharivelo. On rapporte que les funérailles de ses fils furent les rares moments où Rasoanalina sortit de l'anonymat. Ce fut aussi l'occasion de voir publiquement l'emblème de la dynastie des Andafiavaratra, une large couverture de soie de couleur jaune et noire parsemée de motifs dorés et verts, couvrant les cercueils.[52] Lors de son enterrement, le général Rainiharovony avait été honoré de plus de soixante coups de canon,[53] selon un rituel établi par la reine Ranavalona I pour tout descendant célèbre du général Rainiharo.

Le Premier ministre avait disqualifié deux de ses fils, entre autres le général 14Vtra Ratsimandresy et Rafozehana, pour le poste de dauphin du royaume, à cause de leur abus incontrôlé de boissons alcooliques. Officier de la garde royale, Ratsimandresy était marié à Razanabelo et eut pour enfants, Ramorasata, Ramandraisiavony et Rafara. On rapporte qu'il mourrut par suite d'empoisonnement, décès qui avait à l'époque beaucoup affecté Rainilaiarivony.[54] Rafozehana, quant à lui, avait epousé une certaine Rasoavelondrano.

Quant à Radilifera, Rapanoelina et Rajoelina, les derniers survivants parmi les héritiers au trône Andafiavaratra, plus spécialement ceux issus de la famille du Premier ministre, ils avaient été tout simplement disqualifiés par leur père, soit à cause de leur incapacité à prouver leur aptitude à devenir un homme d'État,[55] soit parce qu'ils avaient comploté pour le renverser, comme ce fut le cas du général Rajoelina. Le général Radilifera, quant à lui, avait été toujours soupçonné par le Premier ministre d'être un agent de la France, peut-être du fait qu'il avait fait ses études en France, chez les Frères à Passy.[56] Par ailleurs, le colonel Shervinton l'avait accusé d'avoir incité ses hommes à déserter lors du conflit Franco-Hova de 1895,[57] alors qu'il était commandant en chef d'une division d'élite connue sous le nom Sarijenitra.[58]

Le 10 septembre 1895, alors que les troupes françaises du général Duchesne étaient à deux jours de marche d'Antananarivo, le Premier ministre nomma son petit- fils, le général Ratelifera, comme son dauphin officiel. Né en 1870, de religion catholique, Ratelifera était le fils Rasoavelonanosy et de Ramaharavo, un des fils de Rasoaray. À la suite de sa nomination, Ratelifera fut promu général 16Vtra, et devint commandant en chef adjoint de l'armée Hova. Accusé par Knight d'être un traître par excellence, Ratelifera aurait été l'ennemi mortel de la reine Ranavalona III, au même titre que le prince Ramahatrarivo II.[59] Il aurait été même le chef du fameux *Parti Français*, dont les membres oeuvraient secrètement pour l'établissement rapide d'un protectorat français à Madagascar. La première grande apparition publique de Ratelifera datait de 1890,[60] où il avait tenu la main de son grand-père, lors d'un grand discours donné par celui-ci. Marié le 10 novembre 1892 à Rafelasina, fille du défunt général Ralaiarivony, le général Ratelifera décéda le 19 juillet 1925. Il laissa derrière lui une héritière du nom de Victoire Ravoninarivo. On rapporte que Ratelifera avait hérité de toutes les richesses du Premier ministre après que celui-ci a déshérité tous ses fils. Selon un observateur, la mariée du 10 novembre 1892 serait plutôt Rangarine, la fille du général Ravoninahitriniarivo,[61] qui lui purgeait alors une peine d'emprisonnement dans son lieu d'exil à Ambositra, dans le pays Betsileo.

La nomination de Ratelifera en tant que dauphin du royaume avait été perçu par son oncle, le général 13Vtra Rajoelina, comme étant une menace à propos des relations privilégiées du royaume Hova avec l'Angleterre. Ce dernier était sans aucun doute pour le raffermissement de telles relations puisqu'il était sorti tout droit de *l'Académie Militaire Royale de Woolwich* en Angleterre. Cela explique peut-être aussi pourquoi il avait été accusé par un observateur français d'être ni plus ni moins q'un pion de celle-ci.[62] Craignant un éventuel alignement de la politique étrangère du gouvernement Hova avec la France, à la suite de la nomination de son neveu Ratelifera, il avait comploté pour renverser son père en 1893, moyennant l'assistance de son beau-frère, le Dr Rajaonah, de Ralaikizo, époux de la princesse Ramasindrazana, et de l'Anglais Abraham Kingdon. Certains nobles issus de la famille de la reine Ranavalona III auraient aussi participé au complot Rajoelina.[63] Les conspirateurs furent arrêtés le 9 août. Ceux d'origine malgache furent exilés à perpétuité dans la région d'Ambositra dans le Sud, alors que Kingdon fut expulsé de Madagascar. Le Premier ministre Rainilaiarivony avait peut-être disqualifié son fils Rajoelina à cause de ses abus de pouvoir à l'encontre des populations. En effet, on rapporte que le général était tristement célèbre pour dépouiller les gens de leur argent, après les avoir d'accusés d'être des trafiquants d'or et de les emprisonner d'une manière arbitraire.[64] Il avait envoyé son fils, Rajoelison Raharimino, faire ses études à Edinburgh en Angleterre. Ce dernier avait aussi suivi la formation militaire de Woolwich comme son père.[65] Marié à Rahamina, la fille de sa tante Rasoaray avec le roi Radama II, le général Rajoelina mourut le 7 juillet 1928 à Ankadikely. À part Rajoelison, il eut aussi pour enfants Raharimina et Razafitsoa.

Un certain Rakotomena, petit-fils du Premier ministre, aurait été à l'époque le chef de brigands de grand chemin qui passaient leur temps à terroriser les populations d'Antananarivo et ses environs.[66] L'imminence de la chute d'Antananarivo devant l'avance des troupes de Duchesne en 1895, ne l'empêchait point d'opérer avec sa bande. Par ailleurs, un des fils du Premier ministre, proche d'un colonel 10Vtra connu sous le nom de Rainizafimanga, aurait été engagé dans des activités similaires. Selon Ranchot, Rainizafimanga avait été à l'époque l'ennemi public numéro un des Français résidant à Antananarivo. Ces derniers l'avaient même tabassé durement en une occasion.[67] Cependant, en 1894, Rainizafimanga avait été désigné pour surveiller la marche d'un grand nombre français à travers les régions Sakalava, en direction de la ville de Mahajanga sur la côte ouest. Épaulé par cinq cents soldats, il avait eu pour tâche d'empêcher tout ravitaillement de la colonne en vivres et nourritures par les populations locales. Rainizafimanga avait dû certainement mener sa mission avec beaucoup de zèle pour que Ranchot cita son nom dans ses mémoires.

Alors que la jalousie, la trahison, les ambitions personnelles et les drames se croisaient d'une manière permanente dans les couloirs du palais des Andafiavaratra, il est clair que la longévité du pouvoir du Premier ministre avait fini par exacerber la patience des héritiers potentiels au trône Andafiavaratra. En désignant ses propres fils comme étant ses successeurs, alors que certains d'entre eux avaient été plus qu'impopulaires, le Premier ministre avait, dans une certaine mesure, accéléré, le déclin de la dynastie des Andafiavaratra au XIXᵉ siècle. Tiraillée entre la France et l'Angleterre, celle-ci s'était tout simplement transformée en clans familiaux où les membres ne faisaient plus que défendre leurs propres intérêts. En désignant son petit-fils Ratelifera comme son dauphin, Rainilaiarivony n'avait fait que pousser jusqu'au bout une telle logigue, au détriment de la cohésion légendaire des Andafiavaratra. Notons au passage que ce genre de favoritisme d'ordre familial est l'essence même des dites « démocraties monarchiques » du XXIᵉ siècle, celles où les dirigeants, élus au suffrage universel, font tout pour rester le plus longtemps possible au pouvoir, afin transférer celui-ci sournoisement à leur propre progéniture.

10.7 Une stratégie militaire controversée

Selon certains observateurs, l'armeé royale Hova aurait pu repousser l'assaut final du corps expéditionnaire français contre Antananarivo en 1895, si le Premier ministre avait fait meilleur usage des mercenaires étrangers qui furent à sa disposition. Il aurait dû faire beaucoup plus confiance à des chefs militaires qui avaient fait leurs preuves sur le terrain, au lieu de baser toute la stratégie de défense de l'Imerina sur des généraux de palais incompétents. Le général Rainandriamampandry aurait dû commander les forces Hova sur le front occidental au lieu de moisir dans l'Est du pays face aux troupes françaises qui n'osaient pas s'aventurer loin à l'intérieur des terres. Par ailleurs, le prince Ramahatrarivo II, héros des campagnes militaires dans le sud-ouest en 1890, aurait dû commander les soldats Hova sur les champs de bataille, au lieu d'exécuter au palais des tâches purement administratives en tant que ministre de la guerre. Rainilaiarivony aurait pu donner lui-même l'exemple lorsqu'il avait promulgué la loi de réduction du nombre d'aides de camp assignés aux officiers de haut rang. En effet, en mettant sa personne au-dessus de la loi, il s'était créé des ennemis au sein même de sa propre armée.[68] Il aurait dû modeler celle-ci à l'image du régiment de commandos multi-ethnique commandé par le prince Ramahatrarivo II en 1890.[69] Au contraire, il avait dissout un tel régiment au lendemain de sa victoire sur les guerriers du roi Tampoimanana.

En fait, l'inefficacité de l'armée Hova en 1895 allait au-delà d'une simple affaire d'erreur de jugement de la part des hauts responsables militaires. Sur le front occidental, c'est-à-dire dans la région du Boina, les officiers Hova sonnèrent la retraite dès les premiers assauts de leurs ennemis tellement leurs soldats étaient mal équipés, mal soignés et mal nourris.

10.8 À propos de Charles-Marie Le Myre de Vilers

Les escarmouches entre les forces françaises et l'armée Hova se commencèrent dans les régions situées au nord de l'île, juste après la signature des accords de Zanzibar en 1890 entre la France et la Grande-Bretagne. En fait, l'Angleterre avait déjà implicitement reconnu les droits de la France sur Madagascar dès 1817. Grâce au soutien des mercenaires allemands et anglais, les batailles dans le Nord avaient tourné à l'avantage des Hova. Ces derniers avaient alors réussi à reprendre la plupart des territoires qu'ils avaient perdus en 1885. Pour faire fléchir le gouvernement Hova sur l'affaire des lettres de créance des nouveaux ambassadeurs, la France organisa en 1894 un blocus maritime autour de Madagascar. Cela n'avait pourtant pas empêcher les Hova de recevoir des armes et des munitions de l'extérieur. Le Myre de Vilers fut le résident-général de la France à Madagascar entre 1886 et 1889, puis en 1894. Lors de son premier séjour dans l'île, au nom de l'État français, il avait offert à la reine Ranavalona III le titre de

Grand Cordon de la Légion d'honneur. L'intransigeance du Premier ministre avait eu raison de toutes les manoeuvres diplomatiques utilisées par Le Myre de Vilers, afin d'obtenir une reddition pacifique des forces Hova en 1894. Convaincu de l'imminence d'un conflit militaire Franco-Hova, ce dernier avait ordonné l'évacuation de toute la communauté française d'Antananarivo en direction de Mahajanga dans l'Ouest du pays. Cependant, il avait émis des réserves quant au bien-fondé de l'attitude agressive des autorités de son pays à l'égard des Hova. Selon lui, le gouvernement d'Antananarivo était loin de mettre en danger les intérêts essentiels de la France dans l'Océan Indien, et n'avait point bafoué l'honneur de la France. En fait, Le Myre de Vilers accusait ses successeurs à Madagascar en 1889 comme étant les vrais responsables de la détérioration des relations Franco-Hova. Cependant, en ignorant la lettre explicative de Miot et de Patrimonio, à propos du traité de paix de 1885, il avait fait le jeu des faucons au sein du Parlement français. Par ailleurs, il avait été en partie à l'origine de l'abandon de la solution Willoughby en 1886, celle qui aurait permis les banques anglaises d'aider la monarchie Hova à payer ses dettes financières de l'ordre de dix millions de francs envers la France. Le Myre de Vilers avait beaucoup œuvré pour pousser le gouvernement Hova à emprunter une somme de quinze millions de francs au Comptoir d'Escompte de Paris, accompagnée de taux d'intérêt largement supérieurs à ceux de l'emprunt Willoughby.[70] Alors que les membres du Comité de Madagascar militaient en France pour l'établissement d'un régime de protectorat français qui préserverait l'indépendance de la monarchie Hova et la culture malgache, Le Myre de Vilers, quant à lui, ne visait que l'annexion pure et simple de l'île.[71] Il était pour la révision unilatérale du traité de protectorat signé par le général Duchesne au nom de la France avec le gouvernement Hova, le 1ᵉʳ octobre 1895. Les propos suivants, publié par *The Times* en novembre 1895, dévoilent en fait les vrais états d'âme de Myre de Vilers concernant la conquête française à Madagascar : [72]

« …*Nous sommes les maîtres indiscutés de Madagascar, et sur la base des droits des conquérants, tous les traités établis postérieurement avec d'autres nations et qui sont de natures restrictives au niveau des droits de souveraineté, deviennent automatiquement caducs. Nous ne comprenons pas les raisons pour lesquelles le gouvernement français renonce à tirer profit de la nouvelle situation, sur le seul fait que la tâche nécessaire pour la gérer serait particulièrement lourde, et qu'il voudrait à priori éviter toute complication, jusqu'à laisser la porte ouverte à toute intervention des puissances étrangères. À Madagascar, nous avons deux ennemis avec lesquels il nous est impossible de se réconcilier, car leurs intérêts sont non seulement contradictoires avec les nôtres, mais qu'ils ne pourront jamais être satisfaits par la France. Il s'agit du gouvernement Hova et de l'organisation London Missionary Society. Les hommes capables à la tête de cette puissante société ne se découragent jamais, et n'ont jamais été impressionnés par la prise d'Antananarivo. Certains d'être soutenus par leur gouvernement et l'opinion publique de leur pays, ils continueront toujours leur travail sous le régime de protectorat instauré par le traité. Ne doutant de la totale coopération de la reine, des ministres, des officiers, des officiels, de leurs confrères religieux et de leurs élèves, ils attendront une opportunité, et si nécessaire, en créent une. À mes yeux, le présent traité ne résout pas le problème, mais tout juste le déplace. Déjà, le London Press, influence par l'Exeter-hall, nous applaudit pour notre prudence et modération. Une telle approbation devrait réveiller nos soupçons… Les mères*

*et les veuves de ceux qui étaient morts pour la Patrie ne
comprendraient pas que leurs fils et leurs maris avaient été
appelés pour sacrifier leurs vies, pour le seul résultat de tripler
le royaume des Hova, d'accroître les moyens d'oppression de la
Reine, et de favoriser les objectifs secrets de la LMS.* »

Le Myre de Vilers avait cru jusqu'au bout que la France
pouvait imposer son protectorat sur Madagascar sans tirer
un seul coup de feu. Il était totalement contre la mainmise
des Hova sur l'ensemble de l'île, et s'était farouchement
opposé contre toute influence britannique dans les affaires
du pays. Cependant, force est de constater qu'il avait un
sens très aigu de l'honneur de la France, au même titre que
le général Duchesne. En effet, malgré les vives réticences
du général Galliéni, il avait tout fait pour faire rapatrier à
Madagascar le corps du Premier ministre Rainilaiarivony,
enterré en Algérie. Le Myre de Vilers voulait tout
simplement que l'État français honore la promesse qu'elle
avait faite aux Andafiavaratra.[73]

10.9 Les rumeurs de la trahison du général Rasanjy

Le général Rasanjy serait parmi les hommes les plus
compétents du gouvernement Hova, à la veille de la conquête
française en 1895.[74] Il excellait particulièrement dans les
domaines linguistiques et administratifs, et avait même élaboré
des plans de guerre que les généraux devaient exécuter sur
les champs de bataille,[75] sans même avoir commandé des
troupes sur le terrain.[76] En 1895, il avait été nommé adjoint
du général Razanakombana,[77] le commandant en chef de
l'armée Hova sur le front occidental, puis promu au rang de
général 16Vtra, avant d'être finalement envoyé sur le front
avec mille cinq cents hommes.[78] Il était de loin le seul à pouvoir

bénéficier de la confiance totale du Premier ministre jusqu'au moment où il fut fortement soupçonné de haute trahison.[79] Selon le colonel Shervinton, Rasanjy aurait été victime d'une campagne de dénigrement organisé par le fameux *Parti Français*, dont parmi les membres figuraient deux des fils du Premier ministre.[80] Cependant, fortement soupçonné d'avoir contacté les autorités résidentes françaises alors que les forces du général Duchesne s'approchèrent d'Antananarivo, Rasanjy fut mis sous étroite surveillance.[81] Selon Ellis, celui-ci avait reçu des avantages financiers de la part de la France, dès 1886.[82] Au lendemain de la reddition des forces militaires Hova en septembre 1895, Rasanjy avait été promu secrétaire au sein du nouveau gouvernement sous protectorat français.[83]

Lors de son procès qui eut lieu le 23 août 1895, Rajesy, alors accusé d'être un traître, avait indiqué qu'un secrétaire du Premier ministre était parmi ceux qui espionnaient en faveur de la France .[84] Au même titre que le prince Ramahatrarivo II, Rasanjy avait témoigné contre le général Rainandriamampandry, à propos du rôle qu'avait joué celui-ci lors de la grande révolte des *menalamba* en 1896 . Il aurait amassé une énorme fortune durant la longue période pendant laquelle il avait été au service du Premier ministre Rainilaiarivony.[85] Sa fille avait épousé le prince Rakotomena. Selon un observateur britannique, Rasanjy avait bel et bien facilité la victoire des troupes françaises en 1895.[86] Un tel témoignage, associé aux accusations de Rajesy et son attitude lors du procès du général Rainandriamampandry, jette définitivement des doutes quant à la loyauté du général Rasanjy envers sa patrie au XIXe siècle, malgré la conviction du colonel Shervinton. Notons tout simplement que le colonel britannique n'était plus à Madagascar alors que les forces françaises avancèrent sur Antananarivo en 1895.

10.10 Les adieux du colonel Shervinton

Les grands officiers de l'armée n'appréciaient guère que le Premier ministre Rainilaiarivony, commandant en chef suprême de l'armée, ait créé une hiérarchie de commande parallèle pour les officiers d'origine étrangère. Ainsi, le colonel Shervinton avait servi sous les ordres du général Digby Willoughby, commandant en chef opérationnel de l'armée des Malagasy. Les officiers européens et américains, tels le capitaine Hall, le major Graves, le major Giles, et le capitaine De Verge, étaient directement rattachés à Shervinton. De Verge était un ancien consul des États-Unis en Loanda, connu aujourd'hui sous le nom d'Angola. Il avait débarqué le 24 août 1884 à Madagascar, du côté de Mananjary,[87] et avait servi dans l'armée Hova pendant une durée de douze mois. Il avait démissionné de ses fonctions alors que la guerre faisait rage entre les Hova et les forces françaises. L'existence de la structure hiérarchique militaire parallèle était si impopulaire auprès des généraux Hova que le Premier ministre décida de s'en débarrasser.

À la suite de son bref séjour en Angleterre en novembre 1894, le colonel Shervinton fut remplacé, en tant que commandant en chef, par le prince Ramahatrarivo II. Il avait essayé vainement de convaincre le Premier ministre de le nommer gouverneur de la région du Boina, et de lui donner vingt-cinq mille soldats afin de défendre celle-ci contre une invasion imminente des troupes françaises. Sa demande d'audience auprès de la reine Ranavalona III avait été rejetée par les autorités Hova. Selon lui, celle-ci avait été fortement influencée par les membres du fameux *Parti Français* dont le chef serait le prince Ramahatrarivo II en personne. À plusieurs reprises, il avait fait part au général Rasanjy de ses intentions de démissionner si le gouvernement Hova refusait d'adopter son plan. Face au mutisme total de celui-ci, et l'apathie des responsables Hova alors que la situation empirait de jour en jour, le colonel décida finalement d'abandonner ces derniers à leur sort. La veille de son départ définitif de Madagascar, il avait reçu la visite du Premier ministre en personne. Les larmes aux yeux, celui-ci était venu spécialement le remercier pour les services qu'il avait rendus à la couronne Hova. Shervinton déclarait alors qu'il était temps pour lui de partir car les Hova eux-mêmes avaient trahi leur propre patrie. Selon lui, certains membres de la famille du Premier ministre faisaient partie des traîtres,[88] thèse soutenue par Ranchot dans son journal. En effet, selon ce dernier, le général 15Vtra Randriantsilavo, gendre du Premier ministre, avait collaboré avec les forces françaises en 1895.[89] Profondément attristé par les révélations de Shervinton, Rainilaiarivony avait fini par admettre qu'il n'était plus en mesure de contrecarrer les actions subversives conduites par les étrangers qui étaient restés dans le pays.

À travers une lettre datée du 20 juillet 1895, face à une situation militaire qui se détériorait de jour en jour, le Premier ministre et la reine Ranavalona III supplièrent le colonel Shervinton de revenir pour prendre en charge l'armée Malagasy.[90] Il était en fait déjà trop tard pour les Hova car l'étau des troupes de Duchesne se refermait irréversiblement autour de leur capitale. Shervinton avait été pour Rainilaiarivony plus qu'un simple conseiller militaire. Il était son homme de confiance avec lequel il partageait la plupart des grandes décisions qui affectaient le royaume, voire les affaires d'ordre familial. En contrepartie, Shervinton lui avait toujours été fidèle, et s'était toujours comporté comme un vrai professionnel, respectueux des institutions Hova de l'époque. Le départ définitif de Shervinton avait sans aucun doute entamé le moral du dernier grand patriarche des Andafiavaratra.

10.11 L'arrestation et l'exil du patriote

Devant le manque de coopération du gouvernement Hova, quant au désarmement de tous ses soldats opérant dans la capitale, le général Duchesne décida de faire arrêter Rainilaiarivony le 2 octobre 1895.[91] En fait, l'arrestation du Premier ministre faisait partie de son plan d'invasion. Il avait temporairement maintenu celui-ci dans ses fonctions en attendant de trouver quelqu'un qui pourrait le remplacer. Il l'avait même ménagé pour ne pas envenimer une situation déjà chaotique. Vêtu de pantoufles et de robe de chambre, le Premier ministre quitta le palais de la reine, transporté de force, comme un simple prisonnier, vers sa nouvelle demeure qui n'était autre que la maison de son petit- fils Ratelifera.[92] Son humiliation devrait sûrement être à son comble lorsque les autorités françaises le forcèrent de s'adresser au peuple Hova, le 3 octobre 1895, et sous la garde étroite de soldats du corps expéditionnaire français.[93] Entre temps, les populations déplacées se mettaient progressivement à sortir des forêts avoisinant Antananarivo pour regagner leurs maisons.

Alors que le général Ratelifera, le général Rasanjy et Marc Rabibisoa avaient bénéficié d'une liberté sous surveillance, [94] les officiers Razanakombana, Ravoninahitriniony et Rapanoelina connurent le même sort que le Premier ministre. Ces derniers s'étaient opposés jusqu'au bout contre toute idée de protectorat français à Madagascar. Rapanoelina avait fait ses études à l'*École d'Artillerie de Woolwich* en Angleterre avant de se mettre au service du gouvernement

Hova. Marié à Emma en 1880, il avait débuté sa carrière militaire en tant que secrétaire du colonel Shervinton.[95] Emma était la fille d'Andrianisa, celui qui s'était exilé à l'île Maurice en 1837, fuyant la grande persécution des chrétiens sous le règne de la reine Ranavalona I. Elle décéda en 1896 à Nosy Be, probablement en exil.

Rainilaiarivony fut mis en résidence surveillée dans son palais d'Amboditsiry à partir du 15 octobre 1895. Il fut par la suite déplacé à Ilafy avant d'être exilé à Alger le 6 février 1896, accompagné de son interprète Gabriel Razanamahery et de quatre domestiques. Le général Ratelifera faisait partie du voyage, mais sa destination finale était ce jour-là la France métropolitaine. À leur arrivée à Alger, les exilés furent logés dans une maison du nom de *Villa des Fleurs*. Rainilaiarivony y était surveillé d'une manière permanente par son intendant connu sous le nom de Vassé. Il mourut le 17 juillet 1896, le cœur brisé, et officiellement de cause non identifiée. Ses restes furent rapatriés à Madagascar en 1917, aux frais de la République française, et furent inhumés au *Fasan-dRainiharo*, le mausolée familial des Andafiavaratra à Isoraka.

Dans leurs efforts de trouver un nouveau Premier ministre, les autorités françaises avaient éliminé de leur liste le général Ratelifera pour son manque d'expérience, le prince Ramahatrarivo II à cause de la nature de sa vie privée, et le général Randriantsilavo pour ses excès de violence à l'égard des populations.[96] Elles avaient finalement choisi le général Rainitsimbazafy, fils du général et Premier ministre Rainijohary. Ecartés du cercle du pouvoir par les Tsimiamboholahy depuis l'arrivée au trône de la reine Ranavalona I en 1828, les Tsimahafotsy revenaient ainsi en force sur le devant de la scène politique en la personne de

Rainitsimbazafy. Celui-ci fut par la suite remplacé en septembre 1896 par le général Rasanjy. Un mois après, c'est-à-dire le 6 août 1896, la loi d'annexion de Madagascar fut votée à l'assemblée nationale en France. Rasanjy avait occupé le poste de Premier ministre jusqu'en février 1897.

10.12 Le jugement de l'histoire

Selon un obersvateur, le Premier ministre Rainilaiarivony reste une des grandes figures de l'histoire du royaume Hova, au même titre que les rois Andrianampoinimerina et Radama I, sinon la plus grande sous certains égards.[97] Beaucoup s'accordent à dire que même s'il pouvait être retenu par l'histoire comme celui qui n'avait pas pu préserver jusqu'au bout l'indépendance de Madagascar, le Premier ministre avait eu le mérite d'avoir su résister pendant longtemps, contre la grande détermination de la France à faire de Madagascar un territoire français. Par ailleurs, d'autres affirment que Rainilaiarivony avait été le diplomate le plus habile de son temps.[98] Doté d'une énergie formidable, il avait su maintenir le pouvoir pendant à peu près trente ans, malgré les nombreuses révolutions de palais qui avaient déstabilisé le royaume Hova. En tant que diplomate accompli, il avait su gagner le respect, voire l'admiration de ses contemporains.[99] Le général Digby Willoughby témoigna que malgré la couleur grisonnante de ses cheveux, due à son âge avancé, le Premier ministre dévoilait toujours à travers ses yeux la profondeur de son intelligence et la grandeur de sa passion pour Madagascar.[100]

Le capitaine Pasfield Oliver affirma qu'une période de quinze ans dans l'histoire de Madagascar devrait être gravé à jamais comme celle des grandes réformes introduites par le Premier ministre Rainilaiarivony. Selon lui, le nom de celui-ci fut respecté par les Malgaches, toutes ethnies confondues. Il avait souhaité une longue vie pleine de vigueur au Premier ministre, tant le destin de Madagascar dépendait énormément de la santé, du tempérament et de la conduite du patriarche Hova.[101]

Selon Knight, le Premier ministre était un dirigeant politique qui avait vraiment eu la carrure d'un homme d'État. Il avait même implicitement justifié l'acharnement de Rainilaiarivony à protéger Madagascar des visées impérialistes des puissances européennes.[102] L'histoire montre que ce dernier avait toutes les raisons de se méfier des bateaux des explorateurs qui écumaient inlassablement les mers et les océans du monde. Ceux-ci avaient été toujours suivis par des navires de guerre, dont l'objectif des occupants et de leurs commanditaires était tout simplement de priver des milliers d'êtres humains de leur liberté.

Selon le colonel William W. Robinson, consul des États-Unis à Madagascar entre 1875 et 1886, le Premier ministre, assisté par des jeunes intellectuels éduqués en Europe, avait tout pour réussir sa politique de modernisation de Madagascar au XIXe siècle. Cependant, il avait été ralenti dans son effort par l'attitude réactionnaire des vieux dirigeants issus de la caste des nobles, et par l'incompétence des missionnaires qui l'avait conseillé dans les affaires de l'État.[103] Selon Robinson, ces derniers n'avaient pas à l'époque le niveau intellectuel nécessaire, pour aider les Hova à bâtir un État capable de promouvoir le développement économique de leur société. Ils étaient incapables de formuler une stratégie qui aurait pu neutraliser les visées coloniales de la France à propos l'île de Madagascar.

10. Le général et Premier ministre Rainilaiarivony

Le révérend Charles Thomas Price témoigna que le Premier ministre était le seul à avoir les qualités et la volonté nécessaires qui permettaient d'éradiquer la corruption généralisée et latente qui empêchait tout établissement d'un véritable gouvernement constitutionnel à Madagascar.[104] Selon lui, Rainilaiarivony avait été entouré de gens corrompus qui n'hésitaient pas à intercepter ses lettres privées. Les uns influençaient les autres qui étaient sous leurs ordres, afin de faire échouer les plans de réforme élaborés par le Premier ministre. Certes, le cours de l'histoire ne lui avait pas été favorable, mais force est de constater que Rainilaiarivony s'était battu jusqu'au bout pour une cause juste et noble, c'est-à-dire, préserver l'indépendance de sa patrie. Cependant, il faut reconnaître que son obstination à vouloir concentrer le pouvoir uniquement entre les mains des Andafiavaratra, plus spécialement entre celles de ses descendants directs, sont à l'origine des révolutions de palais et des complots qui, à terme, avaient fini par affaiblir la puissante armée Hova qui l'avait maintenue au pouvoir pendant plus de trente ans. Il aurait dû faire totalement confiance en 1894 aux deux officiers les plus compétents sur le terrain, c'est-à-dire le colonel Shervinton et le général Rainandriamampandry. Au contraire, son choix s'était porté sur une des figures la plus controversée de l'histoire de la monarchie Hova au XIXe siècle, c'est-à-dire le prince Ramahatrarivo II. Rainilaiarivony s'était peut-être méfié des ambitions du général Rainandriamampandry dont le fils, Dr Rajaonah, fut impliqué en 1893 dans un complot visant à le renverser. En tout cas, il avait fait une erreur de jugement monumental quant à l'objectif stratégique de la France en 1895. Il avait cru que l'armée française n'irait pas au-delà de Maevatanana comme en 1885.

Lâché par la Grande-Bretagne en 1890, déçu de la prestation du général Digby Willoughby en Europe en 1887, trahi par ses proches et le général Rasanjy, abandonné par le colonel Shervinton, trompé par Suberbie au sujet des gisements d'or de Madagascar, dépassé par les actions secrètes d'une jeune reine avide d'exercer les pleins pouvoirs, amer des résultats de sa politique d'ouverture envers le monde occidental, frappé plusieurs fois par des tragédies personnelles d'ordre familial, et considérablement affaibli sous le poids l'âge, le Premier ministre Rainilaiarivony fut un homme pratiquement isolé et abattu, à l'aube de la conquête française de 1895. Lorsqu'il passait à l'époque dans les rues de la ville d'Antananarivo, tous les gens le saluaient avec beaucoup de respect, en enlevant leurs chapeaux.[105] Ils reconnurent en lui, le brillant homme d'État malgache qui, le 14 avril 1868, avait fait relever les esclaves qui se couchaient par tradition au passage du cortège funéraire royal, et cela, à la grande surprise des Européens et des Hova qui s'étaient amassés le long des routes.[106]

Malgré l'assurance de façade affichée par le général Ratelifera, son compagnon de voyage pour l'Algérie, c'est-à-dire Rainilaiarivony, savait pertinemment qu'Alger allait être la destination finale de sa vie.[107] À son arrivée à Marseille, résigné à son sort, il avait confié le fond de sa pensée à un journaliste qui était venu l'interviewer : [108]

« Je ne vivrai pas longtemps. Je ne verrai jamais voir à nouveau la Terre de mes ancêtres, mais j'espère que mes restes pourront être un jour ensevelis auprès d'eux et de mes enfants, que j'ai beaucoup aimés. Cela est mon unique désir, et j'espère que la France chevaleresque écoutera la prière d'un vieil homme… Je souhaite que les gens sachent que si, j'ai été un adversaire de la France, je n'ais jamais ressenti la haine envers elle. »

10. Le général et Premier ministre Rainilaiarivony

Grâce à l'effort entretenu par Le Myre de Vilers auprès de l'État français, le corps du Premier ministre avait été rapatrié à Madagascar le 4 octobre 1900, afin d'être inhumé au grand mausolée familial des Andafiavaratra, situé dans le quartier d'Isoraka à Antananarivo. Ce jour-là, les Hova étaient venus nombreux accompagner dans sa dernière demeure, celui qui, de loin, avait symbolisé la lutte pour l'indépendance de Madagascar au XIXᵉ siècle. Le général Galliéni délivra pour l'occasion, un discours plein d'éloges à l'encontre de celui qui avait été un farouche opposant de la politique coloniale de la France.[109] Une foule bouleversée, mais digne, honorait silencieusement celui qui avait l'habitude de se faire appeler dans ses discours officiels, Premier ministre, commandant en chef de l'armée royale, directeur suprême des Affaires, grand maître de l'armée royale, et président du grand conseil.[110] Rainilaiarivony avait été honoré de la *Grande Croix de l'Ordre Royal de Madagascar*, de la *Grande Croix de l'Ordre de Ranavalona III, du Grand Officier de l'Ordre de Radama II*, d'*Officier de l'Ordre de la Croix de Mérite de Radama II*, et de *Commandeur de l'Ordre national de la Légion d'honneur*.

L'ancien Premier ministre britannique Gladstone n'avait pas hésité dans un de ses discours, à mettre son propre pays au banc des accusés, à propos du massacre de milliers de Zoulous en Afrique australe par l'armée impériale britannique.[111] Selon lui, il s'agissait d'un acte totalement injustifiable, car le seul crime du roi Zoulou Cetshwayo et des siens était d'avoir essayé de protéger leurs maisons et leurs familles contre l'artillerie de l'armée de Sa Majesté. Parallèlement, celui du Premier ministre Rainilaiarivony ne serait-il pas tout simplement d'avoir tout fait afin de préserver la liberté de son peuple. D'après le *Journal des*

Débats datant du 11 octobre 1895, Rainilaiarivony avait toujours été exceptionnellement fidèle à ses engagements, et avait toutes les qualités nécessaires pour gérer le monde des affaires de son temps. Par ailleurs, doté d'une mémoire phénoménale, le Premier ministre avait été un très grand dirigeant, sinon aussi grand que ces prédécesseurs.[112] Sachant que le quotidien n'était pas du tout tendre avec les Hova à l'époque, de tels aveux témoignent tout simplement de la grandeur de l'homme qui avait tant marqué l'histoire de Madagascar au XIXe siècle.

11. Le différend Franco-Hova à Madagascar au XIXe siècle

Alors que la France avait toujours essayé sans grand succès, dès 1601, d'implanter des colonies permanentes dans diverses régions situées le long des côtes de Madagascar, les Hova avaient réussi en 1824, sous l'impulsion de leur jeune roi Radama I, à pousser les limites naturelles de leur royaume unifié bien au-delà des Hautes-Terres centrales de l'île. L'expansion territoriale Hova s'était faite au détriment des autres royaumes, plus spécialement ceux des Sakalava, qui eux avaient été le groupe ethnique dominant du XVIIIe siècle à Madagascar. Leur alliance stratégique avec la Grande-Bretagne avait irréversiblement consolidé leur domination sur toutes les autres populations de l'île, et neutralisé les ambitions territoriales françaises dans l'Océan Indien. Bien informée au sujet des gisements de charbon et d'or dans les régions du Nord-ouest, la France était venue en 1840, au secours des chefs Sakalava en fuite devant la machine de guerre Hova. En exil à Nosy Be, ces derniers finirent par perdre leurs droits à propos de leurs terres, au profit de leur grand protecteur, c'est-à-dire la France. L'expansionnisme Hova et les ambitions coloniales françaises s'étaient alors fatalement croisés à Madagascar, et avait conduit à l'annexion de l'île par la France en 1896, à la suite de la capitulation des forces Hova le 30 septembre 1895.

11.1 Les premières colonies françaises à Madagascar

La première présence française à Madagascar remontait en 1601 sous le règne d'Henri IV, un siècle après celle des navigateurs portugais Diégo Diaz et Suarez. Le 28 juin 1642, sous l'impulsion du cardinal de Richelieu et sous le règne de Louis XIII, la France autorisait le capitaine de Marine Rigault à établir un comptoir, connu sous le nom de *Compagnie de l'Orient*, dont le but était de coloniser l'île de Madagascar. Entre 1642 et 1643, Pronis et Foucquembourg, tous deux étant des agents du comptoir, avaient occupé les régions du Nord-est, l'île de Sainte-Marie située à l'Est de Madagascar, et fondèrent dans l'extrême Sud une ville du nom de Fort-Dauphin portant aujourd'hui le nom de Taolagnaro. Impopulaire autant auprès des siens que des autochtones, Pronis fut remplacé en 1648 par Étienne de Flacourt dont la brutalité auprès des habitants de l'île était tristement célèbre. Ce dernier contrôlait la région de Taolagnaro jusqu'en 1654 où il fut relevé de ses fonctions pour être remplacé par Des Perriers, qui lui avait continué la politique de main de fer à l'encontre des autochtones.

Pendant les dix années qui suivirent, alors que Des Perriers avait été remplacé par La Case, la France avait réussi à établir des relations amicales avec les tribus de l'extrême Sud de l'île, par l'intermédiaire d'agents privés. Ce n'est qu'au cours de l'année 1664, sous Colbert, qu'elle décida d'établir une politique officielle de la colonisation de Madagascar qui fut alors désignée sous le nom d'*Ile Dauphine* en 1665. Elle créa alors la grande Compagnie des Indes orientales pour soutenir l'effort colonial. Cependant, jugé trop coûteux à l'époque, cet objectif avait été en quelque sorte laissé de côté au profit de la grande aventure coloniale en Inde. Il avait fallu attendre l'année 1671 pour qu'elle déclarât Madagascar comme étant une terre appartenant à la monarchie. Trois ans plus tard, à la suite du massacre de colons à Taolagnaro le 25 décembre 1672 par les Antanosy, elle se retira définitivement de la région pour concentrer ses efforts coloniaux sur l'île de Bourbon voisine.

Entre temps, malgré l'échec de l'effort de colonisation dans le grand sud de Madagascar, des édits furent établis pour considérer l'île comme faisant partie du territoire français. Le 5 juin 1686, considèrant Madagascar comme un bijou de très grande valeur pour sa couronne, le roi de France exulta ses sujets à conquérir celle qui allait être dorénavant désignée sous le nom de *France Orientale*. Mille quatre cents Français avaient alors perdu leurs vies entre 1643 et 1675, en essayant d'établir une présence permanente dans l'île. En 1750, la France prit possession de l'île de Sainte-Marie et une partie de la région orientale de Madagascar, à la suite du mariage du fugitif caporal Jean-Onésime Fillet, surnommé La Bigorne, avec la reine Bety.

En 1774, Maurice Benyowsky, général de la Confédération polonaise, fut envoyé à Madagascar afin d'y établir une nouvelle colonie française. Il s'était installé dans la baie d'Antongil du côté de Maroantsetra, dans le Nord-est, et fut adopté par les populations locales qui l'avaient même choisi en 1776 comme leur monarque. Parallèlement, il fut promu général dans l'armée française. Les succès de Benyowsky auprès des locaux avaient suscité une certaine méfiance de la part du gouverneur français de l'île Maurice. Ce dernier l'aurait suspecté de faire avancer sa propre cause au détriment des intérêts de la France dans la région. Benyowsky s'était fait passer comme le représentant officiel de sa colonie lors de ses voyages en Europe. Cependant, il fut ignoré par la plupart des grandes chancelleries européennes. Il était revenu à Madagascar en 1785, à la suite d'un séjour aux États-Unis d'Amérique où il avait participé à la guerre d'indépendance. Il avait alors bâti un petit empire situé dans la région du cap Est, connu sous le nom de *Mauritania*. Il décéda le 23 mai 1786 en essayant de défendre sa colonie contre une force d'expédition militaire française envoyée par le gouverneur de l'île Maurice, et commandée par le capitaine Larcher de Vermans et Nicolas Mayeur. De l'avis des historiens, la période Benyowsky fut la seule fois où la présence française à Madagascar avait été à l'époque accueillie favorablement par les autochtones.

À part une frégate française, connue sous le nom de *Néréide*, qui elle s'était amarrée de force à Toamasina en 1811, à la suite d'une confrontation navale Franco-Britannique, il faillait attendre jusqu'en 1817, c'est-à-dire sous le règne du roi Louis-Philippe, pour que la France s'engageât de nouveau à réaliser ses ambitions territoriales à Madagascar. Elle annexait alors des régions situées sur la côte orientale et celles au Nord-est de l'île. Cependant, l'aventure s'était terminée par la capitulation de Sylvain Roux devant une armée Hova commandée par le roi Radama I en personne. Craignant une présence permanente britannique dans l'île, à la suite du traité du 30 mai 1814, la France avait établi des colonies à Sainte-Marie, à Toamasina, et à Taolagnaro en janvier 1822. En mars 1825, celle de Taolagnaro avait été invitée cordialement par les Hova de quitter Madagascar,[1] à la suite de la défaite des colons face aux troupes du général Ramananolona. Par ailleurs, les Hova avaient mis en déroute les troupes du commandant

11. Le différend Franco-Hova à Madagascar au XIXᵉ siècle

Gourbeyre, lors de la bataille de Mahavelona en 1829.
Devant le refus catégorique de la reine Ranavalona I de
négocier concernant la présence française à Madagascar, le
roi Louis-Philippe n'avait d'autre choix à l'époque que
d'ordonner l'évacuation totale des colons français vers la
Réunion. La France s'établissait à nouveau à Madagascar
en envahissant l'île de Sainte-Marie en 1832. Elle signait
des accords avec les chefs Sakalava de la région du Boina
dans le Nord-ouest en 1840. Ces derniers, alors en exil à
Nosy Be, avaient dû cédé à leur nouveau protecteur toutes
leurs terres, y compris celles situées dans la région de
Sambirano avec leurs énormes gisements de charbon. On
rapporte qu'un des accords aurait été signé alors que le chef
Sakalava était en visite forcée dans l'île de Bourbon voisine.
La monarchie Hova, quant à elle, considérait les accords
Franco-Sakalava comme étant caducs du fait les territoires
en question avaient été conquis par le roi Radama I en 1824.

11.2 La colonisation en tant qu'objectif stratégique

L'Atlas colonial français, édité par l'*Illustration* en 1929,
résumait le conflit Franco-Hova du XIXᵉ siècle à Madagascar
en ces termes suivant : [2]

*« À la suite de l'assassinat de l'équipage français d'un boutre
échoué sur la côte Sakalava (1881), la France intervient et
réclame une indemnité au gouvernement Hova. En 1882, les
Hova prétendent ignorer le traité de 1841, s'installent sur la
côte N-O, et maltraitent nos nationaux; le capitaine de Vaisseau
Le Timbre visite la Côte et fait enlever les drapeaux Hova. Des
pourparlers sont entamés, mais ils sont brusquement rompus
par le gouvernement de Ranavalo III. La France se décide alors
à intervenir énergiquement. Le contre-amiral Pierre réoccupe*

la côte N-O et s'empare de Mahajanga et de Toamasina. De nouvelles négociations s'engagent et aboutissent au Traité de Toamasina (17 décembre 1885), qui, tout en établissant la souveraineté de la reine Ranavalo, met Madagascar sous le protectorat de la France, le résident-général ayant en main les affaires extérieures. En 1894, Charles Le Myre de Vilers, notre résident-général, constatant journellement la mauvaise volonté évidente du gouvernement Hova, doit finalement se retirer, et un corps expéditionnaire, sous le commandement du général Duchesne est envoyé à Madagascar. Partie de Mahajanga le 1ᵉʳ mars 1895, la colonne a beaucoup d'hommes tués par les fièvres; néanmoins, après plusieurs combats, elle entre à Tananarive le 29 septembre. Le 1ᵉʳ octobre, la reine Ranavalo III signe le traité franco-malgache, qui établit notre protectorat complet sur Madagascar. »

Les thèses relatées ci-dessus semblent à première vue suggérer la responsabilité du gouvernement Hova d'Antananarivo quant au déclenchement des différents conflits militaires Franco-Hova à Madagascar au XIXᵉ siècle. Cependant, le témoignage suivant d'Anthouard semble éclaircir les vrais motifs de la France à propos de Madagascar à cette époque là, c'est-à-dire la colonisation de l'île. [3]

« *Il y a plusieurs manières de conquérir un peuple, la force morale peut suppléer dans une certaine mesure celle des armes à la condition qu'elle soit sagace, tenace et ferme tout à la fois. Nos droits sur Madagascar sont anciens; ils remontent au XVIᵉ siècle, mais notre négligence prolongée au cours du siècle dernier avait encouragé une peuplade de la Grande Île, les Hova, à leur opposer, avec le concours des missions protestantes anglaises, ceux qu'elle exerçait en fait sur la plus grande partie des tribus malgaches... L'emploi méthodique de nos forces économiques et financières pourrait enraciner, à la longue, notre influence dans la Grande Île et les moyens d'y poursuivre avec succès notre colonisation.* »

Avec un de leurs députés, c'est-à-dire François de Mahy, à la tête des ministères des Colonies et de la Marine, les colons de l'île de la Réunion s'activèrent beaucoup à l'époque afin de pousser le gouvernement français à intervenir militairement à Madagascar. Le sénateur réunionnais Milhet-Fontarabie avait par ailleurs réussi à influencer ses collègues pour qu'ils votèrent le financement de l'opération.[4] Notons que le capitaine de Hell, gouverneur de l'île de la Réunion, avait déjà élaboré une stratégie similaire en 1839, selon laquelle la France devrait s'allier avec les Sakalava de la région du Nord-ouest, afin d'atteindre ses objectifs stratégiques à Madagascar. Sa proposition avait alors eu à l'époque le support de l'amiral Duperré, ministre de la Marine.

11.3 À propos du titre de roi ou reine de Madagascar

À travers le traité Anglo-Hova du 23 octobre 1817, signé par Thomas Pye, l'Angleterre reconnaissait le monarque Hova Radama I comme étant le roi de l'île de Madagascar.[5] Cependant, la France le considérait comme étant seulement le roi des Hova. Bénéficiant de l'aide de sergents britanniques tels Hastie et Brady, et du sergent français Robin, Radama avait parvenu à conquérir en 1824, presque tout le territoire de Madagascar à l'exception des régions Mahafaly, Antandroy et Bara dans le grand Sud.[6] Selon le traité Franco-Hova du 12 septembre 1862, établi sous le règne du roi Radama II, les Français résidant à Madagascar avaient eu le droit de posséder des terres et des biens. Le traité leur donna beaucoup de privilèges dans le domaine des échanges commerciaux avec l'étranger. En contrepartie, la France reconnaissait la souveraineté du roi Radama II sur l'ensemble du territoire de Madagascar, une chose que Jules Ferry jugea plus tard comme étant une erreur de jugement de la part de l'empire français.[7] Le traité fut signé le 11 avril 1863 par l'empereur Napoléon III, puis contresigné par Drouyn de Lhuys et de Langle.[8]

Cependant, à la suite de l'assassinat du roi Radama II, les clauses financières du traité furent rejetées par la partie Hova un mois après sa signature. Son successeur, c'est-à-dire la reine Rasoherina, estima que les indemnités exigées par la France à propos des concessions Lambert, étaient trop disproportionnées. Malgré cela, la souveraine décida à contrecœur de les payer entièrement en 1865. La France signait un second traité Franco-Hova le 4 août 1868. Celui-ci reconnaissait la reine Ranavalona II comme étant la reine de Madagascar.[9] Lors de sa visite à Madagascar le 5 juin 1881, l'amiral Gore Jones informa la souveraine et le gouvernement Hova que la France et l'Angleterre avaient reconnu l'utilité de voir l'armée Hova étendre son contrôle sur toute l'île, plus spécialement dans les régions portuaires du Sud-ouest.[10] Les exactions perpétrées à l'égard des étrangers par les chefs locaux étaient en fait devenues de plus en plus fréquentes les régions en question.

En juin 1881, Parrett et Pickersgill, tous deux appartenant à la mission anglaise LMS, rendèrent visite aux peuples Sakalava habitant les régions du Nord-ouest. Contrairement à ce qu'on leur avait dit, ces derniers étaient plutôt fiers d'être des sujets de la reine Ranavalona II. Ils avaient beaucoup de respect pour le couple royal Rainilaiarivony-Ranavalona.[11] Par ailleurs, les représentants des autres tribus, entre autres les Betsileo, les Tanala de la reine Iovana, les Betsimisaraka, les Antemoro, les Antanosy, Antaisaka, et ceux de Mahajanga et de Diégo-Suarez, avaient à l'époque prêté allégeance à la souveraine Hova.[12] Cependant, force est de constater que les relations des autochtones avec les administrateurs Hova des provinces n'avaient pas toujours été au beau fixe. Les habitants du Nord-ouest avaient fait part aux missionnaires britanniques du comportement biasé du pouvoir local Hova à leur égard. Celui-ci leur aurait même interdit de monter à Antananarivo pour faire-part de leurs griefs au gouvernement. Parrett et Pickersgill proposèrent alors de les accompagner vers la capitale, et de les aider à obtenir une audience auprès de la reine. Satisfait d'une telle proposition, le peuple d'Ampasimena confirma à nouveau leur allégeance à la couronne Hova. Même le roi Sakalava Tsimiharo clamait haut et fort qu'il était fier d'être l'ambassadeur de la reine Ranavalona II dans l'île Nosy Mitsio où il résidait. Il était même allé jusqu'à affirmer que l'île appartenait à la souveraine malgré le traité de protectorat qu'il avait signé auparavant avec la France, à propos des régions Sakalava du Nord-ouest. Grâce à l'effort de médiation conduite par Parrett et Pickersgill, les émissaires Sakalava avaient été finalement reçus à Ambohimanga. Ranavalona leur avait alors suggéré de remplacer leur drapeau rouge d'origine arabe par celui blanc et rouge, emblème de son royaume.[13] Tsimiharo aurait courtoisement décliné l'offre de la souveraine du fait qu'il était rénuméré par les autorités françaises de l'île de Nosy Be. Le 12 octobre 1883, Londres informa les autorités françaises, par une lettre envoyée par Plunket, que le gouvernement de Sa Majesté britannique reconnaissait Ranavalona II comme étant reine sur le territoire de Madagascar, à l'exception des îles de Nosy Be et Mayotte. La lettre avait aussi mentionné que le gouvernement anglais n'avait eu connaissance d'aucun traité qui placerait Madagascar sous juridiction française. Par ailleurs, au cours de la même année, la France avait signé un traité avec le gouvernement d'Antananarivo selon lequel le titre *Reine de Madagascar* signifiait dorénavant la reine de toutes les populations de Madagascar.

11.4 Troubles dans les territoires Sakalava du Nord-ouest

Au cours de l'automne 1881, le résident-général Baudais informa les autorités Hova que la France serait de facto la nation protectrice des Sakalava du Nord-ouest. Alarmé par la volonté de la monarchie Hova à étendre sa souveraineté dans ces régions, Baudais écrivit à Gambetta, ministre des Affaires étrangères, pour lui faire-part de ses soucis. Il lui faisait savoir que le gouvernement d'Antananarivo n'avait aucun droit territorial sur les îles de Nosy Mitsio et Nosy Mifaly, et sur toutes les régions du Nord-ouest. Celles-ci auraient été cédés en 1841 à l'État français par le roi Tsimiharo. Baudais lui faisait aussi part de ses soupçons à propos des pourparlers qui se déroulaient à Ambohimanga sous l'égide des missionnaires anglais Parrett et Pickersgill, entre les autorités d'Antananarivo et les chefs Sakalava. Selon lui, les négociations en cours allaient à l'encontre des intérêts français à Madagascar.[14] En effet, l'établissement d'un traité de paix entre les Hova et les Sakalava empêcherait la France d'exploiter les gisements de charbon dans les régions du Nord-ouest. Par ailleurs, un tel traité aurait certainement permis au gouvernement Hova d'Antananarivo d'affirmer à l'époque qu'elle représentait de facto toutes les populations de l'île. Cependant, on peut se demander si la présence du roi Tsimiharo lors des pourparlers d'Ambohimanga n'avait pas en quelque sorte conduit à l'échec du plan Hova, du fait que le monarque Sakalava avait été à l'époque à la solde de l'État français.

En 1881, les membres d'équipage d'un boutre battant pavillon français, et connu sous le nom de *Toualé*, avaient été massacrés par des Sakalava à Marambitsy, dans la baie de Baly.[15] Un mois après l'événement, le lieutenant Buisson débarqua à Mahajanga pour enquêter sur l'affaire. Le 20 avril 1881, il avait adressé une lettre de demande d'explication aux autorités d'Antananarivo par le biais du gouverneur Ramasy. Selon un observateur britannique de l'époque, la France aurait implicitement reconnu à travers la lettre de Buisson, l'autorité du gouvernement Hova sur les régions du Nord-ouest. Le lieutenant français avait en effet demandé aux autorités d'Antananarivo de faire tout le nécessaire afin de capturer et punir les Sakalava sujets du roi Bakary, du fait que celui-ci n'était ni plus ni moins qu'un sujet de la reine de Madagascar. Ces derniers furent soupçonnés par les autorités françaises d'avoir massacré les membres d'équipage du *Toualé*. Le lieutenant relatait dans sa lettre le comportement amical des autorités locales Hova envers les Français habitant dans la région. Il était même allé jusqu'à affirmer qu'un tel comportement faisait honneur aux drapeaux Hova qui y pavoisaient.

Dans le but de ne pas envenimer leurs relations avec la France, les Hova avaient promis de punir les auteurs du crime dans l'espace de quatre mois. Meyer, le Commissionnaire de la République française, les somma d'envoyer une expédition militaire afin de punir les Sakalava des régions du Nord-ouest. Par ailleurs, il leur avait aussi demandé une compensation financière de six mille dollars pour les veuves et les orphelins des membres de l'équipage du *Toualé*, et trois mille sept cent quarante dollars pour rembourser tous les biens disparus lors de l'attaque. Il finissait sa lettre par un paragraphe qui stipulait que toute réponse positive de la part de leur gouvernement, concernant les requêtes françaises en cours, serait considérée par la France comme la légitimité de la souveraineté des Hova sur tout le territoire de Madagascar.[16] Cependant, une version différente de l'événement de Marambitsy avait été communiquée par le commissaire Hova de la région du Boina au gouvernement d'Antananarivo. En effet, selon ce dernier, les membres d'équipage du *Toualé*, partis de l'île Mayotte, étaient engagés dans un trafic d'armes à feu lorsqu'ils s'étaient fait surprendre par un contingent de guerriers Sakalava. Ces derniers auraient riposté en guise d'autodéfense lorsqu'ils essuyèrent des coups de feu de la part des visiteurs. Sur la base de telle information, le ministre des Affaires étrangères Hova, c'est-à-dire le général Ravoninahitriniarivo, informa Meyer que son gouvernement ne donnerait aucune suite aux requêtes françaises.[17] La décision du gouvernement Hova traduisait en fait la volonté du Premier ministre Rainilaiarivony d'apaiser toute tension de nature tribale à Madagascar, condition primordiale pour la création d'une nation qui serait partagée par tous les habitants de Madagascar. Par ailleurs, si les Hova voulaient tant que les Sakalava se rangeassent de leur côté pour contrecarrer les ambitions coloniales de la France, la dernière des choses à faire serait bien évidemment d'envoyer une force militaire pour les punir d'une manière arbitraire. L'arrivée du nouveau commissionnaire de la République de France à Madagascar, c'est-à-dire Baudais, allait définitivement accélérer la détérioration des relations Franco-Hova. Celui-ci n'appréciait guère la présence des drapeaux Hova dans les régions Nord-ouest, et faisait part de ses complaintes auprès des autorités d'Antananarivo. Par ailleurs, les nouvelles d'assassinat de l'explorateur français Müller ne faisaient qu'aggraver une situation déjà bouillonnante.[18] Entre temps, le gouvernement Hova d'Antananarivo s'était résigné à payer les indemnités demandées par la France concernant l'affaire du boutre *Toualé*.[19]

La France avait établi ses droits sur l'île de Nosy Komba, et sur les régions costales allant de la baie de Pasandava jusqu'au Cap St. Vincent, à travers un traité qu'elle avait établi le 14 juillet 1840, avec une jeune princesse Sakalava du nom de Tsiomeko. Celle-ci avait été alors sous protection française à Nosy Be, une île reconnue en 1850 comme étant un territoire français par le gouvernement de Londres. Elle avait aussi signé un traité similaire avec le roi Tsimiharo des Antakarana. Par ailleurs, en 1846, sous la pression des troupes Hova, le chef Tsimiandroho des Sakalava de Vohémar s'était enfui à Nosy Be, et aurait cédé ses terres au roi Louis Philippe. Il aurait confirmé en 1848 la validité de tous les traités établis entre la France et les chefs Sakalava. En fait, ces derniers avaient payé de leurs territoires la protection qu'ils avaient bénéficié de la part d'une puisance coloniale. Réprésentant le roi Tsimiandroho, Desprez et l'amiral De Langle avaient établi d'autres traités avec d'autres chefs Sakalava. Cependant, soucieux de préserver l'intégrité territoriale de Madagascar, le gouvernement d'Antananarivo oeuvrait de son côté afin d'intégrer leurs ennemis d'hier au sein du grand royaume unifié Hova.

Une révolte des autochtones en 1849 contre la colonie française de Nosy Be montrait les limites de la stratégie Sakalava de la politique coloniale française. En effet, à travers elle, les Sakalava avaient exprimé leur mécontentement général à l'encontre de leur roi, c'est-à-dire Tsimiandroho, devenu à leurs yeux ni plus ni moins qu'un vassal privilégié de la France. Celle-ci avait été alors obligée d'acheminer des renforts militaires à partir de l'île Mayotte voisine, pour venir à bout d'une rébellion à laquelle auraient participé de nombreux guerriers Sakalava issus des régions du Nord-ouest. Beaucoup d'Européens et d'autochtones auraient péri lors des violentes confrontations. À la suite de l'échec d'une deuxième révolte dont il avait été plus tard l'un des instigateurs,[20] Tsimiandroho s'était enfui de l'île Nosy Be pour se rallier à la monarchie Hova en 1851. Il renia cependant sa nouvelle alliance, et décida de retourner à Nosy Be. Alors qu'il faisait halte à Tafondro, accompagné de sa garde rapprochée, cent cinquante combattants, majoritairement d'origine Hova, s'étaient mis à sa poursuite, l'attaquèrent de nuit par surprise, et le décapitèrent.

12. Le fléau de l'esclavage à Madagascar

Les Portugais avaient déjà réclamé en 1641 la partie occidentale de Madagascar, afin de pouvoir fournir des esclaves à une compagnie hollandaise portant le nom de Dutch East India Company. En 1501, Suarez avait même amené de force vingt et un habitants de la région pour être exposé en tant qu'esclave à la foire de Lisbonne. Le besoin accru de main-d'œuvre gratuite, dans les plantations contrôlées par les pays dits civilisés de l'hémisphère Nord, avait fatalement poussé certains chefs et monarques des royaumes de Madagascar à coopérer avec les négriers de toute sorte. Ainsi, un nombre considérable de leurs sujets avaient été acheminés de force dans plusieurs régions du monde, en échange d'argent, de boissons alcoolisées, d'armes et de munitions. Une grande famille new-yorkaise du nom de Philipse s'était largement enrichie au XVIIe siècle en important des milliers d'esclaves d'origine malgache, par le biais d'un aventurier américain du nom d'Adam Baldridge, installé dans l'île de Sainte Marie.[1] Les esclaves avaient été vendus à l'époque sur le marché local à raison de 20 £ chacun.[2] Le roi Louis XIV de France s'était même engagé à payer des avantages financiers de 13 £ pour chaque esclave acheminé par les négriers français vers les Amériques à partir de l'Angola.[3] Il avait proposé à l'époque, au même titre que le roi Philip V d'Angleterre, une alliance avec la Hollande et l'Espagne, afin d'établir une sorte d'Union européenne quadripartite destinée à gérer efficacement, le commerce d'esclaves sur le marché internationnal.[4] L'église catholique romaine avait aussi mis du sien lorsque le Pape Pius II avait déclaré en 1462 que seuls les Africains baptisés ne devraient pas être soumis à l'état d'esclavage.[5] Des millions d'esclaves avaient transités au XVIIIe et XIXe siècles dans les ports de Nantes, de Bordeaux, de La Rochelle, du Havre, de la Honfleur, de Saint-Malo, de Lorient, et de Marseille,[6] contrôlé à l'époque par des hommes d'affaires de confession juive, catholique ou protestante tels Montaudoin, Luynes, Boutelhiers, Antoine Walsh, Laffon de Labédat, Jean Valentin Quin, Élie Thomas et Samuel Alexandre, pour ne citer qu'eux.[7] Un phénomène similaire avait été enregistré au cours de la même période, dans les grands ports anglais, espagnols, danois, hollandais et portugais. Parallèlement, alors que les rois du Dahomey, du Congo, et du Bénin, s'étaient enrichis énormément en vendant leurs sujets aux trafiquants d'esclaves de tout genre, ceux des différents royaumes de Madagascar n'avaient pas été non plus en reste.

12.1 La traite d'esclaves chez les Sakalava et les Hova

Selon un observateur européen, l'abolition de l'esclavage signifierait tout simplement la disparition des royaumes Sakalava de Madagascar, tant la survie économique de ces derniers était essentiellement liée au trafic des esclaves.[8] Alors que les forces françaises contrôlèrent en 1884 les accès portuaires le long des côtes occidentales de Madagascar, la France n'aurait rien fait pour stopper le trafic d'esclaves d'origine Hova, perpétré par les chefs Sakalava dans ces régions. Ces derniers attaquèrent impunément et fréquemment la plupart des villages Hova situés sur les frontières occidentales de l'Imerina,[9] où les habitants devaient se défendre contre les enlèvements et meurtres de tout genre.[10] Ceux-ci étaient devenus des évènements d'ordre du commun, même à deux ou trois jours de marche de la ville d'Antananarivo. Le bétail et les personnes, capturés par centaines, étaient alors transportés de force en territoire Sakalava, dans la partie occidentale de l'île. Si par malheur, un prisonnier Hova se faisait capturer lors d'une tentative d'évasion, alors ses geôliers lui coupaient le tendon d'Achille d'un de ses pieds.[11] En cas de récidive, il perdait le second. Les attaques avaient été si fréquentes au cœur même de l'Imerina que les Hova se mettaient à importer des esclaves en provenance du continent africain afin de palier au manque de main d'œuvre qui en découlait.[12]

Pendant les années précédant le conflit Franco-Hova de 1895, des bandes organisées issues de tribus avoisinant les régions des Hautes-Terres centrales attaquaient les villages frontaliers afin de vendre leurs prisonniers aux Sakalava.[13] D'après le témoignage du révérend J. MacMahon, la paresse et la politique de peuplement étaient les raisons majeures qui poussaient ces derniers à opérer des raids aux abords de la frontière occidentale de l'Imerina.[14] Selon lui, les Sakalava s'étaient jetés sur des proies humaines sans défense tout au long des XVIIIe et XIXe siècles,[15] car ils voulaient vivre dans le luxe sans vouloir travailler. Stratton était même allé plus loin en affirmant que les chefs Sakalava s'étaient mis à attaquer leurs voisins en vue de les réduire en esclavage, bien avant l'arrivée des Arabes à Madagascar.[16] Ils étaient devenus des experts en la matière, qu'un observateur occidental contemporain les qualifie de marchands d'esclaves accomplis à cette époque-là.[17] En 1835, des milliers de Malgaches avaient été vendus aux trafiquants arabes et indiens, maraudant le long des côtes occidentales de Madagascar,[18] avant d'être acheminés de force vers les Amériques et vers l'Inde.

Devant l'ampleur du trafic d'esclaves orchestré par les Sakalava dans les régions contrôlées par les forces françaises vers la fin de l'année 1885, le colonel britannique Francis Cornwallis Maude doutait sérieusement du bien-fondé et du mérite de la mission civilisatrice de la France.[19] Les Hova eux-mêmes n'éprouvaient à l'époque aucun besoin d'épouser la civilisation des autres, tant ils étaient fiers de la leur, et de leurs réalisations technologiques.[20] Selon Maude, la France n'était pas à la hauteur de ses ambitions en tant puissance chrétienne et civilisatrice européenne si elle ne décidait pas de faire quelque chose pour combattre le fléau. Madagascar aurait dû être conquise par une autre nation européenne civilisée à cause de la passivité des autorités françaises devant l'ampleur du traffic. En fait, la politique adoptée par la France à Madagascar à propos de l'esclavage reflétait dans une certaine mesure, la position française sur le traité quintuplé, proposé à l'époque par la Russie, la Grande-Bretagne, les États-Unis et la Prusse.[21] Elle avait alors tout fait pour ne pas le signer, alors que celui-ci avait pour objectif d'assimiler tout trafic d'esclaves à un acte de piraterie, autorisant ainsi les navires de guerre à appréhender tout vaisseau marchand suspect, appartenant à quelconque des cinq nations. Durant la guerre de Franco-Hova 1883-1885, des négriers d'origine française avaient fourni d'énormes quantités d'armes et de munitions aux Sakalava de la région du Nord-ouest en échange d'esclaves.[22] En outre, entre 1800 et 1850, ils avaient acheminé des milliers d'esclaves d'origine africaine à destination de la Réunion et de l'île Maurice.[23] Entre 1897 et 1898, le syndicat des propriétaires français, créé en 1887, avait transféré à destination de la Réunion des milliers de malgaches faits prisonniers lors de la campagne de pacification du général Galliéni à Madagascar. Afin de soutenir la politique de peuplement en vigueur dans l'île de la Réunion, les négriers auraient aussi acheminé de force, à partir de la baie d'Antongil dans l'Est de Madagascar, un grand nombre de femmes d'origine malgache. Malgré le fait que la France ait déclaré le commerce d'êtres humains comme étant une chose illégale en 1848, le phénomène ne cessait de se développer à l'échelle mondiale. Selon l'Abbé Grégoire, la seule façon à l'époque d'éradiquer définitivement le fléau, c'était de considérer tout individu qui coopérait avec le capitaine d'un vaisseau, brutalisait ou acheminait des esclaves d'un port à un autre, comme étant complice du crime d'esclavage.[24] Il aurait certainement aimé participer aux débats parlementaires à propos de la motion deposée par Christiane Taubira-Delannon le 22 décembre 1998, devenue une loi française en 2001. À travers celle-ci, l'État français reconnaît l'esclavage et la traite négrière comme étant des crimes contre l'humanité.

Les chefs Sakalava n'avaient pas été les seuls à s'enrichir du trafic d'esclaves à Madagascar aux XVIIIe et XIXe siècles. Le roi Andrianamboatsimarofy d'Antananarivo avait contacté Nicolas Mayeur en 1777, afin de vendre à ce dernier des Hova originaires du sud de l'Imerina et connus sous le nom de *Ravoandrianu*. Ces derniers constituaient un clan roturier qui s'était opposé farouchement au dictat du roi Andrianjafy d'Avaradrano.[25] Afin de pouvoir se ravitailler en armes et munitions, le roi Andrianampoinimerina n'aurait pas hésité à envoyer ses propres sujets dans les îles Mascareignes, en tant qu'esclaves.[26] Ces derniers étaient originaires d'Andrantsay, une région du sud-ouest de l'Imerina. Des milliers de Betsileo avaient été aussi acheminés vers les Amériques et vers l'Inde, après qu'ils furent expédiés de force en territoires Sakalava par le roi Radama I.[27] Selon les estimations de James Hastie alias Andrianasy, datées de 1817, plus de trente-trois pour cent des habitants de l'Imerina étaient des esclaves.[28] De nombreuses grandes familles d'Antananarivo avaient bel et bien accumulé d'énormes richesses en exploitant le système de *fanompoana*, c'est-à-dire la version Hova de l'esclavage. L'abolition de celui-ci les aurait certainement toutes ruinées à l'époque, au même titre que les chefs Sakalava. Alors que les royaumes de Madagascar capitulèrent les uns après les autres, devant l'irrésistible machine de guerre des Hova commandée par le roi Radama I, considéré par Laidler comme le « Malagasy Napoléon », [29] trente-cinq mille huit cents esclaves avaient été acheminés de force vers les îles Mascareignes, entre les années 1801 et 1820.[30] Par ailleurs, afin de satisfaire leurs demandes sur le marché intérieur et aussi pour renflouer les caisses financières de l'État, les Hova avaient importé entre les années 1865 et 1874, des milliers d'esclaves, en raison de huit mille par an, en provenance du continent africain, spécialement du Mozambique. Ils avaient utilisé le port de Mahajanga comme la plaque tournante du commerce d'esclaves dans la partie occidentale de Madagascar. Une partie de ces derniers avait été revendue aux négriers opérant sur la côte Est de Madagascar.[31] Malgré que l'esclavage fut une pratique courante à Madagascar au XIXᵉ siècle, un certain Rainitsiandavana aurait déjà décidé d'affranchir volontairement ses esclaves en 1831. Il avait fallu cependant attendre jusqu'en juin 1877, pour que le gouvernement Hova, sous la pression de la Grande-Bretagne, promulguât des lois qui avaient permis l'affranchissement de tous les esclaves importés du continent africain, qui étaient à la solde du royaume Hova depuis 1865.

12.2 Madagascar : « Un réservoir naturel d'esclaves »

Selon Drury, le sort réservé à ceux qui avaient été battus sur les champs de bataille à Madagascar était ni plus ni moins que l'esclavage.[32] Il avait été lui-même fait prisonnier par des tribus malgaches pendant une période d'une quinzaine d'années, à la suite du naufrage du bateau dans lequel il avait voyagé, au large de Madagascar. Les évènements qu'ils avaient vécus en captivité avaient été minutieusement décrits en 1729 dans un livre qui avait servi de base pour la recherche ethnologique effectuée par Mike Parker Pearson à Madagascar en 1996. Ce dernier avait alors réussi à prouver l'authenticité des divers endroits visités par Drury durant sa longue captivité. Par ailleurs, à la même époque, c'est-à-dire en 1721, des milliers de Malgaches avaient été transportés de force aux États-Unis d'Amérique. Ils avaient alors travaillé en tant qu'esclaves dans les rizières de l'État de la Caroline du Sud.[33] Un recensement effectué aux Barbades un siècle auparavant avait indiqué que, plus de la moitié des trente-deux mille esclaves de la région était originaire de Madagascar. Afin de se ravitailler en armes, en munitions ou en boissons alcoolisées, les divers chefs de tribus ou monarques de Madagascar avaient bel et bien vendu des milliers des leurs en tant qu'esclaves au XIXe siècle, et même longtemps avant. Les Bara vendaient ainsi les victimes de leurs raids, généralement Hova ou Betsileo,[34] alors que les Hova marchandaient la plupart de leurs prisonniers de guerre. Les Sakalava auraient pu vider les îles Comores de tout habitant, s'ils n'avaient pas perdu leur suprématie militaire au profit des Hova.[35] L'ampleur du trafic d'esclaves avait été telle à Madagascar que, William Beckford, le Maire de Londres, considérait l'île comme un vaste réservoir naturel d'esclaves.[36] La loi de l'offre et de la demande avait été à la base de la logique économique de tous ceux qui, à l'époque, vendaient ou achetaient des êtres humains pour s'enrichir. Les nations des peuples dits civilisés, les chefs des royaumes dits indigènes et les négriers issus de toutes les régions du monde avaient été bel et bien les participants actifs d'un crime odieux et inexcusable aux yeux de l'humanité. Madagascar, quant à elle, fut malheureusement un des centres du fléau, au même titre que le Mozambique et plusieurs pays d'Afrique. L'Europe fut le transit par excellence des expatriés de force dont la destination finale était les Amériques. Malgré que le trafic d'esclaves ait été banni à par les autorités françaises au lendemain de la conquête militaire de 1895, des milliers de Malgaches continuaient de servir des maîtres d'une façon ou d'une autre à Madagascar. Lors d'une interview qu'il avait donnée à sa descente de Marseille en 1896, alors qu'il voyageait vers sa terre d'exil, le Premier ministre Rainilaiarivony avait abordé le problème social et humanitaire créé par la pratique à outrance de l'esclavage à Madagascar. Il disait alors que les milliers d'esclaves nouvellement affranchis ne sauraient pratiquement où aller, car ils avaient été arrachés de force de leurs régions depuis trop longtemps. Il avait alors suggéré à la nouvelle administration française de les aider à retrouver leurs familles d'origine.

13. La guerre Franco-Hova de 1883-1885

Les droits dits historiques de la France sur Madagascar auraient été symbolisés par une pierre précieuse placée au centre de la couronne du roi Louis XIV. Durant le règne de celui-ci, l'île avait été désignée sous le nom de *France Orientale*.[1] Toutes les tentatives de la France pour y établir une colonie permanente durant la première moitié du XIXe siècle, avaient échoué, due à l'hostilité des populations locales. Une attaque combinée des forces Franco-Britanniques en juin 1845 contre la ville Toamasina avait misérablement tourné à une panique générale au sein des assaillants, devant la détermination des Hova à défendre coûte que coûte leur fort.[2]

Les autorités françaises avaient communiqué en 1881 au gouvernement d'Antananarivo ses intentions de protéger les habitants Sakalava dans les régions situées au nord-ouest de Madagascar, geste suivi d'une politique agressive à l'égard des Hova, tout au long de l'année 1882. L'éternel conflit entre Hova et Sakalava allait leur permettre de concrétiser un vieux rêve datant du règne du roi Louis XIV.[3] La présence de drapeaux Hova dans de telles régions, avait été alors utilisée pour déclencher des opérations militaires dont l'objectif final était l'établissement un régime de protectorat sur l'ensemble de l'île.[4] La France avait pourtant reconnu par deux fois, c'est-à-dire le 9 novembre 1861 et le 12 septembre 1862, la souveraineté de la reine de Madagascar sur les régions en cause.[5] De leur côté, les Sakalava, peuple farouchement jaloux de leur indépendance, n'avaient aucune intention de se conformer à de soi-disant traités qui auraient été signés par leurs chefs, alors que ces derniers avaient joui de la protection de la France à Nosy Be. L'hostilité des Sakalava envers tout étranger était telle à l'époque qu'aucun Européen ne se sentait en totale sécurité en leur présence.[6] Ainsi, ironiquement, n'ayant pas la volonté politique et les moyens militaires pour imposer sa souveraineté sur les territoires Sakalava, les autorités françaises avaient fait appel aux Hova pour protéger leurs citoyens qui vivaient dans ces régions.[7]

13.1 La politique agressive des colons de l'île de Bourbon

Le conflit Franco-Hova de 1883-1885 avait été les conséquences d'une politique opportuniste adoptée par la France, et de surcroit largement influencée par les députés de l'île de Bourbon,[8] thèse partagée par le général Digby Willoughby.[9] Fort du soutien inconditionnel de la Marine, ils avaient poussé la nation française à intervenir militairement à Madagascar, dans le but de résoudre d'une manière permanente les problèmes de main-d'œuvre et de ravitaillement de leur île d'origine. Un siècle auparavant, Nicolas Mayeur avait déjà parcouru la Grande Île de long en large afin de recruter des esclaves, à la demande du gouverneur de la Réunion.[10] Profitant d'une période d'incertitude à propos des affaires de l'État au début de l'année 1883, François de Mahy, responsable par intérim du ministère des Colonies et de celui de la Marine, avait ordonné à l'amiral Pierre de faire cap sur l'île Nosy Be avec sa frégate *La Flore*, et d'y former un escadron de sept vaisseaux de guerre.[11] Il avait eu pour mission d'envahir l'île de Madagascar. À la suite de l'échec de la médiation conduite par Lord Granville auprès des autorités françaises vers la fin du mois de novembre 1882, Charles Brun avait donné l'ordre à l'amiral d'utiliser la force afin de forcer les soldats Hova à abandonner leurs positions le long des côtes des régions du Nord-ouest, y compris la baie de Diégo-Suarez située à l'extrême nord de l'île. Par ailleurs, l'amiral Pierre avait eu pour mission d'occuper la ville de Mahajanga avec des troupes en provenance de Nosy Be et de pilonner les côtes orientales de Madagascar.

Le 7 mai 1883, il ordonnait le bombardement systématiquement des positions Hova situées en bordure des côtes, à commencer les forts situés de la baie d'Ampasandava et de Rafala.[12] Bien que l'ultimatum français n'ait été reçu par le gouvernement d'Antananarivo qu'un mois plus tard,[13] l'amiral français avait cependant donné quelques heures de préavis aux garnisons Hova avant de commencer le bombardement. Selon les autorités françaises, l'action de sa marine était justifiée à partir du moment où le gouvernement Hova ne respectait guère les droits des citoyens français résidant dans les régions du Nord-ouest. Par ailleurs, la France avait estimé que ses citoyens avaient été délibérément défavorisés, à propos des lois sur le droit de propriété.[14] La ville de Mahajanga tomba le 15 mai 1883, suivie de celle de Toamasina le 10 juin 1883. En attaquant celle-ci, l'amiral Pierre avait mis en danger le ravitaillement de La Réunion en denrées alimentaires, car la ville était alors devenue la cible des opérations militaires de l'armée

Hova. Par ailleurs, la marine française perdait tout accès portuaire qui lui permettrait d'assister les troupes enlisées dans les faubourgs de la ville. L'amiral Pierre s'était fait tout simplement pris à son propre jeu, car les soldats français étaient devenus pratiquement prisonniers virtuels des Hova. Hautement glorifié pour ses actions au début du conflit, il avait été blâmé par le gouvernement français pour avoir décidé sans concertation d'attaquer Toamasina.[15] En octobre 1883, le commandant Boutet avait reçu l'ordre de bombarder et de tout brûler sur son passage, alors qu'il naviguait à bord du *Boursaint* le long de la côte est et vers l'extrême nord de Madagascar.[16]

Incapables de briser militairement le statu quo sur le terrain, l'amiral Miot, commandant en chef de la division navale de la Mer des Indes à Madagascar, décida d'entamer des pourparlers de paix avec les généraux Hova. Parallèlement, Jules Ferry s'adressa à la Chambre des députés le 27 mars 1884 et préconisa une politique de modération envers les Hova.[17] En fait, ne pouvant se défaire du bourbier chinois en Asie, les autorités françaises n'avaient d'autre choix en 1884 que de négocier avec ces derniers. Les Hova, au même titre que les Chinois, avaient réussi à mettre en échec la machine de guerre de la France coloniale. Lors d'une session parlementaire consacrée aux affaires de Madagascar, George Périn était même allé jusqu'à accuser le gouvernement français d'avoir pris à la légère la détermination et la résistance des Hova. Par ailleurs, il avait fustigé la stratégie française qui s'était appuyée sur le concours des autres tribus. Selon lui, celles-ci avaient été, soit singulièrement hostiles à l'égard de la France, soit incapables de l'assister.[18] En fait, à travers la politique de prudence préconisée par Jules Ferry, la France avait décidé de reculer pour mieux sauter. En effet, l'objectif final de Jules Ferry n'était autre que l'annexion pure et simple de Madagascar,[19] comme l'avaient souhaité François de Mahy et les autres représentants de l'île de la Réunion.[20] Par ailleurs, Jules Delafosse avait suggéré qu'au nom des intérêts de la colonie de la Réunion, la France ne devrait jamais abandonner ses droits à propos de l'île de Madagascar.[21] La Chambre des députés votait majoritairement pour le maintien de tels droits, à la suite du discours de Jules Ferry en mars 1884. Malgré le vote négatif d'une centaine de députés, et l'opposition de l'église protestante de France, le Parlement français octroyait, un an plus tard, de nouveaux crédits pour soutenir l'expédition militaire en cours. Les appels au bon sens de Georges Périn n'avaient nullement changé la volonté des faucons du Parlement à mener jusqu'au bout l'aventure coloniale à Madagascar. Périn avait alors indiqué à ses collègues parlementaires qu'une invasion totale de Madagascar n'était point justifiée à partir du moment où les Hova n'avaient jamais bafoué l'honneur de la France.[22]

13.2 Chronique de la résistance héroïque des Malagasy

Lors de son voyage en France en 1882, la délégation Hova, dirigée par le général et ministre des Affaires étrangères Ravoninahitriniarivo, avait rejeté catégoriquement toute notion de protectorat français sur tout le territoire de Madagascar. Cependant, elle était prête à reconnaître une autorité temporaire de la France sur les régions du Nord-ouest en vertu des accords que celle-ci avait établis avec les Sakalava vers les années 1840. Elle proposa alors aux autorités françaises un bail de vingt-cinq ans renouvelable, moyennant une autorisation particulière de la reine de Madagascar. Ni l'intransigeance de la part des négociateurs français, ni leur ultimatum n'avaient réussi à faire céder la délégation Hova dans leurs positions. En fait, celle-ci savait à ce moment-là que le conflit militaire contre la France était inévitable. On rapporte que l'ambassadeur Hova et ses hommes avaient alors été maltraités par les autorités françaises suite à l'échec des négociations de Paris.[23]

Alors que les bateaux américains et britanniques ravitaillèrent les Hova en armement en se faufilant à travers le blocus maritime imposé par la marine française au large des côtes de Madagascar,[24] le Premier ministre Rainilaiarivony amassait les moyens financiers nécessaires pour préparer une guerre imminente contre la France en 1883. Même les biens et les pièces d'argent enterrés avec la reine Ranavalona I en 1861, et dont la valeur fut estimée aux environs de cinquante mille dollars, avaient été déterrées pour la circonstance.[25] La LMS avait de son côté activé ses réseaux financiers de Londres pour soutenir le gouvernement Hova.[26] Certains observateurs britanniques avaient du mal à l'époque à comprendre pourquoi une telle organisation religieuse avait jeté tout son poids derrière la cause des Hova à Madagascar, alors qu'elle avait approuvé la conquête britannique du Matabeleland en Afrique, c'est-à-dire, la région australe de l'ancienne Rhodésie du Sud.[27]

Les nouvelles des bombardements des côtes de Madagascar parvinrent à Antananarivo le 24 mai 1883, et avaient plongé la communauté européenne dans une totale incompréhension, alors qu'une grande indignation s'installa chez les Hova. Les interventions personnelles du Premier ministre Rainilaiarivony et de la reine Ranavalona III avaient alors permis d'éviter un bain de sang dans la ville. Le 10 juin 1883, six navires de guerre français commencèrent le bombardement du Fort de Toamasina, forçant les Hova à l'abandonner pour se replier sur le camp fortifié de Manjakandrianombana. Dans leur mouvement de repli, ils avaient mis à feu une grande partie de la ville de Toamasina. Cependant, le plan avait échoué à cause de fortes pluies diluviennes qui s'abattirent sur la ville ce jour-là.[28] Les troupes françaises s'emparèrent alors de Toamasina, alors que les navires bombardèrent sans répit Manjakandrianombana. Durant les deux ans de conflit qui s'en suivirent, elles n'avaient jamais réussi à déloger les Hova de leurs positions. Au contraire, leurs efforts n'avaient fait qu'accroître la détermination des Hova à résister jusqu'au bout. Par ailleurs, un bon nombre de soldats français avait succombé aux maladies tropicales, durant le siège de Toamasina, à tel point que Miot avait décidé d'envoyer un appel de détresse aux parlementaires français pour supplier ces derniers de trouver une solution politique au conflit en cours. En fait, l'amiral français n'avait pas prévu dans ses plans qu'il aurait en face de lui des soldats aguerris, et superbement encadrés par le général Digby Willoughby, un vétéran des guerres impériales britanniques en Afrique australe. Ce dernier avait pris le commandement opérationnel des forces malgaches le 9 janvier 1884. Cinq mois après, il descendit sur Manjakandrianombana emmenant avec lui des milliers de soldats Hova,[29] fort d'une logistique de guerre qui fonctionnait à merveille à l'époque. En effet, en plus de l'importation à grande échelle de matériel de guerre, les Hova produisaient des milliers d'obus par semaine, vers la fin de l'année 1884, à partir de leur usine d'armements située à Ambohimanga.[30] Le 10 septembre 1885, les dix mille défenseurs Hova de Manjakandrianombana avaient réussi à repousser une attaque dirigée par Miot en personne. Malgré une pluie d'obus qui tomba sur leurs positions à Isahamaty pendant une durée de onze heures, les Hova tinrent bon leurs positions défensives. Devant la grande détermination de ces derniers, Miot et le reste de ses hommes n'avaient d'autres choix que de battre en retraite en laissant derrière eux plus d'une soixantaine de morts. Ils avaient été très chanceux dans leur fuite; les soldats Hova étant presque à cours de munitions à la fin de la confrontation.

Les troupes françaises avaient aussi essuyé une défaite cuisante lors de la bataille de la baie de Pasandava sur le front occidental. En effet, le 27 août 1885, le face-à-face Franco-Hova avait tourné à l'avantage des soldats Hova commandés superbement cette fois-ci par le colonel Shervinton, un autre vétéran de la guerre Anglo-Zoulou en Afrique australe. Ce dernier poussait ses hommes jusqu'à leurs dernières limites en les forçant à marcher, malgré les nombreux décès dus aux maladies, à travers l'immense territoire qui s'étalait entre Antananarivo et les côtes occidentales de Madagascar. Les mille cinq cents survivants opérèrent alors une attaque de nuit contre deux cent cinquante soldats français et quatre mille Sakalava contrôlant la ville de Jangoa. Ils avaient combiné leur assaut avec deux mille soldats commandés par le général 13Vtra Andriantsilavo. L'objectif des Hova était de déloger les troupes françaises du colonel Pennequin,[32] composées de vétérans de la guerre du Tonkin. Alors que les soldats de Shervinton se séparèrent momentanément en deux groupes le surlendemain de leur victoire, quatre cents d'entre eux, incluant le colonel en personne, furent attaqués de front par deux cent cinquante soldats français et cinquante guerriers Sakalava.[33] Par ailleurs, leurs flancs avaient subi les assauts de plus de mille deux cent cinquante guerriers Sakalava commandés par des officiers français. Le face-à-face avait été alors fatal pour les troupes françaises et leurs alliés, qui dans leur fuite éperdue à travers les dunes menant vers leurs bateaux, avaient laissé derrière eux plus de quarante morts et le drapeau tricolore. Cet épisode fut à l'origine de l'une des plus grandes controverses à propos de la guerre Franco-Hova de 1883-1885. En effet, le colonel Shervinton avait été accusé par la France d'avoir donné l'ordre à ses troupes de couper la tête de tous les soldats français qui avaient succombé lors de l'affrontement, une accusation catégoriquement rejetée par Shervinton durant les années qui suivirent. La polémique avait même rattrapé ce dernier alors qu'il était en vacances en Angleterre en 1894. Durant le conflit de 1883-1885, Shervinton et ses hommes avaient parcouru en territoire Sakalava, une distance de trois mille deux cents kilomètres en espace de quatre mois. Par ailleurs, ils avaient complètement anéanti toute forme de résistance de la part des troupes françaises et de leurs alliés dans la région, avant de retourner à Antananarivo en fin septembre 1885. Le général Willoughby et ses troupes n'étaient pas non plus du reste sur le front oriental. Au soir du 14 septembre 1885, ils avaient lancé une contre-offensive de grande envergure contre les forces françaises stationnées dans la ville de Toamasina, et avaient infligé de sérieuses pertes humaines et logistiques à leurs ennemis.

Après avoir neutralisé le gros des forces françaises sur tout le territoire de Madagascar, le général Digby Willoughby et le colonel Shervinton regagnèrent les Hautes-Terres avec le gros de leurs troupes. Le 1er octobre 1885, arrivant à Antananarivo, ces derniers furent accueillis en héros par une immense foule en délire, amassée sur plus de six kilomètres. Précédée par deux compagnies des gardes du palais et d'un orchestre militaire, la grande parade marchait victorieusement en direction du palais royal de Manjakamiadana, où elle fut accueillie par une Reine toute comblée de joie.[34] Quelques jours plus tard, la France entama des pourparlers de paix avec le gouvernement Hova d'Antananarivo, alors que l'amiral Miot et ses hommes devinrent virtuellement prisonniers des Hova dans la ville de Toamasina. Le général Digby Willoughby avait décrit en 1887 d'une façon éloquente la performance inégalée des Hova, au sujet de leur confrontation militaire contre l'une des grandes puissances occidentales du XIXe siècle, c'est-à-dire, la France : [35]

« *Madagascar n'a rien perdu à propos de tout ce qu'elle considère de plus cher, et par-dessus tout, elle a réussi à préserver son indépendance. Certes, un de ses ports demeurait entre les mains des soldats français, mais ceux-ci sont virtuellement des prisonniers. Sa position après le traité de paix du 17 décembre 1885 est à présent beaucoup mieux qu'avant, et la nation elle-même a été consolidée. Le total succès de leur résistance contre l'agression d'une grande puissance européenne avait rehaussé le moral et le courage de la nation Malagasy. La leçon a été apprise que, l'homme blanc n'est pas si supérieur que ça par rapport au noir, spécialement quand ce dernier est proprement équipé pour affronter son adversaire blanc. Les Malagasy savent dorénavant qu'on n'obtient pas un tel succès seulement au moyen des flèches, mais par des armes de précision. Ils avaient aussi appris la valeur de la discipline. Et par-dessus tout, ils n'avaient pas été dominés en matière de diplomatie par les Français.* »

13. La guerre Franco-Hova de 1883-1885

Selon les estimations du colonel Shervinton, la France aurait perdu le tiers de ses soldats à cause des maladies, durant le conflit 1883-1885. Nombreux furent ceux qui moururent en mer, à la Réunion ou à Nosy Be, sans compter les centaines d'invalides. Il rajoutait qu'il était très douloureux de voir un grand nombre de croix dans les cimetières français à Toamasina et Mahajanga.[36] Les témoignages de Willoughby et de Shervinton semblent contredire dans une certaine mesure les affirmations de Mutibwa à propos de la performance des Hova durant le conflit. Selon celui-ci, l'armée Hova n'aurait pas été en 1885, en mesure de résister à une invasion de grande envergure des forces françaises à Madagascar.[37] Cependant, il faudrait bien reconnaître que l'armée Hova de 1883-1885 n'était nullement une force d'opéra comique, contrairement à celle qui avait perdu la guerre en 1895. Elle était une armée professionnelle dotée de discipline militaire irréprochable et dont les soldats avaient le sens de la bravoure. Par ailleurs, ces derniers furent superbement encadrés par des chefs de guerre qui avaient fait leur preuve dans les batailles de la guerre Zoulou et Basuto en Afrique australe. Enfin, l'armée Hova de la guerre de 1883-1885 avait été soutenue par des usines locales d'armements très performantes, et s'était dotée d'armes de guerre importées des États-Unis d'Amérique ou d'Angleterre. Côté discipline militaire, les soldats Hova n'avaient à l'époque rien à envier à leurs homologues européens. En effet, malgré la ferveur des hostilités militaires entre les deux camps, leurs officiers avaient accompagné plus soixante-dix résidents français sains et saufs vers Toamasina sur la côte Est. Imperturbables, les officiers Hova avaient fait passer le convoi à travers des positions militaires farouchement défendues par leurs frères d'armes, malgré l'intense bombardement des navires de guerre français ancrés au large.[38] Conformément aux ordres donnés par leur reine, ils avaient remis leurs hôtes du jour aux officiers français. En battant en retraite le 10 septembre 1885, devant la détermination des combattants Hova du camp retranché de Manjakandrianombana, Miot et ses hommes avaient signé l'une des plus grandes débâcles essuyées par l'armée coloniale française face aux autochtones à Madagascar au XIXe siècle, situation résumée cyniquement par d'Anthouard en ces termes : [39]

« *Conséquent avec lui-même, l'amiral Miot tenta d'infliger une leçon à nos ennemis en les attaquant à Farafaty le 10 septembre 1885; il ne réussit qu'à les convaincre une fois de plus de leur supériorité de leur résistance puisqu'il dut battre en retraite.* »

L'amiral Miot et ses bataillons réunionnais avaient par ailleurs perdu la bataille d'Ambodimadiro près de la baie d'Ampasandava. La France savait à l'époque qu'aussi longtemps la Grande-Bretagne demeurait un allié des Hova, toute tentative d'invasion de Madagascar par la force était vouée à l'échec. C'était la raison pour laquelle elles avaient fait comme objectif principal pour les années qui suivirent, celui de provoquer coûte que coûte la rupture du cordon ombilical entre les Hova et l'Empire britannique. Elles décidèrent alors d'utiliser la voie diplomatique pour prendre à revers la confiance démesurée des Hova, et de marchander parallèlement avec Londres afin d'achever l'isolement international du gouvernement d'Antananarivo. Malgré leur succès sur le terrain, les Hova auraient toujours dû se méfier de la capacité de nuisance de l'armée française. En effet, les confrontations militaires Franco-Hova de 1883-1885 ne s'étaient pas toujours terminées à l'avantage des Hova. Les troupes françaises avaient repoussé l'assaut de trois cents soldats Hova du côté de la baie de Pasandava,[40] causant de très lourdes pertes dans les rangs de ces derniers. Toutefois, cela n'enlève en rien le mérite de l'armée Hova tant elle avait pratiquement réussi à faire jeu égal avec celle d'une grande puissance occidentale du XIXe siècle. Le courage et la bravoure des soldats Hova s'étaient de loin illustrés lors d'une bataille dans le Nord de Madagascar où mille d'entre eux, commandés par le général 12Vtra Rainimarosahanina, avaient résisté vaillamment aux assauts répétés des troupes françaises, aidées par mille guerriers Antakarana du roi Tsialana II.[41] Ces derniers n'avaient eu raison de la résistance héroïque des derniers défenseurs Hova qu'à la suite de combats très acharnés.

13.3 Le traité de paix Franco-Malagasy de 1885

Les forces françaises piétinaient misérablement sur le terrain depuis qu'elles avaient déclenché les hostilités militaires au début de l'année 1883. Parallèlement, au bout de deux années de conflit, les populations de Madagascar commencèrent à souffrir énormément des effets du blocus maritime imposé par les onze bateaux de guerre français stationnés le long des côtes de Madagascar.[42] Se rendant compte que toute possibilité de victoire totale était hors d'atteinte à l'époque, la France décida d'entamer des négociations de paix avec les Hova en 1885. Par ailleurs, les bombardements aveugles de ses navires sur les villes de Vohémar, Mahanoro, Mahela, Mananjary, Fenoarivo, Mahambo, et voire Taolagnaro dans l'extrême sud de l'île,[43] avaient fini par faire basculer la neutralité des populations de ces régions du côté des Hova. L'amiral Galiber avait témoigné en 1884, devant le Parlement français, que plus de cinquante pour cent des troupes françaises stationnées dans les villes de Toamasina et de Mahajanga étaient pratiquement malades à tel point qu'il avait failli annuler les opérations militaires en cours.[44] Par ailleurs, le soutien logistique des soldats éparpillés dans la ville de Toamasina devenait plus que problématique du fait que le port de la ville était devenu une zone de combat.[45] Selon le général Digby Willoughby, les nouveaux locataires de la ville de Toamasina n'étaient ni plus ni moins que des prisonniers virtuels dont le sort était loin d'être enviable.

Alors que le cabinet dirigé par Jules Ferry venait de tomber, Brisson avait décidé le 30 mars 1885, d'engager la France dans la voie de la négociation,[46] malgré une forte opposition des faucons du Parlement. De son côté, craignant une révolte des masses populaires, le gouvernement Hova d'Antananarivo avait envoyé Parrett et James Procter à Paris, contre l'avis de certains proéminents officiers de l'armée Hova, afin d'étudier la proposition de paix des autorités françaises. Parett fut à l'époque le consul de Madagascar à Londres. Dans le but de garantir à tout prix la réussite de ces pourparlers, la France remplaça Baudais par Patrimonio, ministre plénipotentiaire de la République française et ancien consul de France à Beyrouth. Ce dernier rejoignit l'amiral Miot durant les phases terminales des négociations. La délégation Hova fut, quant à elle, dirigée par l'adjudant-général Digby Willoughby, assistée du général Rainizanamanga, un des fils du Premier ministre Rainilaiarivony. L'officier britannique fut présenté à la délégation française comme étant un ami personnel de la reine. Après des mois de longues et difficiles tractations, les deux camps parvinrent à un accord et signèrent un traité de paix, le 17 décembre 1885. L'arrivée de la délégation

Hova à bord du croiseur *La Naïade* pour la cérémonie de signature, avait été saluée par dix-neuf coups de canon. La ratification finale du traité s'était déroulée à Paris, le 10 janvier 1886. Le 26 juin 1886, le Premier ministre et Willoughby reçurent respectivement de l'État français les titres de *Commandant de la Légion d'honneur* et *Officier de la Légion d'honneur*. Cependant, celui de Willoughby lui avait été retiré le 21 février 1887, car ce dernier aurait nui par la suite aux intérêts de la France.

À la suite de la débâcle des troupes françaises à Farafaty, La France n'avait d'autre choix à l'époque que de signer coûte que coûte un traité de paix avec les Hova en 1885.[47] Cependant, les deux camps avaient négocié comme s'ils se préparaient déjà pour la prochaine guerre. La France interprétait la version française du document comme une acceptation tacite des Hova d'un régime de protectorat français sur tout le territoire de Madagascar. Cependant, les généraux Hova et leurs collègues britanniques n'étaient jamais montés à bord de *La Naïade*, munis d'un drapeau blanc. Les négociateurs français, c'est-à-dire Miot et Patrimonio, avaient même préféré omettre toute référence au mot protectorat dans le texte final du traité, au grand dam du gouvernement de Paris, afin d'éviter tout échec des pourparlers en cours.

À propos du traité, l'objectif de Willoughby était d'obtenir, au nom des Hova, la reconnaissance par la France de la souveraineté de la reine Ranavalona III sur toutes les autres tribus et royaumes de Madagascar. Selon lui, en le signant les négociateurs français enterraient de facto tout soi-disant droit historique de la France à Madagascar.[48] Par ailleurs, ces derniers savaient plus que personne qu'aucune nation ne pouvait imposer un régime de protectorat à un peuple dont l'armée n'avait pas été vaincue sur le terrain. Malgré cela, la France se voyait elle-même représenter les Hova sur la scène internationale. Tout juste si les négociateurs Hova lui avaient accordé juste un droit de regard à propos d'une telle représentation. Selon Willoughby, toute idée de parrainage du royaume Hova de Madagascar était caduque du fait que celui-ci n'avait point de politique étrangère à l'époque, ni même une marine de guerre. Ce qui importait le plus pour le gouvernement Hova durant les négociations, c'était avant tout maintenir son autorité sur tout le territoire de Madagascar. Les Hova auraient atteint un tel objectif à travers les clauses de l'article II du traité.[49] Par ailleurs, ils avaient réussi à y inclure la fameuse lettre de Patrimonio et Miot, datée du 9 janvier 1886, en tant qu'appendice. Celle-ci reflétait les modifications de dernières minutes demandées par le Premier ministre Rainilaiarivony, et qui permettaient aux Hova de garantir l'indépendance de Madagascar pendant plusieurs années. Malheureusement, en cédant la baie de Diégo-Suarez aux envahisseurs, pour une durée de quatre-vingt-dix-neuf ans, le gouvernement d'Antananarivo reconnaissait implicitement qu'il n'était pas en mesure à l'époque de contrôler tout le territoire de Madagascar. Cependant, afin d'éviter tout malentendu à propos des conditions du bail, dont les clauses étaient spécifiées dans l'article XV du traité, Digby Willoughby avait introduit des modifications qui permettraient un jour aux Hova de récupérer la baie en question.[50] Notons que l'intérêt de la France à propos de Diégo-Suarez datait déjà de 1843 où un plan d'invasion de l'île, à partir de la baie, avait été élaboré par le capitaine De Hell, et avait été présenté au Parlement français.[51]

13. La guerre Franco-Hova de 1883-1885

Afin d'obtenir le départ définitif des forces françaises de la ville de Toamasina, les Hova avaient accepté de payer une somme colossale à leurs ennemis. Affaiblis financièrement par les efforts de guerre et menacés de plus en plus par les royaumes hostiles avoisinants, les Hova n'avaient d'autre choix à l'époque que de signer le traité de paix proposé par la France, et cela, malgré l'opposition farouche des généraux de l'armée, du ministre des Affaires étrangères Ravoninahitriniarivo et des membres éminents de la LMS siégeant au sein du gouvernement. Les clauses avaient été négociées, exclusivement d'une manière secrète avec la reine Ranavalona III et le Premier ministre Rainilaiarivony.[52] À travers le témoignage de Ranchot, il semblerait que les Hova aient négocié un traité soi-disant de paix avec une nation qui préparait déjà l'invasion future de leur patrie. Ainsi, selon ce dernier, les objectifs des autorités françaises lors des négociations seraient d'attirer la reine Ranavalona III et le Premier ministre Rainilaiarivony dans un processus qui à terme favoriserait les intérêts coloniaux de la France à Madagascar.[53] Selon Jules Ferry, l'éducation en elle-même constituerait l'arme idéale, pour inciter les races dites inférieures à respecter les traités.[54] Ainsi, alors que les généraux Hova signèrent officiellement le traité de paix à Paris en janvier 1886, l'armée française planifiait déjà sa revanche. Ignorant sciemment les clauses spécifiées dans la lettre de Patrimonio et Miot, rajoutées au traité à la demande de Rainilaiarivony, la France prépara dans le plus grand secret, en 1894, l'invasion à grande échelle de l'île.

13.4 La coopération Franco-Hova

À la suite de la signature du traité de paix de décembre 1885, une ambiance de bonne entente s'était apparemment établi entre le gouvernement d'Antananarivo et la France, dont des représentants furent nommés dans les diverses provinces de Madagascar. Sous l'impulsion du résident-général Le Myre de Vilers, une ligne télégraphique, maintenue par des techniciens français en 1887, fut même construite entre les villes de Toamasina et Antananarivo. Par ailleurs, une douzaine de jeunes Hova furent envoyés en France pour poursuivre des études dans les écoles techniques et militaires, alors que des instructeurs militaires français furent directement assignés à l'armée Hova. Sur le plan diplomatique, une délégation Hova, dirigée par l'un des fils du Premier ministre Rainilaiarivony, c'est-à-dire le général Rainiharovony, fut envoyé à Paris en décembre 1886. La délégation fut composée entre autres de l'interprète Marc Rabibisoa et de six officiers, entre autres le général 16Vtra Rasanjy, le général 13Vtra Ratsimanihatra et le colonel 10Vtra Rabanoma. La délégation Hova avait été envoyée en Europe afin de poursuivre les objectifs de la mission Willoughby, du fait que ce dernier n'avait donné aucune signe de vie depuis son départ de Madagascar en tant qu'ambassadeur itinéraire du Premier ministre en Europe. Le général Rainiharovony avait été alors reçu par le Président français lors de son séjour à Paris. Cependant, à la suite des entretiens, les Hova avaient été forcés par les autorités françaises d'annuler leur voyage en Angleterre, et de retourner directement à Madagascar.[55]

13. La guerre Franco-Hova de 1883-1885

Entre temps, Le Myre de Vilers s'était beaucoup affairé pour gagner le respect et la confiance du Premier ministre Hova. Il retourna en France en 1889 et fut remplacé successivement Arthur Larrouy et Bompard. Ce dernier aurait été, à l'époque, l'artisan de la diplomatie tranquille et sournoise de la France à Madagascar durant la période dite de paix, afin de faire avancer les intérêts français dans l'île. Des bateaux de l'armée française avaient même transporté des troupes de Hova commandées par le prince Ramahatrarivo II, afin de mater une révolte des populations Fiherenana en 1890, dans les régions situées à l'extrême sud de l'île. Bien qu'il ait été farouchement opposé à toute idée de protectorat français sur Madagascar, Ramahatrarivo avait été bel et bien pour une politique gouvernementale Hova qui tiendrait en compte des intérêts français à Madagascar.[56] À la suite de son succès militaire contre les guerriers du Fiherenana, il avait été promu commandant en chef de l'armée Hova, poste auparavant détenu par le colonel Shervinton depuis l'expulsion du général Willoughby en mai 1888. Pour montrer sa bonne volonté à propos de la coopération Franco-Hova, la France avait fourni à l'armée Hova un technicien militaire en la personne du capitaine Lavoisot. Celui-ci devait en fait assurer la protection des Français travaillant dans les exploitations minières éparpillées sur le tout le territoire de Madagascar.

Les autorités françaises savaient qu'aussi longtemps que la Grande-Bretagne soutenait la monarchie Hova, elles ne pourraient atteindre leurs objectifs coloniaux à Madagascar.[57] En décidant de coopérer avec les Hova, elles avaient tout simplement changé de méthode, mais pas d'objectif. Cependant, les Hova n'avaient nullement baissé leurs gardes face au grand déploiement de charme orchestré par leurs anciens ennemis. En effet, leur gouvernement n'avait embauché qu'une seule des douze personnes qui furent envoyées en France.[58] Les grandes victimes de l'entente cordiale Franco-Hova ne furent autres que, le général Digby Willoughby et le colonel Shervinton, et de ce fait, toute la stratégie coloniale de l'Angleterre dans l'Océan Indien. Le premier aurait été expulsé de Madagascar à la suite d'une machination politique organisée par les autorités françaises, et dont aurait bénéficié énormément la famille du Premier ministre.[59]

La dite diplomatie tranquille et sournoise orchestrée par la France semblerait tout de même à l'époque avoir atteint ses objectifs, c'est-à-dire compromettre en profondeur le système de défense du royaume Hova, chose que l'amiral Miot et ses hommes n'avaient pu faire durant trois ans de guerre ininterrompue. Cependant, en aidant les Hova à contrôler militairement les régions du Fiherenana dans l'extrême sud en 1890, la France avait au XIXᵉ siècle indirectement contribué au maintien de l'hégémonisme Hova sur les autres populations de Madagascar.[60] Par ailleurs, en rendant aux Hova les terres qu'elle avait conquises dans le Nord de l'île, selon les clauses du traité de paix de décembre 1885, elle avait aussi trahi les Antakarana qui s'étaient battus à ses côtés tout au long de la guerre. Finalement, on ne peut reprocher à ces derniers d'avoir déserté en masse, dix ans plus tard, les chantiers de construction de routes établis par l'armée française lors de la conquête de 1895.[61]

14. Le général Rabezandriny Rainandriamampandry

Né en 1836, le général 15Vtra Rabezandriny Rainandriamampandry était le fils du général Ratsimiziva, un des époux de la fille aînée du général Rainiharo, c'est-à-dire Rasoaray. Ses fils Rajaonah et Raziva avaient respectivement épousé Rafara et Razafinambolo. La première était l'une des filles du Premier ministre Rainilaiarivony, alors que la seconde était la fille du général 15Vtra Rainivalitera, fils de Ratsimamaika Ranorovelo, une des sœurs du général Rainiharo. Rajaonah fut un des rares médecins Hova formés à l'étranger au XIXe siècle, plus spécialement en Écosse, au même titre qu'Andrianaly, le mari de la princesse Rasendranoro.[1] Très compétent, il était le médecin de la reine Ranavalona II. Le grand-père de Rainandriamampandry, c'est-à-dire le colonel 10Vtra Ramahery, avait été gouverneur de la ville de Mananjary durant les règnes d'Andrianampoinimerina, de Radama I et de Ranavalona I.[2] Ramahery changea son nom en Rainisoamiaramanana à la naissance de son fils Soamiaramanana. Ayant été surdoué dès son plus jeune âge, Rainandriamampandry avait été éduqué par son oncle, le général 14Vtra Rasoamiaramanana. Il fut promu officier 6Vtra à l'âge de onze ans et devint secrétaire des nobles. À seize ans, il fut nommé à un poste important au ministère de l'Intérieur.

14.1 Le héros inconsteté des Hova

Le général Rainandriamampandry fut le commandant en chef des forces Hova engagées sur le front oriental, lors la guerre Franco-Hova de 1895. Autodidacte de nature, il avait été choisi par le roi Radama I pour être parmi les douze premiers élèves du palais, et avait bénéficié de la formation d'élite offerte par les fameux jumeaux Ranahiraka et Raombana, au même titre que les frères Andafiavaratra, entre autres, Rainilaiarivony et Raharo. Par ailleurs, il avait poursuivi des études de théologie auprès des missionnaires britanniques de la LMS, et avait mené des missions d'évangélisation auprès des Betsimisaraka après avoir retrouvé son poste de gouverneur de la ville de Toamasina, à la fin de la guerre Franco-Hova de 1883-1885. Malgré son contact étroit avec la culture occidentale tout au long de sa carrière, il était parmi ceux qui militaient activement pour la mise en valeur des cultures et traditions de Madagascar. Ainsi, assisté par son frère Rabearana et par son beau-frère Ralaitafika, il avait imprimé un recueil de vocabulaire anglais et malgache de quatre cent vingt-six pages, édité à Londres en 1868. Sur le plan militaire, le général Rainandriamampandry avait été l'un des rares officiers Tsimiamboholahy qui n'avaient jamais tourné le dos à ses ennemis sur les champs de bataille. En effet, lors de la conquête française de 1895, ses hommes, fortement retranchés le long de la ligne dite de Farafaty, avaient maintes fois repoussé et résisté aux assauts des troupes françaises stationnées dans la ville de Toamasina. Le Premier ministre Rainilaiarivony avait totalement confiance en les compétences militaires de Rainandriamampandry, à tel point qu'il le cita dans son discours du 3 juillet 1894 adressé à la reine Ranavalona III. Le héros de Farafaty avait alors promis

14. Le général Rabezandriny Rainandriamampandry

à sa reine de tout faire afin de stopper l'armée française aux portes de la capitale de la région du Betsimisaraka, promesse qu'il avait en fait tenue jusqu'au bout en 1895. Ainsi, alors que les forces Hova avaient déjà capitulé le 30 septembre 1895 à Antananarivo, Rainandriamampandry continuait sa propre guerre contre les garnisons françaises de Toamasina jusqu'au 11 octobre 1895, ignorant délibérément les ordres de reddition totale en provenance de la capitale.[3] Il était même allé jusqu'à faire emprisonner les émissaires de la reine qui étaient censés lui annoncer la capitulation des Hova.

Soucieux de stabiliser la situation militaire et de maintenir la paix civile au lendemain de leur victoire en 1895, les responsables civils attachés au corps expéditionnaire français voulaient à tout prix remplacer le Premier ministre Rainilaiarivony par quelqu'un de très compétent. Leur choix se porta tout naturellement sur le général Rainandriamampandry. Comme tout grand chef de guerre, celui-ci avait acquis le respect de ses adversaires sur le terrain.[4] Par ailleurs, il fut très compétent dans la gestion des affaires de l'État, en ayant été gouverneur de la ville de Toamasina et adjoint du général Ravoninahitriniarivo au ministère des Affaires étrangères. Cependant, n'ayant reçu aucune nouvelle de sa part depuis la capitulation de l'armée Hova en septembre 1895,[5] les autorités françaises finirent par choisir un officier issu du clan des Tsimahafotsy, en la personne du général 15Vtra Rainitsimbazaly, ministre de l'Intérieur du gouvernement Hova. Rainandriamampandry, quant à lui, devint aide de camp de ce dernier.[6]

14.2 Le face-à-face avec l'amiral Paul-Émile Miot

L'amiral Miot arriva à Madagascar le 8 mai 1884 pour assumer la commande des forces françaises, remplaçant ainsi l'amiral Galiber. Sa première mission fut d'établir un blocus des accès portuaires de Mahanoro et de Fenoarivo. À la demande du général Rainandriamampandry dont les troupes étaient fortement regroupées dans le camp retranché de Manjakandrianombana, située à peu près à cinq kilomètres de la ville de Toamasina, Miot renoua les pourparlers de paix Franco-Hova le 13 mai 1884. Devant l'obstination du général à ne rien concéder quant à l'indépendance et la souveraineté de Madagascar, l'amiral répondit en ces termes : [7]

« Écoutez attentivement ce que j'ai à vous dire. Le gouvernement de la République française est solennellement résolu à résoudre toutes ses affaires avec Madagascar, et ne ménagera point les moyens pour arriver à ses objectifs. Vous devez savoir que l'objet de ma présence ici n'est nullement de réclamer les droits de la République ou de vous demander de respecter nos traités et nos affaires avec ces populations que nous aimons et protégeons (c'est à dire, les Sakalava); mais je suis venu pour exercer ces droits et pour recevoir le respect qui en découle. L'attitude non souhaitable de votre part à l'égard des Français est un outrage intolérable à l'honneur de la France; et les mesures rigides que vous utilisez à l'égard des gens qui se sont placés eux-mêmes sous notre protection ne font qu'empirer votre cas. N'attendez pas à être autorisé à hisser vos drapeaux sur les Territoires du Nord-ouest, car dorénavant ils sont sous la protection de la République française. Nous n'abandonnerons jamais Mahajanga, et nous quitterons Toamasina quand nous déciderons de le faire. Si vous voulez que la guerre cesse, cela

ne pourrait se faire qu'aux conditions suivantes : 1- Indemnités et garanties pour vos concitoyens qui jouissent de notre protection par le versement de la somme de 120000 £. 2- La garantie pour nos citoyens de pouvoir exercer leurs droits tels qu'ils sont stipulés dans le traité de 1868 et de ce fait l'abolition de la loi 85; ou, selon une clause rajoutée au traité, le droit pour nos citoyens d'avoir des droits de possessions de biens pour de longues durées, et renouvelables à volonté moyennant accord mutuel entre les parties engagées. 3- Une indemnité pour tous les sujets de différentes nationalités à propos des dommages causés par les opérations de guerre en cours. Informez vos chefs à Antananarivo au sujet de telles demandes officielles émises par la République. Si vous consentez à considérer les bases mentionnées auparavant, alors nous consentirons à négocier; sinon, il n'y a point de pourparlers. C'est certainement votre obstination qui fut la cause du dernier échec... Si les négociations doivent se rétablir alors vous ne devez pas limiter les endroits que nous voulons occuper. Considérant l'existence ancienne de nos droits, nous n'avons pas besoin de demander aux Hova les droits que nous possédons déjà. À plus forte raison, nous ne demandons non plus que les traités que nous avons établis avec le Nord devraient être respectés. Notre volonté du jour est de prendre possession, et pour cela, nous n'avons point besoin de votre consentement. Telles sont les instructions que Jules Ferry m'a transmises.»

Le jour suivant, Rainandriamampandry avait fait part à Miot de sa volonté à négocier sur la base des conditions formulées par la France, aussi longtemps que l'indépendance de Madagascar demeurait intacte. En guise de bonnes intentions, Miot répondit que la République française n'avait aucune intention de rayer les Hova de la carte de Madagascar. Ayant reçu la réponse du Premier ministre le 27 mai, Miot accepta de rentamer les négociations le 29 mai suivant. Les généraux Rainandriamampandry, Digby Willoughby, Rainizanamanga informèrent alors l'amiral que le gouvernement Hova accepterait de retirer ses forces de Benao et de Monga, à condition que celles-ci deviennent à nouveau territoires malgaches, au lendemain de l'expiration des droits de possession française. Par ailleurs, ils lui avaient communiqué que le gouvernement de la reine de Madagascar était prêt à reconnaître les revendications françaises à propos des indemnités de guerre et des droits de location de terres. Les échanges verbaux décrits ci-dessous montrent la détermination de Rainandriamampandry et de Miot à défendre coûte que coûte les intérêts de leurs nations respectives, lors des négociations.[8]

L'amiral – *Voici ce que nous allons faire. Nous allons occuper n'importe quelle région que nous choisissons à Madagascar, et si nous sommes obligés de le faire par la force alors nous n'aurons plus rien à ces endroits parce que nous vous y chasserons; et si nous réussissons sans utiliser la force, alors vous pouvez y rester avec nous... Ainsi sont les choses. Nous souhaitons prendre possession de notre propriété, et elle ne vous appartient pas. Vous n'êtes pas de ce pays; vous venez d'ailleurs. Vous êtes des Hova mais pas des Malagasy.*

Le général – *Vous savez très bien, considérant le moment de notre arrivée dans cette île, les Malagasy étaient les maîtres de ce pays depuis le temps de nos ancêtres. Voici pourquoi nous la possédons aujourd'hui. Cette île a toujours été notre pays depuis toujours.*

L'amiral – *Vous ne savez pas ceci, mais nous, nous le savons. Je vous répète que le 27 mars, Le Parlement décréta que la France maintiendrait ses droits généraux sur Madagascar.*

14. Le général Rabezandriny Rainandriamampandry

Le général – *Vos possessions étaient volontairement abandonnées par vous-mêmes en conséquence de votre agression à l'encontre des autochtones. En ce qui concerne la reine de Madagascar, sa possession est prouvée par l'exercice de sa suprématie qui elle, datait depuis très longtemps.*

De tels échanges résument parfaitement les origines du différend Franco-Hova à Madagascar au XIXe siècle. Alors que les négociations tombèrent dans l'impasse, trois mille soldats français commandés par Miot en personne, attaquèrent, le 10 septembre 1885, les troupes Hova fortement retranchées à Farafaty.[9] L'assaut s'était terminé par une défaite militaire cuisante des assaillants.[10] Soixantaine d'entre eux avait péri lors de l'attaque.[11]

En signant le traité de paix Franco-Hova décembre 1885 avec la reine de Madagascar, représentée par les généraux Hova, la France avait implicitement reconnu, contrairement aux affirmations de Miot, que les Hova faisaient bel et bien partie de la grande famille des populations de Madagascar.

14.3 Exécuté sur ordre du général Joseph Simon Galliéni

Les chemins du général Rainandriamampandry et du correspondant de guerre britannique Knight se croisèrent un jour dans les denses forêts de la côte est de Madagascar, alors que le premier rapatriait ses troupes désabusées vers Antananarivo, à la suite de leur capitulation négociée du 11 octobre 1895. Selon Knight, le célèbre général Hova n'avait jamais abandonné son poste et ses soldats tout au long de la guerre.[12] Il aurait dû prendre en force la ville de Toamasina à partir du moment où cinq cents soldats français se mirent à avancer vers les positions Hova, laissant seulement derrière eux deux cents hommes pour la défendre. Malgré qu'il ait été informé par l'amiral Bien-aimé le 9 octobre de la reddition totale de l'armée Hova à Antananarivo,[13] Rainandriamampandry avait décidé de bombarder pendant quarante-huit heures sans répit, les forces françaises retranchées dans Toamasina, avant de retirer ses troupes vers la capitale.

Soupçonné par les autorités coloniales françaises d'avoir été l'instigateur de la révolte des Menalamba, c'est-à-dire des Toges rouges, le général Rainandriamampandry fut exécuté le 15 octobre 1896, sur ordre du général Galliéni.[14] Vêtus d'habits couverts de terre rouge, couleur symbolique des Hova, les Menalamba s'étaient battus contre la présence française à Madagascar au lendemain de la conquête de 1895, et pour restaurer la souveraineté de la dernière reine des Hova sur tout le territoire de Madagascar. Galliéni avait fait exécuter au nom de la France, un prédicateur passionné, un homme intègre et courageux. L'historien Ellis avait superbement établi la nature préméditée d'un des crimes coloniaux de la France au XIXe siècle à Madagascar. Selon lui, l'exécution aurait été décidée au plus haut niveau de l'État en 1896. Par ailleurs, l'analyse d'Ellis jeta un peu plus de lumière à propos des rôles plus que troublants joués par le général Rasanjy et le prince Ramahatrarivo II, lors du procès de Rainandriamampandry.[15] Les deux hommes ne seraient ni plus ni moins que des agents travaillant pour les autorités françaises à Madagascar. À propos de Rasanjy, non seulement il avait été fortement soupçonné en 1895 d'avoir trahi la cause des Hova, mais il avait aussi envoyé l'un de leur plus grand héros au peloton d'exécution en 1896. Par ailleurs, il semblerait que Rainandriamampandry avait été aussi victime de la guerre de religion sans merci que se livraient catholiques et protestants à Madagascar. Connu pour sa grande ferveur envers la religion protestante, le général serait devenu la cible des missionnaires jésuites qui n'auraient pas du tout apprécié la présence d'un éminent protestant au sein du gouvernement de protectorat. [16] Par ailleurs, les relations personnelles entretenues par Rainandriamampandry avec le résident-général Hyppolite Laroche, tous les deux étant de confession protestante, n'auraient pas été appréciées par Galliéni. Laroche, un ex-officier de Marine et un ancien préfet de la Haute-Garonne, avait fortement réfuté à l'époque l'accusation formulée par le lieutenant Peltier, [17] selon laquelle il y avait eu collaboration entre Rainandriamampandry et les chefs des Menalamba. Il avait même accusé l'armée française de brutalités à l'égard de ces derniers, [18] lors d'une répression qui aurait fait entre cinquante mille et cent mille victimes malgaches. [19] Face à une répression sans précédent de l'armée française, les chefs des Menalamba avaient tous fini par négocier leur reddition avec le général Galliéni. Certains d'entre eux étaient devenus plus tard des agents au service de la France. Jugé trop laxiste envers les autochtones, Laroche fut à l'époque démis de ses fonctions, et remplacé par Galliéni.

Il faudra attendre trois ans après la capitulation des Menalamba, pour que l'anti-militarisme colonial devînt une force politique en France, sous les impulsions des éditorialistes Paul Vigné d'Octon, Lamy et Carol. Par ailleurs, la brutalité des répressions militaires dans les colonies était telle que certaines hautes autorités civiles françaises à Madagascar avaient secrètement essayé de saborder la politique de main de fer conduite par le général

Galliéni à travers l'île.[20] Celui-ci avait été accusé d'être à l'origine de la tentative d'éradication de la religion protestante à Madagascar, au lendemain de la conquête de l'île par les forces françaises en 1895. Le pasteur Gustave Mondain se serait opposé vigoureusement à l'époque à un tel objectif. Vu sous cet angle, il semblerait que Rainandriamampandry et Laroche n'avaient été que des victimes d'une collusion entre l'État français et la religion catholique,[21] stratégie utilisée par le premier pour établir une présence française permanente à Madagascar.[22] Par ailleurs, on pourrait se demander aujourd'hui, si le cas Victoire Rasoamanarivo dépasse le cadre d'une simple affaire de foi et de religion. En effet, les missionnaires jésuites avaient à l'époque beaucoup oeuvré pour la maintenir dans leur girond, et cela, malgré la forte opposition des généraux Andafiavaratra. Ils étaient bel et bien conscients du pouvoir d'influence dont jouissait leur protégée auprès du Premier ministre Rainilaiarivony. On pourrait même se demander aujourd'hui si Rasoamanarivo avait été tout simplement à l'époque manipulée par des agents français déguisés en missionnaires jésuites, comme il en avait été souvent le cas au XIXe siècle.

Alors qu'un missionnaire jésuite d'origine française s'est fait expulser par l'État malgache en 2007, et que l'Ambassade de France à Madagascar a manifesté son désaccord à propos de cette décision, on se croit ramené tout droit au XIXe siècle, où les émissaires religieux des pays européens dénigraient les cultures et les traditions locales, afin de justifier la colonisation des indigènes au nom de la civilisation. La seule différence c'est qu'au XXIe siècle, on dénigre la stratégie politique des gouvernants du pays du Sud au nom de la liberté d'expression, afin d'insinuer leur inaptitude à diriger leurs peuples vers le progrès. En expulsant le missionnaire, la nation moderne malgache, dirigée par un président d'origine ethnique Hova ou Merina, avait été, dans une certaine mesure, rattrapée par sa propre histoire.

15. La dernière reine des Hova : Ranavalona III

Née le 22 novembre 1861 à Amparibe, la princesse Razafindrahety fut d'abord éduquée pendant son enfance par des sœurs catholiques qui l'avaient introduite à la religion catholique.[1] Pour des raisons politiques, son éducation avait été mise par la suite sous la responsabilité de Miss Gilpin, une missionnaire anglaise de la Mission de Londres. Elle entra par la suite à l'école des filles d'Andohalo, où elle fut remarquée par son intelligence, sa bonne conduite et ses qualités spirituelles. Elle avait épousé le général 16Vtra Ratrimoarivony d'Ambatomanoina, frère du prince Ramahatrarivo II. Son mari décéda le 7 mai 1883 à la suite d'une maladie.[2] Cependant, certains observateurs avaient attribué le décès de Ratrimoarivony à un acte d'empoisonnement à caractère politique.

Grâce aux bons offices des missionnaires de la LMS, la princesse Razafindrahety fut considérée par le Premier ministre Rainilaiarivony comme prétendante à un trône demeuré vacant, à la suite du décès de la reine Ranavalona II, dont le visage aurait été très marqué par une variole qu'elle aurait contactée durant ses fréquentes visites aux pauvres. Razafindrahety aurait été préférée au détriment de sa soeur aînée, la princesse Rasendranoro, du fait qu'elle avait un comportement impeccable et une éducation protestante. Rasendranoro avait été éduquée par les sœurs catholiques françaises de la mission Saint Joseph, et fut mariée au Dr Andrianaly, avec qui elle eut trois enfants. Ce dernier avait fini sa vie en exil dans le pays Betsileo. Les missionnaires britanniques avaient tout fait pour empêcher l'accession au trône de la princesse Rasendranoro, tant sa vie privée était instable.[3] Ainsi, le 15 juillet 1883, deux jours après le décès de sa cousine Ramoma, la princesse Razafindrahety devint reine sous le nom de Ranavalona III.

Ranavalona III était connue pour sa consommation en public du Paraky, le tabac à chiquer local.[4] Elle était connue pour être une personne toujours disponible et gentille, affichant une grande compassion à l'égard des malheureux et des pauvres.[5] Elle fut aussi très respectée et aimée par ses sujets. Son passe-temps favori furent le jeu de loto, la bataille des coqs, les danses et les chants traditionnels malgaches. Sa Majesté jouait aussi du *valiha*, la guitare des Malagasy. Lorsqu'elle prenait ses repas avec le Premier ministre, personne de la famille royale ne fut autorisé à s'asseoir à leur table. Par ailleurs, princes et courtiers furent formellement interdits d'utiliser des couteaux en sa présence.[6] Lors de son couronnement officiel, le 22 novembre 1883, sous la présence d'à peu près deux cent cinquante mille personnes, la reine Ranavalona III avait reçu les hommages de la princesse Juliette Fiche des Betanimena, la fille de Fiche, l'un des derniers chefs Betsimisaraka.[7] Ayant été éduqué à la Réunion, la princesse avait été toujours connue pour ses grandes affinités et amitiés envers la France. Ainsi, elle servait d'intermédiaire entre les Français et les gouverneurs Hova de Toamasina. Toutefois, lors des cérémonies de couronnement de la reine

15. La dernière reine des Hova : Ranavalona III

Ranavalona III, Juliette Fiche avait déclaré que pas un centimètre du territoire de Madagascar ne devrait être donné aux envahisseurs français.[8] Un de ses enfants fut enterré dans le tombeau familial des Lastelle du côté de Soamandrakizay.[9]

En 1883, la reine avait offert par le biais d'une délégation malgache en visite aux États-Unis, des tissus de soie au Président Chester Arthur, tout en espérant obtenir en retour le soutien de ce dernier concernant l'imminent conflit Franco-Hova.[10] Par ailleurs, elle avait fait parvenir trois ans après, au nouveau Président américain Grover Cleveland, des tissus de soie *Akotofahana*, un médaillon d'ivoire, et un panier fabriqué à partir de produits issus de l'Imerina. La reine Ranavalona III avait été par initiée aux joies de l'équitation par William Henry Hunt, consul-adjoint des États-Unis à Madagascar.[11] Ce dernier fut remplacé à son poste en 1901 par Mifflin Wistar Gibbs.

15.1 Le pathétique Kabary de Mahamasina

Alors que les forces coloniales françaises bombardèrent les régions côtières de Madagascar et essayèrent de pénétrer davantage dans l'île lors de la guerre Franco-Hova de 1883-1885, la reine Ranavalona III décida de s'adresser à son peuple, le 3 juillet 1894, pour leur partager ses pensées concernant une guerre qui, selon elle, fut imposée aux populations de Madagascar. La reine fit une entrée grandiose sur la plaine de Mahamasina, précédée auparavant par son Premier ministre, qui lui attendait patiemment sur son cheval blanc. Mahamasina, une belle plaine située au pied de la colline sur laquelle se dresse le palais de la reine et celui des Andafiavaratra, était à l'époque considérée par les observateurs étrangers comme étant l'équivalent des Champs de Mars pour les Hova.[12] La souveraine était habillée à l'européenne avec une robe de soie blanche, et mélangée avec du satin rose. Une large bible reposait sur une petite table sur sa droite, alors que la couronne dorée était sur une table similaire située à sa gauche. Lorsque le Premier ministre érigea son épée, tous les soldats présentèrent leurs armes et les orchestres militaires jouèrent l'hymne national, suivi de vingt et un coups de canon tirés à partir des hauteurs d'Ambodin'Andohalo. La reine se leva et laissa passer de longues minutes de silence avant de commencer son discours. D'une voie claire et résonnante, elle s'adressa alors à son peuple en ces termes : [13]

« Ô Peuple tant dévoué à votre Terre paternelle, Ô vaillants Soldats de toutes les batailles, je suis très ravie d'être parmi vous ! Je vois que moi, la Reine, et cette Terre de nos ancêtres vous sont évidemment chères. Vous aviez tous répondu à mon appel et êtes venus en nombre à ce rendez-vous. Je ne peux qu'exprimer ma satisfaction et que Dieu vous bénisse ! Je dois vous annoncer, Ô mes Soldats, depuis que ces Français ont envahi notre Terre, j'ai tout fait pour arrêter la guerre ! Bien que nous ayons payé deux fois des montants d'argent, mon intention était de tout donner, à l'exception de ma souveraineté ou toute chose qui mettrait en danger l'indépendance de Madagascar, cette Terre de nos ancêtres. Je n'aime particulièrement pas, et çela m'attriste, le fait que votre sang doive être à présent versé. Mais, ils ne veulent pas terminer cette guerre, Ô ma grande armée, et ils veulent le tiers de Madagascar pour eux ! Ils nous demandent aussi de payer 120000 £ et de fournir des indemnisations pour les pertes causées à d'autres nations durant la guerre, pertes en fait dues au bombardement et destruction des forces françaises. Non seulement, ils ont attaqué en premier sans préavis de guerre, mais ils ont aussi agressé les femmes et les enfants; agression qui ne s'arrête pas là parce qu'ils ont aussi insulté mes ancêtres en ne me reconnaissant pas comme Reine de Madagascar, mais seulement celle de l'Imerina. Ainsi sont les demandes de la France pour terminer la guerre. Je vous les ai déjà communiqués et vous les avez rejetées en bloc. Ainsi, je vous rejoins mon Peuple, en refusant toute demande de la part de qui que ce soit pour prendre notre Terre, et en protestant contre l'insulte faite à Andrianampoinimerina, alors que quatre de mes ancêtres ont régné de père en fils sur cette Terre. Alors pourquoi moi, RanavaloManjaka, devrais-je être détrônée ? Vous et moi, nous ne verrons jamais les choses comme telles. Ainsi j'ai dit NON.

Je vous demande à présent, Ô mon Peuple, de défendre notre juste cause, du fait que Dieu avait donné cette terre de Madagascar à mes ancêtres et les vôtres, et du fait que vos ancêtres avaient rejoint Andrianampoinimerina et Radama en donnant leurs vies en comme remparts de ce royaume. De ce fait, cette Terre nous était donnée, à nous les Malagasy, comme un héritage, alors que les Français veulent la prendre de force. Ainsi, je vous annonce ce qui suit. Je contribuerai, Ô mon Peuple, à la défense de cette Terre qui m'appartient en tant que Reine ! Je l'ai déjà fait auparavant, mais je le ferai encore plus aujourd'hui. Malgré que je sois une femme, j'ai le cœur d'un homme et j'ai décidé de vous diriger afin d'opposer ceux qui veulent prendre notre Terre. Que Dieu nous préserve, Ô mon Peuple, d'être les serviteurs des étrangers ! N'en est-il pas ainsi ? Ô mon Peuple. J'ai confiance, Ô mon Peuple en arme, que nous serons tous unis dans cette épreuve, afin de protéger cette terre si chère de nos ancêtres, afin d'arrêter les desseins diaboliques de l'ennemi ! N'en est-t-il pas ainsi ? Ô mon Peuple. En plus, je dois vous dire que je suis extrêmement gratifiée de vous voir si unis alor que je suis en train d'apprendre l'art de la *guerre. Apprenez-le et soyez réceptifs à mes ordres, car je ne laisserai pas l'ennemi vous surprendre, surtout ceux qui sont déjà allés garder les côtes où l'ennemi pénétrerait. Et je vous rappelle aussi, Ô mon Peuple, ce que vous savez déjà, qu'il n'y a pas plus de Français ici ! Ceux qui sont encore restés sont des étrangers avec lesquels nous avons établi de bonnes amitiés. Ainsi, je vous demande de respecter leurs vies et leurs biens. Cependant, nom Peuple, quelle que soit notre force ou quel que soit notre nombre, tout cela demeure cependant vain sans l'aide de Dieu. Ainsi, que chacun de vous demande son assistance dans cette juste cause qu'est la nôtre. Et voici mes derniers mots pour vous, Ô mon Armée ! Même si nos corps doivent en être annihilés, nous ne devrons jamais en avoir honte ou en être confus. Nos noms et notre courage resteront à jamais dans les mémoires, car nous choisissons de mourir au lieu d'abandonner notre Terre paternelle, et les biens que Dieu nous a donnés. N'en est-il pas ainsi, Ô mes combattants ! »*

Le Premier ministre Rainilaiarivony lui répondit par un long discours passionné et patriotique avant qu'elle exprimât son désir de voir quelques cadets de l'armée exécuter des exercices militaires. Ceux venant de la province du Betsileo s'avancèrent et chantèrent leurs chants guerriers. Les garçons étaient tous d'une douzaine d'années et étaient très experts. La reine Ranavalona III monta alors sur un cheval blanc, et passa en revue des milliers de soldats.[14] La foule laissa alors s'élever une grande clameur de joie qui résonna jusque dans les villages avoisinants.

15.2 Les larmes d'une Reine sur le chemin de l'exil

Aux nouvelles de l'arrivée imminente des forces du général Duchesne aux portes de la capitale de son royaume, c'est-à-dire Antananarivo, la reine Ranavalona III finit par douter de la bonne foi des officiers de l'armée concernant la tournure des évènements sur le terrain. Toute sa détresse se mesurait alors à travers les paroles suivantes, émises lors d'une réunion au palais avec ses généraux, et rapportées plus tard par le journaliste Bennett Burleigh : [15]

« *Je vous en prie, dites-moi ce que je devrais faire. Comment puis-je le savoir si on me donne de fausses nouvelles sur les évènements ?* »

Le silence de mort qui s'en suivit la fit comprendre sans équivoque qu'elle était tout simplement en train de perdre sa couronne. Par ailleurs, alors qu'une explosion avait eu lieu au palais de Manjakamiadana en avril 1895,[16] les rumeurs circulèrent dans la capitale durant les derniers jours du royaume, selon lesquelles les membres du fameux *Parti Français*, les traîtres et opportunistes de tout bord auraient essayé d'assassiner la souveraine. Au lendemain de la victoire militaire du corps expéditionnaire français en septembre 1895, les autorités civiles françaises de Madagascar décidèrent de maintenir une présence symbolique de la monarchie Hova, représentée par Sa Majesté la reine Ranavalona III. Celle-ci s'était empressée de faire connaître rapidement au général Rainitsimbazafy, le nouveau Premier ministre désigné par la France, qu'il était hors de question pour elle de l'épouser selon la tradition Hova. Ranavalona s'était même permise d'exprimer sa pensée intime devant des officiers français plus que médusés. Elle avait alors affirmé qu'il lui était hors de question de coucher avec Rainitsimbazafy.[17] Malgré ses états d'âme rebelles à l'encontre de l'autorité de son mari vieillissant, la reine Ranavalona III avait toujours respecté le Premier ministre Rainilaiarivony en tant que chef politique des Hova. Ainsi, elle n'avait pas pu empêcher de retenir ses larmes lorsque ce dernier lui retourna la piastre symbolique du *Hasina* la veille de son départ en exil pour l'Algérie.[18] Le 18 janvier 1896, elle signa à contre-cœur une déclaration dictée par les autorités françaises, et qui fit de Madagascar une colonie française.[19] Vaincue et résignée au sort qui l'attendait, elle s'adressait le 21 octobre à son peuple en ces termes : [20]

« *Je suis heureuse de vous informer que la guerre avec les Français s'est bien terminée. Le traité qui a été conclu contribuera au bien-être de mon royaume et à votre tranquillité. La France n'est pas venue pour saisir ni vos biens, ni la terre de vos ancêtres; elle n'est pas venue pour vous déloger de la tombe de vos ancêtres, pour vous rendre malheureux, vous, vos femmes et vos enfants ou pour changer votre façon de vivre. Elle est venue pour promouvoir la sagesse, l'industrie et le commerce, et son assistance garantira le bien-être et la tranquillité pour mon royaume et pour vous tous, Ô mon peuple!* »

Soupçonnée par le général Galliéni d'être l'instigatrice de la révolte des Menalamba, au même titre que le général Rainandriamampandry, la reine Ranavalona III fut destituée le 27 février 1897, puis exilée à La Réunion. Elle s'embarqua le 3 mars 1897 à bord du navire de guerre *Le Lapérouse*, accompagnée de sa sœur Rasendranoro, de la fille de celle-ci connue sous le nom de Razafinandriamanitra III, et de son secrétaire particulier Ramanankirahina. Les exilés furent rejoints par la princesse Ramasindrazana, tante de la souveraine, lors leur passage à l'île Sainte-Marie. Le 15 mars 1897, la princesse Razafinandriamanitra III donnait, juste avant de mourir, naissance à une petite fille nommée Marie-Louise. Elle fut ensevelie au cimetière de Saint-Denis avec l'épitaphe « Petite fille du Bon Dieu » écrite sur sa tombe. La reine Ranavalona III prendra dès lors soin de l'éducation de Marie-Louise qui l'avait suivi partout dans son exil. Les exilés furent par la suite acheminés vers Alger où ils avaient vécu en résidence surveillée, et étaient considérés officiellement comme des prisonniers de droit commun.

15.3 Les errances de Ranavalona en France métropolitaine

Ranavalona et son entourage avaient été plutôt traités comme des hôtes privilégiés, alors qu'ils étaient officiellement des prisonniers de droit commun dans leur lieu d'exil. Ainsi au cours de l'année 1901, ils avaient fait un séjour d'un mois à Paris, puis restèrent à Arcachon pendant quelques semaines. La petite Marie-Louise eut une éducatrice attitrée en la personne de Mme Delpeux, qui était la dame de compagnie de Ranavalona à Alger. Les autorités françaises avaient même réservé à la souveraine un accueil digne de sa noblesse partout où elle allait en France. Elle était allée à Arcachon pour voir la pièce théâtrale intitulée *Ranavalo à Arcachon*, jouée pour la première fois en 1896. La reine Ranavalona III avait eu connaissance de l'existence d'une telle pièce par le biais d'une traduction. La visite d'Arcachon fut largement relatée en 1901 dans un journal local du nom de l'*Avenir d'Arcachon*.[21] De nouveau en 1903, la reine Ranavalona sortit de son pays d'exil pour aller rendre visite au célèbre ténor *Jean Mouliérat* dans le Quercy. La visite fut cette fois-ci rapportée par *Le Réveil du Lot* du 17 octobre 1903. Durant son long exil à Alger, la reine Ranavalona III avait voyagé en France au moins sept fois,[22] sans compter la période pendant laquelle elle aurait partagé sa vie avec Bernard Marius Cazeneuve à Toulouse.

Alors qu'officiellement, la reine Ranavalona III était une prisonnière de droit commun assigné en résidence surveillée à Alger dans une villa portant le nom de Bois de Boulogne, elle aurait partagé sa vie à Toulouse avec Bernard Marius Cazeneuve. Celui-ci fut un franc-maçon, un prestidigitateur, un astrologue, un aventurier, un professeur de sciences abstraites, et un diplomate. La franc-maçonnerie avait été très active à Madagascar vers la fin du XIXe siècle. Sa montée en puissance n'avait pas été du tout du goût des missionnaires jésuites.[23] Par ailleurs, le Premier ministre Rainilaiarivony se méfiait énormément de son influence, à tel point qu'il interdisait à tout malgache d'adhérer au sein de l'organisation secrète. Cela n'avait pourtant pas empêché Cazeneuve de devenir le médecin particulier de sa femme, c'est-à-dire Ranavalona.[24] Celui-ci serait même devenu l'amant de la souveraine. Leur liaison aurait été scellée secrètement à travers une cérémonie du pacte du sang connu sous le nom de *Fatidra*.[25] Selon Cazeneuve, les tours de magie lui avaient été cruciales pour acquérir progressivement la confiance du couple royal. Il aurait réussi à attirer l'attention de la souveraine après avoir éteint un feu d'incendie qui menaçait la ville d'Antananarivo. Son ultime objectif serait d'influencer Ranavalona pour la rendre beaucoup plus favorable aux intérêts français à Madagascar. Selon certains observateurs, le franc-maçon aurait trop enjolivé ses récits à propos de ses relations privilégiées avec la dernière reine des Hova. Cependant, il était bel et bien un espion à la solde du gouvernement français, et mis au service du résident-général Le Myre de Vilers.[26] Cazeneuve avait été promu commandeur par les autorités françaises, pour les services qu'il avait rendus à la nation française durant son séjour à Madagascar. Cazeneuve et Ranavalona auraient vécu ensemble dans la belle demeure située à l'adresse, 4 rue St Michel à Toulouse.

15. La dernière reine des Hova : Ranavalona III

Au crépuscule de son règne, la reine Ranavalona III avait bel et bien eu le sentiment d'avoir été en quelque sorte trahie par ses généraux.[27] Le 23 septembre 1895, elle leur avait fait part de sa grande déception et de sa dernière volonté : [28]

« *Les Français se rapprochent de vous. Vous aviez dit que vous vous battriez pour moi, mais vous ne l'aviez pas fait. Je ne me rendrai pas. Je mourrai dans le palais.* »

Un article, publié dans le journal *The Times* le 11 octobre 1895,[29] et dont la traduction libre est proposée ci-dessous, pourrait relancer le débat à propos du rôle joué par Ranavalona durant la guerre Franco-Hova de 1895.

« *À travers toute l'île, il n'y avait pas parmi les autochtones une seule personne réellement clairvoyante et intelligente, sinon la Reine elle-même. Elle sait très bien l'incompétence de ses ministres, l'inertie de ses sujets, et la faiblesse de ses soldats. On se souviendra toujours que, juste après la décision de la Chambre des Députés et avant l'organisation de l'expédition, j'ai annoncé que la Reine, dans l'espoir de voir celle-ci annulée, était prête à accepter le traité offert par M. Le Myre de Vilers. J'ai eu vent d'une telle information à travers tant de mots exprimés dans une lettre qui m'était parvenue d'une source plus que sûre. Mais le Premier ministre, moyennant le soutien de toute la classe politique et des chefs de l'armée, s'était opposé à la politique de la soumission, et mit fin à toute spéculation de la part la souveraine. Par conséquent, celle-ci doit ressentir l'entrée de l'armée française dans Antananarivo comme un signal de libération au lieu d'un désastre. Plus encore, l'attitude de la reine était connue ici, et il est certain qu'elle sera pratiquement maintenue à la tête du gouvernement de l'île. En dépit des conseils et de l'insistance de M. de Mahy, la France n'instaurera pas une annexion pure et simple.* »

Le 17 septembre 1888, les autorités françaises remirent à Ranavalona les honneurs de la Grande Croix de la Légion d'Honneur.[30] Celle-ci avait été certainement remerciée, pour avoir plus ou moins forcé ses généraux à signer le traité de paix de 1885, et pour les avoir incités à accepter un emprunt français pour le remboursement des dettes de guerre de l'État selon les clauses du traité. La dernière reine des Hova décéda à Alger le 23 mai 1917, à la suite d'une embolie pulmonaire. Elle avait été inhumée au cimetière Saint-Eugène. Sur décision de Georges Mandel, ministre des Colonies du gouvernement français, ses restes furent définitivement rapatriés à Madagascar en 1938. Ils furent inhumés dans la cour du palais de Manjakamiadana, le 10 octobre de la même année.

16. Les officiers britanniques de la monarchie Hova

La présence d'officiers britanniques au sein de la cour de l'Imerina remontait du temps du roi Radama I, à la suite de la signature du traité Anglo-Hova en 1816. L'alliance aurait même été scellée à travers un pacte de sang établi entre le roi lui-même et le capitaine le Sage, un aide de camp de Sir Robert Towsend Farquhar, gouverneur de l'île Maurice. Plusieurs officiers d'origine étrangère s'étaient par la suite mis au service de la monarchie Hova, entre autres Hastie, Brady, Robin, Lowett, Wbling, Noyal, Lavoisot, Hall, Giles, Hanning, Du Vergé, Lissau, Willoughby, Shervinton, et Graves, pour ne citer que ceux-là.

16.1 La tentation malgache du colon Cecil John Rhodes

Cecil John Rhodes fut un aventurier anglais, chercheur de diamant dans la région de Kimberley vers les années 1870. Il avait réussi à faire fortune au point de pouvoir influencer directement la politique coloniale de l'Empire britannique en Afrique australe. Vers 1893, c'est-à-dire à la fin de la guerre contre les Matabele, peuple résidant au sud de la Rhodésie du Sud, Rhodes avait établi une vision ambitieuse consistant à unifier toutes les terres conquises par les colons, sous forme d'une nation fédérale en Afrique australe. Derrière une telle vision se cachait en fait une idéologie fasciste qui mettait en valeur la suprématie de la race britannique sur toutes les autres races de la planète. Par ailleurs, selon Rhodes, la race blanche serait destinée à dominer la race noire.

Alors que les troupes françaises avaient déjà débarqué à Madagascar en 1895, les stratèges militaires de Paris avaient été informés du fait que les habitants de la région du Cap de Bonne Espérance auraient demandé le rattachement de l'île à une sorte d'union des fédérations des pays d'Afrique australe.[1] Déjà en 1893, Rhodes avait proposé un tel rattachement, mais sans trop de succès. En fait, il n'avait pas reçu le feu vert de Londres. En abandonnant pour de bon sa tentation malgache en 1895, Rhodes avait facilité la conquête de Madagascar par l'armée coloniale française. En effet, celle-ci avait redouté toute intervention de la milice privée de Rhodes dans les affaires de Madagascar car cela signifierait tout simplement le début d'une guerre ouverte contre l'Angleterre dans l'Océan Indien. Selon le colon britannique, à partir du moment où les bottes françaises marchaient déjà sur l'île, il était trop tard pour sauver Madagascar du protectorat français.[2] Stratégiquement, Londres avait bien fait de ne pas encourager l'aventure malgache de Rhodes, car un an après la conquête française de 1895, les ethnies Matabele et Mashona de la Rhodésie du Sud se révoltèrent en masse. La guerre qui s'en suit avait pratiquement ruiné le gouvernement colonial britannique d'Afrique australe. Cependant, on pourrait aussi se demander si Rhodes lui-même s'était vraiment intéressé à Madagascar à l'époque. En effet, selon le témoignage de colons français, il aurait été plutôt favorable aux revendications territoriales de la France, et aux actions des missionnaires français dans l'île.[3] François de Mahy était pourtant loin de partager un tel point de vue, car pour lui, Rhodes était ni plus ni moins qu'un adversaire potentiel de la France dans l'Océan Indien, compte tenu de sa vision coloniale à propos de l'île de Madagascar.

16.2 Le général Digby Willoughby

Né en Angleterre en 1845, Digby Willoughby avait entamé sa carrière d'aventurier en Afrique australe vers les débuts des années 1870, en tant que simple chercheur de diamant dans les célèbres mines d'or de Kimberley. Celle-ci se trouvait au nord de ce que l'on appelait à l'époque la colonie britannique de la région du Cap. Selon le peintre impressionniste irlandais Norman, un compagnon de route de Cecil John Rhodes à Kimberley, Willoughby était un vrai passionné des grandes aventures. Ainsi, il avait été à la fois un chercheur de diamant, un colonel de cavalerie durant la guerre Anglo-Zoulou, un général victorieux de l'armée de la reine de Madagascar, un ministre plénipotentiaire, un naufragé, un dégradé, et un emprisonné.

Willoughby faisait partie des volontaires qui s'étaient engagés dans l'armée impériale britannique durant de la guerre Zoulou en Afrique australe en 1879. Il fut alors capitaine de Cavalerie dans le 2ᵉ Bataillon du premier régiment de troupes connu sous le nom de *Natal Native Contingent*, essentiellement composé de soldats de race noire.[4] Maintes fois, les fantassins du régiment avaient été accusés d'avoir déserté le champ de bataille durant la campagne Zoulou de l'armée britannique. Willoughby aurait été blessé lors de la fameuse bataille du mont Hlobane le 28 mars 1879, où vingt mille guerriers zoulous avaient massacré un grand nombre de soldats britanniques, alors que ces derniers gravissaient à cheval les versants du mont pour monter un assaut contre trois à quatre mille guerriers AbaQulusi fortement retranchés sur les hauteurs. Bien que son nom ne figurait pas parmi les soldats britanniques qui avaient reçu, suite à la bataille d'Hlobane, les prestigieuses médailles militaires telles la *Victoria Cross* et la *Distinguished Conduct Medal*, le capitaine Willoughby avait bel et bien reçu la médaille *Zulu War Medal*, offerte en 1879 par le gouvernement britannique à tous ceux qui avaient physiquement participé à la guerre Anglo-Zoulou.[5]

Entre 1880 et 1881, Willoughby combattait les Sotho dans les montagnes du Basutoland ou Lesotho.[6] Il était alors à la tête d'une unité irrégulière de cavalerie portant son nom. La guerre s'était terminée par la victoire politique des autochtones qui avaient défait les colons britanniques à Qalabani en octobre 1880. En ayant servi durant la campagne du Basutoland, Willoughby aurait dû recevoir la médaille connue sous le nom de *Cape of Good Hope General Service*, et autorisée en 1900 par le gouvernement britannique à tous ceux qui avaient servi en Afrique australe entre 1880 et 1897.[7]

Il avait quitté l'Afrique australe pour Madagascar alors qu'il était colonel de Cavalerie. En fait, il avait été recruté par le général et ministre des Affaires étrangères Ravoninahitriniarivo lors du passage de ce dernier à Londres en 1882. Il arriva à Madagascar vers le début de l'année 1884. À la demande du gouvernement d'Antananarivo, il prit la direction des opérations militaires sur tout le territoire de Madagascar.[8] Il fut nommé commandant en chef de l'armée malgache le 18 mai 1884, avant de rejoindre le front de Manjakandrianombana dans l'Est de l'île, accompagné de plusieurs milliers de soldats.[9] Promu adjudant-général de l'armée malgache le 5 août 1884, Willoughby devint le principal conseiller militaire du Premier ministre Rainilaiarivony.[10] Ensemble, le général Digby Willoughby, le général Rainandriamampandry et les défenseurs de Manjakandrianombana, avaient infligé le 10 septembre 1885 à Isahamaty, une défaite cuisante aux troupes françaises commandées par l'amiral Miot.[11] Sa personne fut cependant l'objet d'une plainte officielle déposée par la France auprès du gouvernement de Londres à cause de sa présence au sein de l'armée de Ranavalona en tant que citoyen britannique.[12] En effet, en s'engageant au sein d'une armée étrangère en guerre, Willoughby avait violé les lois britanniques en vigueur à l'époque. L'Angleterre aurait alors répondu que Willoughby n'était pas un officier de l'armée impériale de Sa Majesté britannique, mais tout juste un engagé volontaire qui avait servi durant la campagne Zoulou. Willoughby aurait attiré par la suite les foudres des autorités de Londres en représentant la reine des Hova lors de la signature des traités de paix Franco-Hova du 17 décembre 1885 à Toamasina. Cependant, il fut rapporté que Willoughby avait toujours été en bons termes avec les responsables du Foreign Office à Londres. Il s'y était même présenté en juillet 1886 en tant qu'ambassadeur de Madagascar.[13] Durant son périple européen en tant que représentant de la monarchie Hova, il fut reçu successivement par le prince Humbert en Italie, et par le prince Fréderic III à Berlin. Soucieux de préserver coûte que coûte l'indépendance de l'île de Madagascar, Willoughby avait tout fait, lors de son séjour à Londres, pour obtenir un emprunt de la banque *New Oriental Bank* au nom du gouvernement Hova. L'argent aurait servi à payer les dix millions de francs réclamés par la France pour le départ définitif de ses troupes de la ville de Toamasina en 1886. Il avait profité du séjour pour transmettre à un représentant des États-Unis, des cadeaux de la reine Ranavalona III pour le Président américain Grover Cleveland.[14]

Lors des négociations de paix Franco-Hova de 1885, Miot et Patrimonio s'étaient tous les deux réjouis de l'attitude soi-disant très conciliante de Willoughby, alors que ce dernier était censé représenter les intérêts du gouvernement Hova.[15] Cependant, Willoughby avait tout fait pour les faire signer un traité à travers lequel la France perdait de facto ses droits dits historiques à Madagascar.[16] À la suite des cérémonies officielles de ratification du traité de paix Franco-Hova qui s'étaient déroulées à Paris en 1886, Willoughby avait reçu la médaille d'*Officier de la Légion d'honneur* de la part du gouvernement français,[17] titre qui lui avait été retiré au cours de la même année. Il aurait tenté de créer à Paris un bureau représentant la monarchie Hova de Madagascar, chose inacceptable pour les autorités françaises de l'époque. Selon la revue *South Africa* de 8 juin 1901, Willoughby aurait pu avoir une retraite dorée s'il avait choisi d'oublier pendant un instant, son origine britannique, et s'il s'était mis à la solde d'une puissance européenne, lors de son voyage en Europe.[18] On pourrait dès lors spéculer et se demander si en fin de compte, le général n'avait pas été approché par les agents français lors de son séjour à Paris. Au cours de son voyage en Europe, Willoughby avait mené une vie extravagante bien au-delà des moyens financiers mis à sa disposition par le gouvernement Hova d'Antananarivo, à tel point qu'il aurait lapidé l'argent destiné à acheter des armes, des munitions, et des bateaux pour l'armée malgache. Sa contribution, lors la guerre Franco-Hova de 1883-1885, lui avait valu certainement la médaille de l'*Ordre de Mérite du Roi Radama II*.[19]

Lors de son retour à Madagascar en juin 1887, le général Digby Willoughby tomba en disgrâce auprès des Hova. Il fut accusé d'avoir abusé la confiance du gouvernement d'Antananarivo, et d'avoir désobéi aux ordres. Par ailleurs, le fait d'avoir perdu le précieux sceau du gouvernement Hova lors de son naufrage au large des côtes sud-africaines, n'arrangeait nullement son cas.[20] Arrêté à Londres pour une affaire de dettes, il avait été sommé de rentrer immédiatement à Madagascar en 1886. [21] En fait, la campagne de désinformation orchestrée par le Myre de Vilers auprès du Premier ministre était en partie responsable des déboires du général britannique. Le mutisme total affiché par Willoughby durant son voyage en Europe, ne faisait qu'augmenter les soucis du gouvernement d'Antananarivo, quant au succès de sa mission. À maintes reprises, le colonel Shervinton en personne avait essayé de le contacter, mais les efforts de ce dernier furent vains. Le colonel résuma le cas Willoughby en ces termes : [22]

« Le général n'a écrit à personne depuis son arrivée en Angleterre. C'est de la folie de sa part de ne pas écrire au gouvernement, et cela lui attirera des problèmes. Je lui ai écrit à ce sujet. »

Doutant sérieusement des informations fournies par Willoughby,[23] le gouvernement Hova avait traduit celui-ci en cour martiale le 18 octobre 1887. Deux de ses compatriotes, entre autres le colonel Shervinton et le Major Galbraith Graves, faisaient partie des membres du jury, au même titre que le généraux Radriaka et Ratsimanohatra, et le colonel Rasoa Rainiharisoa.[24] Les généraux Ramahatrarivo II et Razanakombana avaient respectivement assumé le rôle de président et de procureur. Pour sa défense, Willoughby avait demandé la présence du Premier ministre Rainilaiarivony au procès en tant que témoin. Sa requête fut rejetée par la cour, car une telle pratique allait à l'encontre des lois Hova en vigueur. En dernier ressort, il avait affirmé que le Premier ministre en personne lui avait donné verbalement des prérogatives qui l'autoriseraient à prendre des décisions importantes au nom du gouvernement d'Antananarivo, durant son voyage en Europe. En faisant une telle déclaration, Willoughby perdit son procès, car il était hors de question pour le jury de croire que le Premier ministre aurait outrepassé ses pouvoirs. En effet, selon les lois Hova, seule la reine pouvait octroyer de telles prérogatives. Son cas était définitivement perdu lorsqu'il affirmait détenir le pouvoir absolu lors de son séjour en Angleterre, chose qui théoriquement le plaçait alors au même rang que la reine de Madagascar. Le procès avait été par la suite ajourné pour permettre à l'accusé Willoughby de collecter les preuves matérielles nécessaires à sa défense. Malheureusement, celui-ci avait perdu la plupart de ses affaires personnelles durant son naufrage en 1887 au large de la région du Cap en Afrique australe. Jugé coupable d'abus de confiance par un fait de justice rendu le 10 avril 1888, le héros de la guerre Franco-Hova de 1883-1885 avait été emprisonné dans une case à Andraisoro, un village situé à trente kilomètres à l'est d'Antananarivo. Il retrouva par la suite sa liberté grâce à l'intervention directe de Londres auprès du Premier ministre. Pickersgill lui avait pourtant refusé toute protection légale du consulat britannique lors de son arrestation, du fait qu'il était citoyen malgache.[25]

16. Les officiers britanniques de la monarchie Hova

Digby Willoughby fut expulsé manu militari de Madagascar en mai 1888, et retourna en Angleterre. Il avait promis au Premier ministre de dédommager financièrement l'État Hova, avant de quitter définitivement le territoire malgache. Sans aucun doute, les relations entre les deux hommes s'étaient détériorées dramatiquement à la suite de leur entretien houleux, lors du retour de Willoughby de son voyage en Europe.

À la suite à la décision des colons de la Rhodésie du Sud d'envahir en 1893 la terre des Matabele dans le Sud, sous prétexte de réduire les capacités de nuisance de ces derniers à l'égard des Mashona du Nord, le général Digby Willoughby retourna en Afrique australe, plus spécialement en Rhodésie, dans le but de participer au fameux raid du Dr Jameson.[26] L'opération fut à l'époque totalement financée par Cecil John Rhodes. Willoughby et les troupes coloniales britanniques défilèrent victorieuses à Bulawayo le 23 décembre 1893, devant un Cecil John Rhodes radieux de pouvoir ajouter un territoire de plus à son empire. La nouvelle révolte des Matabele en 1896, poussa Willoughby à participer au comité de défense de la ville de Bulawayo, dirigé par un certain Duncan, un ancien de la marine britannique. Il accompagna par la suite Cecil John Rhodes et sa milice privée dans le Nord de la Rhodésie du Sud, afin de mater une rébellion des Mashona qui s'était déclenchée en même temps que celle des Matabele dans le Sud. Les services qu'il avait rendus à Rhodes, en Rhodésie, avaient valu au général Digby Willoughby la médaille de la *British South Africa Company*.[27] Vu l'étroite relation qui existait entre les deux hommes, il est fort probable que Willoughby aurait pu éveiller l'appétit colonial de Rhodes à propos de l'île de

Madagascar. D'après le journal *The Times* du 17 février 1888, la France serait à l'origine des déboires légaux de Willoughby avec le gouvernement Hova.[28] Elle aurait même payé des membres de la famille du Premier ministre afin de parvenir à ses fins. Sachant aujourd'hui la tournure des évènements en 1895, on pourrait dire que le sort de la monarchie Hova était scellé au XIXᵉ siècle, dès l'instant où les pieds de Willoughby, un grand chef militaire hautement adulé par ses soldats sur le terrain, quittèrent définitivement le sol de Madagascar en 1888.

Juste au moment du déclenchement de la guerre Anglo-Boers en 1899, Willoughby repartit en Afrique australe avant de retourner définitivement en Angleterre. Il décéda le 2 juin 1901 à la suite d'une longue maladie.[29] Sur sa tombe située dans la cour de l'église *Parish* dans le Goring-on-Thames, on peut aujourd'hui lire l'épitaphe suivante : [30]

« Vivre dans un cœur qu'on laisse derrière soi n'est point mourir. »

Le général Digby Willoughby, hautement admiré par ses soldats sur-le-champ de bataille, ne s'était pas battu contre l'armée française afin de perpétrer la domination des Hovas sur les autres populations de Madagascar. Il avait tout simplement commandé l'armée de la reine Hova de Madagascar afin de permettre aux Malagasy de préserver l'indépendance de leur patrie au XIXᵉ siècle. Pour cela, il était même allé jusqu'à rejeter un ordre de rapatriement issu par les autorités de Londres en 1885.[31] Il fut officiellment reconnu par la France comme étant le commandant en chef des troupes Malagasy lors des cérémonies officielles de ratification du traité de paix

Franco-Hova de 1885 à Paris en janvier 1886. Sans aucun doute, l'officier britannique Digby Willoughby fut une des grandes figures historiques qui avait marqué, de près ou de loin, l'histoire de l'indépendance de l'île de Madagascar au XIXe siècle. Un de ses descendants, connu sous le nom de Lord Middleton, habiterait aujourd'hui quelque part dans le North Yorkshire en Angleterre.

16.3 Le colonel Charles Robert St. Leger Shervinton

Né le 4 juin 1852, le colonel Charles Robert St Leger Shervinton était issu d'une famille de soldats de père en fils, dont le père, aussi colonel, avait servi l'Empire britannique lors de la guerre de Crimée de 1854-1856. Une grande partie de son histoire qui est relatée dans ce qui suit, a été compilé à partir d'un formidable livre écrit par sa sœur Kathleen Shervinton, et publié à Londres en 1899.[32]

Charles Robert Shevinton fut un engagé volontaire de l'armée impériale britannique opérant en Afrique australe. Doté d'une résistance physique bien au-delà de l'ordinaire, il s'était particulièrement distingué lors de la campagne militaire contre les Gaelika et les Gaika dans la région du Cap. En janvier 1878, il fut promu capitaine du corps d'infanterie portant le nom de *Pulleine's Rangers* et qui était essentiellement composé de volontaires. Il avait échappé à la mort plusieurs fois durant le conflit Gaika. Un an après la fin de celui-ci, le capitaine Shervinton participait à la guerre Anglo-Zoulou de 1879, au sein d'un régiment de cavalerie de reconnaissance du 5e Bataillon du *Natal Native Contingent*, renommé plus tard *Natal Native Infantry*. Il y avait servi avec ses frères Will et Tom et s'était fait appeler «

l'homme à la moustache blanche » par ses ennemis. Lors du déclenchement du conflit Basuto en février 1880, Shervinton devint capitaine d'une unité de cavalerie constituée de troupes coloniales, et portant le nom de *Cape Mounted Rifles*. Il commandait alors une unité de reconnaissance constituée d'une quarantaine d'hommes. Celle-ci avait pour rôle de maintenir le contact permanent avec l'ennemi. Shervinton s'était gravement blessé au genou le 22 octobre 1880 et fut éloigné des théâtres d'opérations pendant une période de trois mois. À son retour, beaucoup de soldats de son régiment avaient déserté, et les troupes britanniques s'étaient de plus en plus enlisées dans les territoires Basuto. Promu au grade de major, le 24 mars 1881, Shervinton avait fini par gagner le respect de ses adversaires sur le terrain. Selon ces derniers, il était capable de réduire toute une armée en miettes. Alors que le statu quo s'établissait définitivement entre les troupes britanniques et les autochtones qui les combattaient, Shervinton fut de nouveau blessé vers la fin de la guerre. Il avait cette fois-çi failli perdre pour de bon une de ses jambes, chose qui avait mis définitivement un terme à son aventure militaire en Afrique australe. Le long et sanglant conflit du Basuto avait, à l'époque, beaucoup entamé le moral des soldats britanniques qui, à défaut de victoire, avaient dû se contenter de médailles, celles portant le nom de *South African War*.

En 1884, alors que le conflit militaire Franco-Hova battait son plein, Shervinton partit à Madagascar rejoindre son compatriote Digby Willoughby. Il quitta l'Afrique australe vers la fin du mois d'octobre 1884, laissant temporairement derrière lui sa femme et sa fille Isabel. D'autres officiers britanniques, vétérans des guerres impériales en Afrique australe, le joignirent plus tard pour se mettre au service de la monarchie Hova. Aidé par les marins britanniques, il s'était défait aisément du blocus maritime imposé par la Marine française au large des côtes de Madagascar, et débarqua dans la ville de Toamasina. Sitôt arrivé à Antananarivo, Shervinton fut promu colonel et devint l'adjoint de Willoughby. Il s'illustra tout particulièrement lors du conflit de 1883-1885, en conduisant des raids meurtriers contre les forces françaises et leurs alliés Sakalava, dans les régions du Nord-ouest. Cependant, il avait été alors accusé par les autorités françaises d'avoir encouragé la mutilation de soldats français tombés sur les champs de bataille. Selon Shervinton, les têtes des soldats français auraient été coupées par des autochtones alors que ses troupes poursuivaient leurs ennemis qui essayaient désespérément d'atteindre leurs bateaux ancrés non loin du lieu où il y avait eu les affrontements.

En 1886, Shervinton entamait une nouvelle campagne militaire dans les régions du Nord-ouest, mais cette fois-ci, contre les Sakalava qui avaient aidé les troupes françaises durant la guerre 1883-1885. Vers le mois d'avril, encadré par plusieurs officiers étrangers, il marcha en direction de la baie de Diégo-Suarez, dans l'extrême nord de l'île. Ils avaient alors pour mission de délimiter le territoire de Madagascar qui devrait être sous jurisprudence française selon les clauses du traité de paix de décembre 1885. Le général Rainizanamanga les rejoignit plus tard lors des négociations entamées avec les officiers français en place.

Le 6 avril 1888, il fut provoqué en duel par un officier français du nom de Félix Ducray pour avoir bousculé ce dernier en présence des Hova. Shervinton reprochait à Ducray d'avoir mis en cause publiquement dans le journal *Progrès de l'Imerina*, l'authenticité de ses exploits militaires, ainsi que ceux de ses collègues britanniques. Tous deux décidèrent de régler leur différend dans l'île de Sainte-Marie sur la côte est, du fait que les lois Hova interdisaient formellement le duel entre officiers. Celui-ci s'était terminé par un non-lieu, car aucun d'eux n'avait réussi à toucher l'autre au cours de l'épreuve. Cet épisode du duel démontre une fois de plus la grande rivalité, voire l'animosité, entre Français et Anglais avant la période coloniale à Madagascar. Les officiers anglais avaient été évidemment traités comme des rois par les Hova, grâce à leur contribution durant le conflit Franco-Hova de 1883-1885.

Shervinton fut promu commandant en chef de l'armée de Ranavalona en mai 1888, à la suite de l'expulsion de l'adjudant-général Digby Willoughby. Par ailleurs, il devint le confident du Premier ministre Rainilaiarivony à propos des affaires de l'État, et s'était mis à instruire les élèves officiers de l'armée. Il s'était tant investi pour sa seconde patrie, c'est-à-dire Madagascar, qu'il était littéralement prêt à sacrifier sa vie pour elle, malgré la décision de la Grande-Bretagne de reconnaître le protectorat français en 1890. Cependant, Shervinton savait pertinemment au fond de lui-même, à l'époque, que les Hova ne pourraient pas tenir longtemps devant la détermination de la France à envahir Madagascar, et surtout à partir du moment où ils furent lâchés par l'Angleterre. Malgré cela, il avait décidé de rester et de combattre jusqu'au bout, tout en espérant que les Hova prendraient au sérieux la grande menace qui pesait sur leur patrie. Ayant pressenti en 1893 une invasion des troupes françaises à partir de Mahajanga, Shervinton avait demandé au Premier ministre qu'on le nommât gouverneur de la région du Boina, et qu'on lui donnât les pleins pouvoirs afin d'organiser la défense de celle-ci. Il retourna à Londres en juillet 1894, mais avait dû raccourcir son séjour après avoir été informé de l'imminence d'une invasion militaire française à Madagascar. Il mit alors le cap discrètement vers le Sud à bord du *Dunottar Castle*, et fit escale au Cap avant de repartir en direction de la Grande Île à bord cette fois ci du *Dunbar Castle*. À son arrivée à Mananjary le 30 octobre 1894, il avait été transféré par les membres d'équipage du *Dunbar* sur un bateau plus léger, afin de passer à travers le blocus maritime imposé par la Marine française. Shervinton débarqua finalement à Vatomandry avant de regagner Antananarivo le 11 novembre 1894, en passant par Fianarantsoa, la capitale de la région du Betsileo dans le sud. Il fut accompagné dans son voyage par le major Giles, et ramenait avec lui plusieurs fusils et des canons.

Dès son arrivée dans la capitale, il alerta le Premier ministre Rainilaiarivony à propos de la gravité de la situation, sachant que la France avait commencé depuis longtemps les préparatifs militaires en vue d'une invasion totale de Madagascar. Il lui avait même écrit une lettre en février 1894, décrivant en détail les plans de l'armée française, et préconisant la stratégie de défense que les Hova devraient mettre en place pour stopper une invasion qui selon lui, commencerait à partir de la ville de Mahajanga. Malheureusement, lors d'une session officielle du gouvernement, pendant laquelle le contenu de la lettre avait été débattu, les généraux Hova, sous l'influence du nouveau commandant en chef de l'armée, c'est-à-dire le général

Ramahatrarivo II, avaient accusé Shervinton de haute trahison. Dans une lettre datée du 20 novembre 1894, Shervinton avait explicitement demandé au Premier ministre de mettre à sa disposition plus de vingt-cinq mille soldats afin de combattre les troupes françaises sur toute la région du Boina. Face à un gouvernement qui ignorait sciemment ses conseils et des généraux mécontents de l'omniprésence des officiers étrangers dans l'armée, Shervinton finit par soumettre sa lettre de démission au Premier ministre. Non seulement, ses conseils avaient été largement ignorés, mais en plus, selon lui, aucun soldat n'avait été envoyé au front au moment opportun. Par ailleurs, le gouvernement Hova n'avait point fortifié les positions stratégiques situées dans la région du Boina. Amer et triste à la fois, le colonel Shervinton quitta définitivement Antananarivo, suivi d'un bon nombre de ses officiers étrangers. Le départ de Shervinton illustrait en fait l'irresponsabilité des hauts responsables militaires devant la menace imminente d'invasion des forces françaises en 1894. Malheureusement, les jalousies internes, l'arrogance, l'ingratitude, et les trahisons de tout genre avaient fini par prendre le dessus au sein d'une armée qui avait fait pourtant ses preuves sur le terrain dix ans auparavant. Des observateurs de l'époque avait affirmé que, si les conseils de Shervinton avaient été suivis à la lettre à l'époque, les troupes françaises n'auraient jamais atteint Antananarivo avant la saison des pluies, situation qui aurait été évidemment fatale pour l'armée française.

Le colonel Charles Robert Sᵗ Leger Shervinton, un survivant des guerres impériales britanniques en Afrique australe et commandant en chef de l'armée de la reine Ranavalona III à Madagascar, décéda en avril 1898, terrassé comme tant d'autres par les effets secondaires de la fièvre tropicale malgache. Il avait certainement attrapé celle-ci lors de ses longues missions à travers les forêts hostiles et denses de Madagascar. Il laissait derrière lui sa femme et ses enfants Isabel, Willie, Charles et Laura. Les trois derniers naquirent tous à Madagascar. Pour terminer, on ne peut que saluer la mémoire d'un homme qui, en tant que soldat, fut hautement respecté par ses ennemis, tant son éthique militaire et son courage étaient légendaires sur les champs de bataille. Il avait pu certainement changer le cours de l'histoire à propos de l'indépendance de Madagascar, si les Hova lui avaient donné en 1894 les vingt-cinq mille hommes qu'il avait réclamés pour défendre efficacement la région du Boina.

16.4 Le major Galbraith G. E. Graves

Le major Galbraith Graves faisait partie des soldats britanniques qui combattaient en Afrique australe, au même titre que Shervinton, et Willoughby. Ensemble, ils furent les artisans des succès de l'armée Hova lors du conflit Franco-Hova de 1883-1885. Graves fut l'un des rares officiers étrangers qui avaient décidé de rester à Madagascar en 1894, à la suite du départ de Shervinton. Il fut promu colonel au mois de juillet 1895. Le 12 septembre 1895, il fut dépêché sur le front, avec un renfort de sept mille hommes, pour épauler le général Rainianjalahy dont les troupes avaient déserté en masse. Constatant l'état lamentable dans lequel se trouvaient les soldats Hova à Andriba, il avait fait venir d'Antananarivo des vivres et des munitions qui furent transportés par des milliers de colporteurs.[33] Par ailleurs, il avait drastiquement amélioré la position défensive Hova sur les hauteurs d'Andriba, à la grande surprise des généraux français. Malheureusement, les dégâts énormes, causés par les obus à la mélinite des artilleurs du général Voyron, avaient fini par avoir raison de la détermination et de la bravoure de ses soldats.[34] En effet, ces derniers abandonnèrent en masse leurs postes pour se replier en catastrophe vers l'intérieur des terres.

Le soir du 17 septembre 1895, le colonel Graves rentra précipitamment du front pour informer le Premier ministre du fait que les officiers Hova encourageraient eux-mêmes la désertion de leurs soldats. Il demanda alors à celui-ci de le nommer commandant en chef de toutes les forces Hova engagées sur le front occidental, chose à laquelle le gouvernement Hova n'avait donné aucune suite, malgré la gravité de la situation. En définitif, la présence du colonel Graves sur le front n'avait point empêché la désertion en nombre des soldats Hova. Graves finit par informer le Premier ministre que la situation était irrémédiablement compromise sur le terrain. Selon lui, loin de leurs bases naturelles, c'est-à-dire les Hautes-Terres centrales de Madagascar, les Hova ne s'étaient jamais battus comme de vrais soldats. Au contraire, ils se mettaient tous à fuir à toutes jambes dès que les premiers obus français tombèrent sur leurs positions.[35] Même la menace d'être brulés vifs en cas de désertion ne les avait pas empêchés de fuir en masse sur les champs de bataille. Sur les sept mille soldats venus en renfort d'Antananarivo, seuls mille trois cent treize restèrent au front pour essayer de stopper l'avance des troupes françaises.[36] Écœurés devant la puissance de feu de leurs ennemis, le colonel Graves et le restant de ses hommes se replièrent finalement sur Antananarivo, suivis du gros des forces Hova qui combattait dans la région du Boina. Accusé de haute trahison par les généraux Hova, il s'enfuit à cheval en direction de Toamasina le 27 septembre, laissant sa femme derrière lui,[37] sous bonne protection des missionnaires de l'Hôpital de la Mission. Cependant, étant la femme d'un officier britannique qui avait combattu au côté des Hova, elle avait dû quitter les lieux sous la pression des autres locataires. En guise de reconnaissance pour les bons et loyaux services effectués par son mari, la reine Ranavalona III lui avait personnellement offert des porteurs afin de garantir sa sécurité lors du long trajet qui la menait vers la côte Est.[38]

17. Chronique de la capitulation des Hova en 1895

Ayant été témoin de la bravoure des Malagasy sur les champs de bataille en 1885, le général Digby Willoughby avait affirmé que les troupes françaises ne seraient jamais en mesure de défaire leur armée.[1] Le colonel Shervinton avait même affirmé à l'époque que, s'il avait sous son commandement pendant une année, les soldats qui avaient été formés et encadrés par Willoughby, il n'aurait eu peur d'aucune unité d'élite militaire dans le monde.[2] En fait, en un espace de dix ans, beaucoup de choses avaient changé, sauf la détermination de la France à conquérir Madagascar par tous les moyens. Même la Grande-Bretagne avait fini par être menacée sérieusement en Afrique australe, en 1890, par l'Allemagne de Bismarck. Par ailleurs, il était devenu de plus en plus difficile pour les Hova d'importer des armes et des munitions de l'extérieur, à cause des clauses du traité de paix de décembre 1885. Parallèlement, le gouvernement Hova s'était plus ou moins laissé berner par la diplomatie douce, mais sournoise, adoptée par les autorités françaises à Madagascar, entre 1886 et 1889. Malgré le soutien financier considérable de la LMS durant la guerre de 1883-1885, le gouvernement Hova s'était retrouvé dans une situation financière plus que sérieuse, du fait qu'il avait été obligé de s'endetter énormément afin d'obtenir le départ des troupes françaises de la ville de Toamasina. Par ailleurs, en acceptant la présence des forces françaises dans la baie de Diégo-Suarez pendant une durée de quatre-vingt-dix-neuf ans, selon les clauses du traité de paix de 1885, il avait de facto facilité la conquête française de 1895. Ajouter à cela la trahison de certains généraux Hova, et l'irresponsabilité d'un gouvernement par rapport à un danger qui s'était avéré plus qu'imminent, la capitulation des Hova paraissait alors plus qu'inévitable en 1895. Selon Shervinton, ces derniers avaient été simplement victimes d'un excès de confiance démesuré, dû à leurs succès militaires dix ans auparavant.[3] Finalement, selon l'aveu du Premier ministre lui-même, les généraux Hova avait été complètement à côté de leur plaque en 1895, car ils avaient cru que les troupes françaises n'iraient jamais au-delà des gisements d'or de Maevatanana, comme il fut le cas en 1885. Une telle erreur de jugement avait été définitivement à la base de la mauvaise stratégie militaire qu'ils avaient adotée tout au long de la guerre. Pourtant, déjà en 1885, Baudais avait suggéré à Jules Ferry de capturer la ville d'Antananarivo, à la suite de la découverte de gisements d'or dans les régions des Hautes-Terres centrales de Madagascar.[4] Il avait proposé à l'époque une force expéditionnaire de dix mille hommes.

17.1 Les prédictions du colonel Francis Cornwallis Maude

Francis Cornwallis Maude était un colonel d'artillerie de l'armée impériale britannique lorsqu'il s'était engagé au service de la couronne Hova durant le conflit de 1883-1885. Les perspectives militaires élaborées par Maude, à propos du conflit Franco-Hova de 1895, et relatées dans ce qui suit, ont été compilées à partir de son livre publié en 1895, décrivant son séjour de cinq ans à Madagascar.[5]

17. Chronique de la capitulation des Hova en 1895

Maude fut l'adjoint du colonel Shervinton, commandant en chef de l'armée Hova en 1888, avant de démissionner de son poste plus tard. Selon lui, le gouvernement Hova n'aurait pas honoré les clauses financières associées à son contrat. Maude avait fait le voyage de l'île Sainte Marie en 1888, en tant que témoin du colonel Shervinton lors du duel entre ce dernier et un officier français du nom de Ducray. Cependant, en publiant à l'époque, un article controversé à propos du Premier ministre Rainilaiarivony dans *Fortnightly View*, Maude avait attiré les foudres de Shervinton.

Selon Maude, le gouvernement Hova avait scrupuleusement maintenu et rempli ses obligations envers la France, quant aux prévisions mentionnées dans le traité de 1885. Pourtant, cela n'avait pas empêché celle-ci, à l'époque, de planifier en secret une nouvelle invasion de Madagascar, au moment où la popularité et le pouvoir du Premier ministre commençaient à s'émousser, due à une pauvreté latente qui s'était installée dans l'île. Les caisses de l'État Hova s'étaient dramatiquement vidées à cause du remboursement des réparations financières réclamées par la France en 1885. La crise financière était telle en 1892 que Maude prévoyait une défaite militaire inéluctable des Hova dans l'éventualité d'une nouvelle guerre contre la France. Les Hova savaient que l'acceptation des nouvelles conditions imposées par la France en 1894, par l'intermédiaire de Charles Le Myre de Vilers, signifierait tout simplement la reddition de leur monarchie. Selon Maude, toute personne ayant étudié d'une manière objective le contentieux Franco-Hova au XIXe siècle, savait pertinemment que les revendications du gouvernement français étaient arrogantes et dénuées de tout fondement. Ainsi, il prédisait que, malgré la situation dramatique qui sévissait à Madagascar, le gouvernement Hova n'opterait jamais pour une reddition suicidaire. Contrairement à ses collègues basés en Afrique australe, qui eux pressentaient un revers des troupes françaises à Madagascar en 1895, Maude voyait plutôt une capitulation de l'armée Hova durant les trois premiers mois d'un conflit ouvert avec la France. Selon lui, la légendaire combativité des Hova restait à démontrer en 1895, malgré la performance de l'armée malgache lors du conflit 1883-1885. Les grandes batailles auraient été gagnées par les Hova durant celui-ci, grâce à la bravoure des soldats issus des autres groupes ethniques de Madagascar.

Rainilaiarivony aurait été trop obstiné à protéger Madagascar de l'influence du monde extérieur, au point de sacrifier son développement en profondeur. La frustration de Maude envers une telle politique était si grande qu'il aurait préféré, par moments, voir Madagascar mise définitivement sous tutelle de la France. Cependant, Maude finissait par admettre qu'un protectorat français sur Madagascar fermerait davantage l'île à tout échange commercial extérieur autre que celui effectué avec la France. Par ailleurs, il voyait d'un mauvais oeil le côté paternaliste de la politique coloniale du gouvernement français. Finalement, il affirmait que toute idée d'intervention française dans l'île, au nom d'une civilisation dite supérieure, n'était nullement justifiée, vu l'état avancé de celle des Hova à l'époque.

17.2 Les signes précurseurs de la chute du royaume Hova

La politique d'autarcie adoptée par les gouvernants Hova, après le règne du roi Radama I, aurait été au XIXᵉ siècle, une des causes qui avaient provoqué l'implosion fatale du royaume Hova de Madagascar. Elle aurait eu des effets néfastes sur l'économie en général du royaume. En fait, les Hova avaient été forcés d'adopter une telle politique, car toute relation avec les puissances européennes fut utilisée par celles-ci pour mettre en avant leurs intérêts coloniaux. Par ailleurs, le coût financier de la guerre 1883-1885 et les conditions imposées par la France, à travers les clauses du traité de paix de 1885, auraient plongé le royaume Hova dans une catastrophe économique sans précédent. En essayant de pacifier par la force les populations et les royaumes avoisinants, surtout ceux du Sud, de l'Ouest et du Nord-ouest, les Hova avaient accru le ressentiment des autres ethnies à leurs égards. Un tiers du territoire de Madagascar avait échappé au contrôle du gouvernement d'Antananarivo, et serait devenu le centre de gravité d'économies parallèles dont les taxes ne rentraient jamais dans les caisses de l'État. L'utilisation à grande échelle du fanompoana, c'est-à-dire du régime de travail forcé, à partir de 1869, aurait fini par ralentir, voire stopper, l'industrialisation de l'économie. Les artisans de talent avaient tout simplement déserté en masse leurs métiers afin d'échapper au système, alors que les milliers de soldats, enrôlés de force, manquaient de motivation pour leur travail. Par ailleurs, les travaux d'exploitation de l'or, dans les régions situées hors des frontières de l'Imerina, auraient poussé de nombreux d'agriculteurs Hova, à déserter les rizières, phénomène qui aurait été à l'origine des grandes famines en Imerina. Celles-ci auraient poussé de nombreux Hova d'origine modeste, à venir grossir les rangs des brigands de grand chemin. Ainsi, à la veille de la conquête française en 1895, un semblant d'anarchie s'était aussi installé dans plusieurs régions de l'Imerina, chose qui aurait favorisé à nouveau, les raids Sakalava et Bara. Une telle anarchie s'était aussi développée dans les régions provinciales à partir de 1893, année où les agents français avaient réussi à acheter la loyauté des Hova bien placés au palais. Ces derniers avaient pour mission d'espionner toute activité d'importation d'armes conduite par les officiers britanniques au nom du Premier ministre Rainilaiarivony. Les Sakalava et les Betsimisaraka se mirent à attaquer les concessions européennes, mises sous protection de l'armée Hova. Une révolte à grande échelle des Bara avait tout rasé sur son passage dans le sud de l'île, comme durant la grande époque de la traite d'esclaves.[6] Le christianisme, imposé par les Hova aux autres tribus en tant que foi officiellement supportée par l'État, avait été en fait rejeté en masse par les populations des provinces. Enfin, les gouverneurs de telles régions avaient profité du chaos, pour y installer une forme illégale d'autodétermination. Bref, le contexte économique, politique et social, dans lequel se trouvaient les Hova avant 1895, était loin d'être favorable pour permettre à ces derniers de faire face à une nouvelle invasion des forces françaises.

Alors que le réseau des traîtres ne cessait d'augmenter durant les jours précédant la chute de la ville d'Antananarivo en 1895, ceux qui se battaient pour l'indépendance de leur patrie vivaient en permanence dans la hantise de se faire assassiner à tout moment. Le degré de suspicion était tel que ces derniers n'échanger plus des informations entre eux, et ne se confiaient même plus à leurs proches amis ou à leurs propres familles. Ils savaient pertinemment à l'époque que certains hauts dignitaires Hova oeuvraient secrètement en faveur des intérêts français à Madagascar.[7] De tels hauts responsables de l'État, regroupés au sein d'une formation politique connue sous le nom de *Parti Français*, auraient été à l'origine des décisions royales controversées, spécialement celles qui avaient affaibli le royaume. Cela explique peut-être le remplacement du colonel Shervinton à la tête de l'armée par un général hautement soupçonné d'avoir été un des chefs de l'organisation, c'est-à-dire le prince Ramahatrarivo II.[8] Ayant des espions même au sein de la famille du Premier ministre, le *Parti Français* fut à l'origine de l'envoi au front d'officiers incompétents et d'hommes démunis de toute formation militaire furent en 1895.[9] Par ailleurs, il avait fait parvenir les plans de bataille de l'armée Hova aux mains des généraux français, tout en entretenant cyniquement la désillusion du petit peuple d'Antananarivo en enflammant celui-ci avec des discours patriotiques. On rapporte que les membres de l'organisation avaient comploté pour assassiner la reine Ranavalona III, chose qui les plaçait directement en conflit avec le général Duchesne en personne. En effet, ce dernier considérait la souveraine Hova comme une des pièces maîtresses qui garantiraient le succès de sa mission. Voulant éviter à tout prix toute instabilité au sommet de la monarchie, il aurait lui-même établi un plan d'évacuation de Ranavalona au cas où sa vie serait en danger.[10] Au lendemain de la capitulation de l'armée Hova, le général français avait sciemment ignoré tous ceux qui avaient œuvré dans l'ombre pour faciliter sa victoire. Sûrement, il avait ressenti un certain dégoût envers ceux qui avaient trahi leur propre patrie.

Les officiers britanniques qui étaient restés à Madagascar malgré le départ en masse de leurs compatriotes en 1894, avaient alerté les responsables Hova sur le fait que l'armée n'était point en mesure de soutenir un long effort de guerre, faute de munitions. Malgré cela, l'usine d'armement sophistiquée d'Antananarivo était demeurée inactive pendant des mois. Les soldats furent envoyés au front dépourvus du moindre nécessaire pour assurer leur survie. Ainsi, même s'ils parvinrent à résister aux premiers assauts de leurs ennemis, la plupart d'entre eux succombèrent par manque de soins et de vivres.[11] La lettre de Rahanato à Ramasombazaha, gouverneur Hova de Marovoay, en disait long sur l'irresponsabilité des autorités Hova à l'égard de leurs soldats.[12] Par ailleurs, des discussions avaient été entamées pendant des mois afin de bloquer toute navigation en amont de la rivière du Betsiboka. Malheureusement, rien n'avait été décidé au plus haut niveau de l'État, malgré le fait que le colonel Shervinton et ses officiers avaient été envoyés sur place afin de planifier l'effort nécessaire pour les travaux de fortification. Une telle inertie s'était avérée fatale pour les Hova en 1895, lors des accrochages dans les régions du Boina. En effet, les puissantes canonnières de l'armée française avaient bombardé les défenseurs Hova de la ville de Marovoay, à partir des affluents du Betsiboka.

Les chefs militaires Hova, techniquement en retard d'une guerre en 1895, ont été sans aucun doute les grands responsables de la chute de la monarchie Hova. Comment avaient-ils pu croire à l'époque qu'ils étaient capables de gagner une guerre contre l'une des armées les plus puissantes d'Europe au XIXᵉ siècle, c'est-à-dire l'armée française, tout en provoquant le départ en masse des officiers étrangers qui les avaient amenés à la victoire dix ans auparavant ? En fait, certains d'entre eux avaient trop misé sur les protections naturelles dont avait joui le royaume Hova des Hautes-Terres centrales de Madagascar, pendant des siècles. Selon Shervinton, vu le laxisme du gouvernement Hova devant un danger imminent, la reine Ranavalona III aurait dû négocier à propos de l'affaire de la représentation diplomatique, au lieu de précipiter le pays dans la guerre. Cependant, force est d'admettre que les Hova n'avaient d'autre choix à l'époque que de défendre leur patrie par tous les moyens, à partir du moment où l'Angleterre avait béni le protectorat de la France sur l'île de Madagascar en 1890 ?

17.3 La démission en bloc des officiers de Shervinton

Alors que le conflit militaire Franco-Hova semblait inévitable en 1894, les éternelles tergiversations des dirigeants Hova commençaient sérieusement à lasser le colonel Shervinton, pourtant habitué à leur manque de dynamisme. Ce dernier avait élaboré un plan de défense selon lequel les Hova s'opposeraient aux troupes françaises, dès que celles-ci débarqueraient comme il l'avait prévu dans la ville de Mahajanga. Il avait alors soumis au Premier ministre un plan de guerre à travers lequel il avait demandé hommes et matériel lui permettant de défendre efficacement, centimètre par centimètre, le territoire de Madagascar. Toutefois, il avait concédé qu'en absence de ravitaillement efficace en munitions et vivres, ses troupes ne seraient pas en mesure d'engager une offensive de grande envergure contre les positions de leurs ennemis, et devraient tôt ou tard se replier dans l'arrière-pays. Si tel fut le cas, il préconisait un regroupement vers l'intérieur du gros des forces Hova, en vue de monter une contre-offensive générale. Alors que le moment était définitivement pour des actions concrètes, les dirigeants Hova passaient leur temps à haranguer les foules de discours de guerre totalement à côté des réalités du moment. Ainsi, en mars 1895, perdant sa patience, le colonel Shervinton demandait au général Rasanjy de transmettre sa lettre de démission au Premier ministre. Entre-temps, sa demande d'audience auprès de la reine Ranavalona III avait été refusée. Les membres du *Parti Français* avaient même fait circuler soi-disant des copies de lettres que Shervinton aurait écrites aux autorités françaises lors de son séjour en Angleterre. Le colonel aurait proposé de contribuer à l'établissement du plan d'invasion. Par ailleurs, ils faisaient tout pour convaincre le gouvernement Hova, que les troupes françaises ne seraient jamais en mesure d'atteindre la ville d'Antananarivo, et que toute mise en oeuvre du plan Shervinton n'était point justifiée.

Alors que les soldats avaient commencé à déserter par centaines sur le front, l'un des fils du Premier ministre avait été accusé d'avoir encouragé ses troupes à abandonner leurs postes. Connu pour avoir été bien traité par les autorités françaises à Madagascar, il avait même libéré plusieurs de ses soldats du service militaire. Devant une telle situation, le colonel Shervinton menaçait de démissionner pour de bon, et d'entraîner avec lui le gros des officiers étrangers au service de la monarchie. Afin d'organiser efficacement la défense de la ville de Mahajanga sur la côte ouest, il avait exigé la mise sous son commandement de plus de vingt cinq mille soldats, et l'établissement d'une chaîne de commande militaire qui le lierait directement au couple royal. À travers un tel geste, il était clair que Shervinton ne voulait ni plus ni moins que d'être nommé commandant en chef de l'armée malgache sur le front occidental. Cependant, les stratégistes militaires Hova avaient préféré réserver le gros de leurs troupes pour la défense de la capitale du royaume. Ecœuré devant l'attitude des dirigeants Hova, le colonel démissionna définitivement de ses fonctions. Il fut suivi dans son geste par la plupart des officiers étrangers ayant servi sous ses ordres. Ensemble, ces derniers déclarèrent : [13]

« *À la suite de la résiliation du colonel Shervinton, nous ne pouvons que suivre son exemple du fait qu'il est notre officier supérieur. Par ailleurs, nous considérons que le colonel était le seul homme à Madagascar apte à commander les troupes malgaches sur le terrain. Étant conscients des sentiments de jalousie des nobles à l'encontre des officiers européens, il nous serait impossible de servir en tant que conseillers militaires sous les ordres d'officiers malgaches. Comme il y avait de fortes chances que personne ne tiendrait compte de nos conseils, nous nous retrouverions dans une situation ridicule, et par-dessus tout, démunis de toute sécurité.* »

En 1884, l'amiral Galiber témoignait devant le Parlement français de l'importance de la présence des officiers britanniques dans le système de défense de l'armée Hova. Selon lui, sans la présence de ces derniers, il suffirait tout juste dix mille hommes pour conquérir la ville d'Antananarivo. Malheureusement pour les Hova, la suite des évènements avait bien donné raison à Galiber.[14] Dans une interview qu'il avait accordée au journal *Cape Argus*, Shervinton avait affirmé que l'attitude des généraux malgaches à son égard l'avait finalement poussé à démissionner en 1895.[15] Ces derniers l'avaient alors accusé d'être un espion à la solde de la France.

17.4 Le Coup de grâce signé Lord Salisbury

La prolifération des missions d'évangélisation, entamées par les diverses organisations chrétiennes britanniques à travers le monde, avait fini par étendre les limites virtuelles de l'Empire britannique vers le milieu du XIXe siècle. Parallèlement, un sentiment de suprématie d'ordre racial avait animé les milieux conservateurs britanniques. Cela avait incité des gens comme Cecil John Rhodes en 1893, à coloniser de larges territoires en Afrique australe, contribuant ainsi personnellement, à une telle expansion. La nomination de Benjamin Disraeli, en tant que Premier ministre en 1874, avait détruit le rêve des libéraux de voir leur pays adopter une politique étrangère humaniste.[16] Le populisme impérial, polarisé à l'extrême en Angleterre en 1877, se nourrissait de plus en plus de nouvelles conquêtes militaires, alors que la Russie menaçait l'Égypte et l'Inde, les deux grands joyaux de l'Empire britannique au XIXe siècle. Afin de montrer aux Russes la valeur géostratégique du continent indien pour l'Empire britannique, la reine Victoria fut même proclamée impératrice de l'Inde.[17] Une telle décision avait en fait permis à l'armée impériale d'enrôler les Indiens en masse, afin de soutenir sa campagne en Asie. Parallèlement, les interventions militaires de 1877 et 1879, respectivement dans le Transvaal et dans les territoires Zoulou, en Afrique australe, réaffirmaient la volonté de Londres de maintenir la suprématie britannique dans l'Océan Indien. Ainsi, sans aucun doute, l'Égypte, l'Inde et l'Afrique australe étaient les pièces maîtresses sur lesquelles reposait la stratégie impériale de l'Angleterre tout au long de la seconde moitié du XIXe siècle.

À l'arrivée au pouvoir en 1880 du libéral Gladstone,[18] tout semblait indiquer que l'Angleterre était prête à tourner le dos définitivement au programme populiste qui avait marqué les années Disraeli. Cependant, bien qu'il a voulu adopter une politique impériale faite de philanthropie, Gladstone n'avait d'autres choix à l'époque que de perpétuer la stratégie de son prédécesseur, face à l'attitude belliqueuse de la Russie, de la France, et de l'Allemagne. En fait, l'Angleterre était menacée en Afrique australe par la conquête allemande de la Namibie en 1884, inquiétée par les intentions russes à propos de l'Afghanistan en 1885, et affaiblie par les interminables conflits en Égypte et au Soudan au cours de la même année. Par ailleurs, elle avait été prise de vitesse par l'ampleur des conquêtes de l'armée française en Afrique occidentale. Elle avait finalement fini par marchander avec ses rivales, afin de préserver les sphères d'influence vitales pour la survie de l'Empire britannique, et de maintenir sa suprématie dans le monde. Ainsi, durant la fameuse conférence de Berlin de 1884-1885, elle avait accommodé les revendications franco-allemandes afin de sauvegarder ses intérêts commerciaux en Afrique occidentale.[19] Dans le but de désarçonner son vieux rival dans cette région du monde, la France avait même mis de côté, du moins temporairement, ses profonds ressentiments à l'encontre de l'Allemagne à la suite de la grande débâcle de son armée lors de la guerre franco-prusse de 1870-1871. Cependant, le traité de Berlin n'avait point atténué les tensions entre les grandes puissances européennes à propos de leurs objectifs coloniaux en Afrique. Bousculée sérieusement par la France en Afrique occidentale dès 1887, menacée par l'Allemagne en Afrique orientale à partir de 1889, et affaiblie économiquement à la suite de la dépression durant les années qui suivirent la conférence de Berlin,[20] la Grande-Bretagne de Lord Salisbury s'était résolue à négocier une fois de plus avec l'Allemagne, afin d'éviter l'isolement de ses territoires d'Égypte et du Soudan par rapport à ceux situés en Afrique australe.

Ainsi, dans le but d'éviter un conflit majeur sur le théâtre européen, Londres avait offert Heligoland au Chancelier allemand Bismarck,[21] une île située dans la mer nu Nord, à quarante kilomètres des côtes allemandes.[22] Alors qu'elles agissaient en tant que puissances rivales lors des négociations de Berlin de 1884-1885, l'Allemagne et la France avaient établi une alliance stratégique en 1890, afin de pouvoir négocier en position de force face à la Grande-Bretagne. En établissant un accord tacite avec la France concernant le ravitaillement en armement de ses colonies en Afrique orientale à partir de Madagascar, l'Allemagne avait reconnu le protectorat français sur l'île.[23] Ainsi, à la grande surprise de Londres, et à la demande de la France, les Allemands s'étaient aussi battu pour les intérêts français durant les nouvelles négociations germano-britanniques de 1890. Soucieuse de préserver à tout prix la route qui reliait les régions du Cap d'Afrique australe avec l'Égypte, la Grande-Bretagne de Lord Salisbury avait alors abandonné l'île de Madagascar à son ennemi de longue date, c'est-à-dire la France. En approuvant les nouveaux accords germano-britanniques, signés à Berlin le 1ᵉʳ juillet 1890, le Premier ministre britannique Lord Salisbury avait définitivement enterré le rêve anglophile des Hova. En fait, Londres avait renié le pacte de sang établi en 1816 entre le capitaine Le Sage et le jeune roi Hova Radama I. Une grande déception s'était emparée des amis de Madagascar dans les milieux londoniens, des missionnaires de la LMS, et de la communauté britannique résidant à Madagascar. Quant aux Hova, se sentant poignardés dans le dos par une nation européenne qu'ils avaient toujours considérée comme la plus fidèle des alliées, leur amertume fut à son comble lorsqu'ils finirent par savoir que des bateaux anglais avaient même assuré le transport des troupes françaises en 1895.

En vérité, Madagascar n'avait jamais été considérée par Londres comme étant stratégique à propos de la stabilité et la sécurité de son empire au XIXe siècle. Il semblerait qu'elle avait favorisé l'établissement d'une domination Hova sur tout le territoire de Madagascar, juste pour neutraliser les ambitions coloniales françaises dans l'Océan Indien.

En mars 1896, une délégation britannique était venue à Paris pour sceller le nouvel ordre colonial dans l'Océan Indien. Elle avait rendu visite à Guieysse, ministre des Colonies,[24] et était composée des membres de la puissante LMS et ceux de la *Society of Friends*, deux organisations qui avaient largement contribué au maintien de l'indépendance de Madagascar tout au long du XIXe siècle. Noblesse oblige, les visiteurs britanniques avaient remercié le gouvernement français pour la courtoisie et la gentillesse affichée par ses représentants à Madagascar, entre autres le général Duchesne et le résident-général Laroche. Par ailleurs, ils avaient assuré Guieysse que les deux organisations feraient tout pour coopérer avec la mission civilisatrice de la France dans l'île. Enfin, ils avaient aussi promis de tout faire pour développer l'enseignement de la langue française au niveau de leurs écoles supérieures locales.

17.5 Le corps expéditionnaire français du général Duchesne

La presse populaire en France avait présenté l'invasion de Madagascar au public français, comme étant une croisade contre un peuple intolérant, barbare et obstiné qui mériterait d'être colonisé par une puissance supérieure.[25] Le Myre de Vilers n'avait point manqué de mots dépréciateurs à propos de la situation générale dans l'île, chose qui, selon certains observateurs, avait été interprétée par les autorités de Paris, comme étant la justification d'une intervention militaire.[26] Cependant, bien longtemps avant lui, Victor Hugo, dans son éditorial l'*Événement*, inspiré peut-être des thèses colonialistes des années 1830 de Lamartine, avait déjà proposé en 1849 une conquête de Madagascar par la France.[27]

Alors que les parlementaires français tergiversaient en 1894 et 1895, à propos du statut politique de Madagascar au lendemain d'une éventuelle conquête,[28] le gouvernement de Paris rassemblait une force expéditionnaire dont une grande majorité était originaire des colonies françaises d'outre-mer. Selon le ministre de la Guerre Godefroy Cavaignac,[29] dix-sept mille cinq cents hommes, un bataillon de miliciens originaires de l'île de la Réunion, six mille mulets, des milliers de petites voitures et une soixantaine de chevaux avaient été mis sous le commandement du général Duchesne,[30] afin de conquérir l'île de Madagascar. Duchesne fut un ancien lieutenant-colonel de la Légion étrangère, et un vétéran des guerres coloniales d'Algérie et du Tokin. Les militaires avaient été assistés sur le plan logistique, par des milliers de convoyeurs, porteurs et travailleurs originaires du continent africain, entre autres cinq mille Kabyles d'Algérie et deux mille cinq cents Somaliens. Protégés par onze navires de la marine de guerre française, des bateaux battant pavillon français ou anglais acheminaient la force d'invasion le long de la mer rouge jusqu'à Madagascar.[31] Le taux de mortalité des colporteurs africains était si élevé, que les troupes combattantes avaient été souvent obligées de les remplacer pour les travaux de génie. Même les Sakalava originaires du Nord de Madagascar, recrutés afin d'accélérer leur exécution, finissaient tous par déserter au grand désarroi de leurs employeurs, tant les conditions de travail étaient dures. Le bataillon de tirailleurs Sakalava, servant au sien du régiment colonial de la deuxième brigade d'infanterie de marine, avait été en fait composé en majorité de Comoriens originaires de l'île Mayotte. Cependant, il était fort probable à l'époque, que des Antakarana et Sakalava du Nord de Madagascar avaient été intégrés au sein des forces françaises en 1895, sachant qu'ils avaient été déjà entraînés par les officiers français dès 1892.[32] Les Comoriens avaient servi sous les ordres du commandant Ganeval, dont le supérieur hiérarchique fut le colonel de Lorme. La brigade de marine avait été mise sous le commandement du général Voyron. Le général Duchesne avait été en outre épaulé dans sa tâche par deux autres généraux, entre autres Torcy et Metzinger, respectivement, chef d'État-major général et commandant de la première brigade des troupes de guerre.

La campagne de Madagascar s'était cependant avéré catastrophique pour l'armée française, car plus de dix mille hommes avaient succombé aux maladies, sans combattre, entre le 15 février 1895 et le 21 août 1895.[33] Un tiers des soldats originaires de la Métropole décéda au cours de l'invasion.[34] Quelques-uns d'entre eux seraient même suicidés, tant les misères des jungles tropicales leur devinrent trop insupportables.[35] Selon les chiffres du ministère de la Guerre de l'époque, trois milles seulement d'entre eux auraient succombé à Madagascar, et trois le furent lors du rapatriement,[36] chiffres contestés par Dr Jean Lémure dans un de ses rapports. Ce dernier comptait plutôt plus de six mille morts dans les rangs de l'armée française.[37] Il avait même rapporté que, vers le 26 septembre 1895, plus de dix mille hommes avaient été mis hors de combat. Même les plus vaillants des soldats auraient fini par succomber aux maladies. Par exemple, le dixième escadron des premiers chasseurs d'Afrique avait perdu tous ses hommes.[38] Le témoignage de 1884 du lieutenant de la Marine américaine Shufeldt décrivait parfaitement le calvaire de ceux qui avaient attrapé la fièvre tropicale malgache connue sous le nom du *Tazo*. Il avait rapporté que la maladie se manifestait d'abord par une succession de sensation extrême de chaud et de froid, mettant le cerveau du malade pratiquement en feu, à tel point qu'il était impossible à ce dernier de discerner clairement tout ce qui bougeait autour de lui.[39] Puis venaient alors les cris stridents qui perçaient le tympan, suivis d'une grande lassitude. On comprend mieux, à travers un tel témoignage, pourquoi les Hova considéraient le *Tazo* et la densité des forêts qui entouraient les hauts plateaux du centre, comme étant les meilleurs systèmes défensifs contre toute forme d'invasion.[40]

Malgré l'insistance du général Metzinger à utiliser les chefs Sakalava comme partenaires de la France pendant et après l'invasion, le général Duchesne avait préféré appliquer à la lettre les consignes de Paris. Au contraire, celles-ci préconisaient une étroite collaboration avec les Hova afin d'établir une présence permanente française à Madagascar. Ainsi, Duchesne avait coupé court toute manœuvre politique orchestrée sournoisement par Metzinger, quant au rôle des Sakalava durant la conquête française de 1895. Il était même allé jusqu'à refuser à ces derniers et leur chef Salimo, le droit de célébrer la prise de la ville de Marovoay.[41] Cependant, même s'il n'y avait pas de collision militaire directe entre les troupes du général Duchesne et les guerriers Sakalava, les populations du Boina avaient bel et bien aidé logistiquement les forces françaises. En effet, ils avaient ravitaillé le corps expéditionnaire français en vivres et nourritures, rendant ainsi inefficace la tactique de terre brûlée, adoptée par les soldats Hova lors de leur retraite forcée vers les Hautes-Terres centrales de Madagascar. Déjà en mars 1884, Dureau Vaulcomte, député de la Réunion, avait proposé un plan similaire à celui de Metzinger, mais beaucoup plus radical. En effet, lors de l'ouverture de la session de la Chambre des Députés sur l'affaire de Madagascar, il avait purement et simplement suggéré l'élimination physique des Hova, moyennant une assistance des autres tribus de l'île.[42]

La fameuse colonne volante, qui avait marché victorieusement sur Antananarivo le 30 septembre 1895, avait été essentiellement composée de légionnaires, et de cinq mille soldats issus des territoires coloniaux de la France, tels l'Algérie et le Sénégal. Elle était composée de quatre bataillons d'infanterie, quatre bataillons de la Marine, deux batteries d'artillerie, deux compagnies d'ingénieurs, et deux escadrons de cavalerie. Afin d'éviter des exactions à l'égard de la population civile, le général Duchesne avait maintenu les tirailleurs algériens et sénégalais en dehors de la ville d'Antananarivo, lors de l'assaut final contre les forces Hova. Il avait donné l'ordre à ses artilleurs de bombarder le palais de Manjakamiadana avec des obus à la mélinite,[43] provoquant plusieurs victimes et des dégâts considérables, forçant alors la reine Ranavalona III à capituler, contre l'avis de ses généraux. Le drapeau blanc fut hissé sur le toit du palais juste au moment où Duchesne allait ordonner le bombardement systématique de la ville d'Antananarivo, chose qui aurait provoqué, selon un observateur de l'époque, l'explosion d'une bonne partie de la colline d'Analamanga. En effet, plus de dix mille tonneaux remplis de poudre d'explosifs auraient été amassés la veille par les soldats Hova à l'intérieur des enceintes du palais.[44]

Alors qu'une page de l'histoire de Madagascar venait de se tourner à la suite de la défaite militaire des Hova en 1895, la victoire de Duchesne avait un goût amer pour de nombreuses familles françaises. En effet, celles-ci défilèrent à l'époque en grand nombre dans les cimetières de l'hexagone pour enterrer leurs fils, leurs frères ou leurs pères qui avaient succombé par milliers lors de la campagne de Madagascar. Celle-ci demeurera l'une des expéditions militaires la plus meurtrière entamée par l'armée coloniale française au XIXᵉ siècle. La conquête de Madagascar de 1895 avait été une guerre imposée au peuple de France par les militaires français et les opportunistes politiques issus de tous les horizons.[45] L'incompétence et l'arrogance des responsables de l'époque seraient à l'origine des pertes considérables en vies humaines.[46] Selon des observateurs, sans la persévérance et la lucidité de Duchesne, l'invasion de Madgascar aurait été une catastrophe pour l'armée française. Malgré le fait que six mille de ses hommes ont été mis hors de combat sans avoir même tiré un seul coup de feu, le général français avait réussi à défaire une armée Hova composée théoriquement de quarante mille soldats, et dotée de canons et de fusils. À la vue de la débâcle des forces françaises lors de la campagne du Dahomey,[47] certains avaient même prédit qu'il serait pratiquement impossible aux troupes de Duchesne de survivre dans les forêts tropicales de Madagascar. Selon le prince Henri d'Orléans, qui lui avait visité l'île en 1893, un terrible poison se cacherait derrière tous les beaux habitats naturels de la Grande Île.[48] Il avait alors prédit, que parmi ceux qui allaient affronter la terrible maladie, beaucoup perdraient leurs forces physiques après l'avoir contactée, et que peu d'entre eux en sortiraient vivants. Tel fut le cas du colonel Gillon qui décéda le 17 juin 1895.[49] On rapporte que cinquante pour cent des effectifs avaient été pratiquement mis hors de combat au cours du mois qui suivait le décès de Gillon, et que le découragement s'était emparé de ceux qui étaient encore valides.[50] Paradoxalement, les Hova avaient aussi subi de très lourdes pertes en 1822, lorsque leur armée, composée de soixante-dix mille hommes et commandée par le roi Radama I, avançait dans les territoires Sakalava, mais en sens inverse. Plus de trente mille soldats Hova auraient succombé lors de l'expédition.[51]

L'attitude magnanime et le grand respect du général Duchesne envers la reine Ranavalona III avaient surpris à l'époque son propre entourage et les hauts dignitaires Hova. Lors de la première rencontre qu'il avait eue avec la souveraine, Duchesne avait insisté pour que le drapeau Hova soit à nouveau hissé sur le toit de son palais.[52] Au début de la campagne militaire de 1895, Duchesne avait aussi prévenu ses troupes qu'il n'hésiterait pas à punir sévèrement ceux qui seraient coupables de violence arbitraire envers les autochtones. Par ailleurs, il avait formellement interdit à ses soldats de profaner les tombes qui se trouveraient sur leur chemin. Devant l'accroissement du nombre d'exactions perpétrées par ces derniers à l'encontre des villageois durant la première phase de la guerre, le général français avait mis à exécution sa menace et avait réprimandé les coupables, ainsi que leurs officiers supérieurs. Il était même allé jusqu'à faire fusiller quatre tirailleurs d'origine Sakalava qui avaient été accusés d'avoir violé et tué une femme dans les environs de Marololo.[53] Cependant, soucieux de terminer rapidement sa mission, Duchesne avait donné l'ordre à ses artilleurs de bombarder deux des précieux symboles de la monarchie Hova au XIXe siècle, c'est-à-dire le palais de Manjakamiadana et celui d'Andafiavratra.[54] Au même titre que Ranchot,

Duchesne avait toujours été pour l'établissement d'un régime de protectorat qui permettrait aux malgaches de garder une certaine autonomie politique dans la gestion de leurs affaires internes. Par ailleurs, selon lui, le régime de protectorat ne devrait en aucun lieu détruire la culture et les traditions malgaches. Ayant toujours été un homme à cheval sur les principes et les valeurs militaires, il avait été jusqu'au bout contre la décision unilatérale de son pays d'annexer l'île de Madagascar.[55] D'après Duchesne, la France s'était tout simplement déshonorée en ne respectant pas le traité que ses réprésentants avaient signé à la suite de la capitulation des forces Hova le 30 septembre 1895. On rapporte qu'il avait été relevé de ses fonctions pour avoir été trop complaisant à l'égard des Hova au lendemain de sa victoire. Sa campagne militaire avait été par ailleurs boycottée par la plupart des journalistes français qui avaient fait le voyage de Madagascar. En effet, ces derniers avaient été mécontents de la qualité de la logistique offerte par Duchesne. Ainsi, seul l'explorateur allemand Hers Wolf, représentant du *Berlier Tabulateur*, avait pu suivre jusqu'au bout la marche forcée des cinq mille hommes qui avaient composé la fameuse colonne volante.[56] La mission du général Duchesne avait été largement facilitée par les travaux de reconnaissance effectués antérieurement par le lieutenant-colonel de Beylié, et les renseignements d'odre topographique obtenus par les généraux Voyron et Metzinger auprès de l'explorateur Alfred Grandidier.[57] Beylié avait parcouru l'île de Madagascar de long en large, alors qu'il occupait le poste d'attaché militaire à la Résidence générale française d'Antananarivo. Quant à Grandidier, il avait visité l'île plusieurs fois entre 1865 et 1871, moyennant une autorisation spéciale du Premier ministre Rainilaiarivony. Duchesne résumait la prise d'Antananarivo de la façon suivante : [58]

17. Chronique de la capitulation des Hova en 1895

« *Après quelques combats violents engagés par l'avant-garde et l'arrière-garde le 27 et 28 septembre, j'ai pris hier les collines fortement défendues et situées à l'est d'Antananarivo. J'ai formé deux colonnes dont celle de gauche était commandée par le général Metzinger, et celle de droite par le général Voyron. L'endroit était chaud et compliqué à cause d'une attaque venant de la droite contre nos forces situées à l'arrière. Ce n'était que vers deux heures de l'après-midi que l'Observatoire et les hauteurs d'Andrainariva furent pris par la première brigade, alors que les collines situées sur le côté nord furent occupées par le général Voyron. Lorsque les canons placés au palais et au nord de la ville ouvrirent le feu, j'ai donné l'ordre de bombardement et étais sur le point de lancer une attaque formée de six colonnes, lorsque l'ennemi ouvrit les négociations pour l'arrêt des hostilités. J'ai demandé la capitulation de la ville, dont quatre bataillons d'infanterie et une batterie d'artillerie devraient être mis sous le contrôle du général Metzinger, alors que le général Voyron et le reste des troupes continuèrent d'occuper les sommets des collines sur la partie Est.* »

Au lendemain de sa victoire, le général Duchesne n'avait point lésé sur les moyens militaires pour venir à bout de toute rébellion sur tout le territoire de Madagascar. Par exemple, il avait ordonné à ses troupes de réprimer vigoureusement des insurgés malgaches opérant au sud-ouest d'Antananarivo, plus précisément, dans la région d'Arivonimamo.[59] Il aurait été aidé dans sa tâche par le gouvernement Hova issu du régime de protectorat. Selon le Premier ministre Rainilaiarivony, les émeutes d'Arivonimamo et celles dans la partie orientale de l'île étaient dues au réveil d'un mouvement fanatique connu sous le nom de *Fatavolo* au sein d'une population qui, selon lui, avait été superficiellement christianisée, mais aussi avait été victime de mauvais traitements de la part des gouverneurs Hova.[60] Par ailleurs, Duchesne avait aussi dépêché plus de six cents hommes à Ramainandro, afin de mater six mille Hova qui s'étaient révoltés contre les Européens. Le domaine religieux de la *Society for the Propagation of the Gospel* du révérend MacMahon avait été alors entièrement saccagé.[61]

17.6 La débâcle militaire des Hova à Marovoay

Les forces françaises avaient pratiquement avancé dans la région du Boina sans avoir rencontré une résistance majeure jusqu'au 27 avril 1895, où leur première attaque contre la ville de Marovoay avait été repoussée par les Hova. En vue d'un assaut final contre ces derniers, prévu pour le 3 mai 1895, à minuit, le général Duchesne avait donné l'ordre à ses tirailleurs kabyles et comoriens de ratisser méthodiquement tous les villages avoisinants. Des guerriers Sakalava qui maraudaient dans la région auraient massacré ce jour-là, un grand nombre de femmes et enfants qui n'avaient pas eu le temps de suivre les soldats Hova dans leur retraite précipitée.[62] Selon le témoignage du colonel Rajestera, le général et gouverneur Ramasombazaha, aurait été le premier à s'enfuir de la ville Marovoay en tenue civile,[63] dès que les forces françaises commencèrent à bombarder celle-ci à partir des affluents de la Betsiboka. Il avait par ailleurs donné l'ordre aux soldats Hova d'abandonner leurs postes. Il avait été par la suite traduit en cour martiale en tant que déserteur, puis condamné à mort pour n'avoir pas défendu coûte que coûte la ville de Marovoay, et pour avoir abandonné une énorme quantité d'armes et de vivres entre les mains de l'ennemi. Cependant, il avait été plus tard gracié et rétabli dans ses fonctions, grâce à l'aide de ses amis qui opéraient dans les hautes sphères du pouvoir.

La débâcle des Hova à Marovoay était telle, que le champ de bataille aurait été complètement parsemé de corps de leurs soldats blessés ou tués, tirés par des centaines de crocodiles vers les profondeurs des eaux. Ils auraient perdu plus de trois cents hommes dans la bataille. La chute de Marovoay était un sérieux coup dur pour le moral du Premier ministre, la ville étant le principal dépôt de munitions des troupes engagées sur le front occidental. Par ailleurs, malgré ses instructions, tous les canons, fusils, munitions et réserves de riz avaient été abandonnés aux mains des troupes françaises, au lieu d'être détruits. L'incompétence des officiers Hova défenseurs de Marovoay se mesuraient par les milliers de zébus qui avaient été capturés par les Sakalava pour ravitailler les troupes françaises. La stupeur et le désarroi du Premier ministre avaient été tels à l'annonce de la chute de Marovoay qu'il serait évanoui dans les bras de ses généraux.[64] On rapporte qu'il avait alors regretté amèrement l'absence des ses conseillers militaires étrangers, et aurait même supplié le colonel Shervinton de venir à son aide alors que ce dernier venait juste de quitter définitivement Madagascar. Alors que les Hova se lamentaient de leur défaite, le commandant Bien-aimé hissait fièrement le drapeau tricolore français dans la ville de Marovoay.[65] Une arme dévastratrice, silencieuse et invisible, utilisée à merveille par les troupes françaises, aurait provoqué la désertion en nombre des soldats Hova.[66]

17.7 La fameuse bataille d'Andriba

Le témoignage suivant d'un correspondant du journal *Le Temps*, à propos du déroulement de la fameuse bataille d'Andriba, une région montagnarde située à cent soixante kilomètres d'Antananarivo, avait été relaté dans le journal *The Times* du 3 octobre 1895 : [67]

« *Les deux plaines s'étalant de part et d'autre du sommet d'Andriba forment la position défensive la plus élaborée sur la route de Mojanga vers Antananarivo, chose qui devrait être évidente même pour le plus novice des tacticiens. Son importance militaire ne devrait pas échapper aux Hova, assistés par leurs conseillers d'origine anglaise. Les plaines de la région d'Andriba sont relativement fertiles et assez peuplées. Elles sont protégées sur chaque côté par des positions très renforcées. La nature les avait arrangées pour être un lieu parfait pour organiser une résistance désespérée. Andriba est l'endroit de passage obligé en direction d'Antananarivo. Ainsi, on s'attendait à ce que les Hova se regroupent en masse et concentrent leurs forces à Andriba, après avoir été chassés de Maevatanana. C'était en fait leur plan, mais ils l'avaient inefficacement exécuté. La façon dont l'endroit a été totalement renforcé avec des canons, des tranchées et des zones de protection, démontre sans aucun doute de la nature formidable de l'industrie Hova. Sur colline d'Andriba se dessinait une ligne de défense ininterrompue. On apercevait partout des camps et des fortifications. Des canons avaient même été disposés presque au sommet d'Andriba, et chaque position militaire était occupée. Il y avait 6000 soldats Hova pourvus de fusils et de nourriture, en plus de quelques aventuriers d'origine anglaise qui les dirigeaient et organisaient la défense. Pourtant, il n'avait suffi de rien pour démolir ces formidables préparations. Cette armée Hova, si bien retranchée, si bien positionnée, presque commandée à perfection, avait été rapidement, presque trop rapidement bousculée. Le 21 août, très tôt dans la matinée, le commandant en chef leva le camp situé pas trop loin au-dessus d'Antsiafabositra, pour attaquer Andriba. Précédée par quatre bataillons de la Marine, commandés par le général Voyron, la colonne était composée, de Houssas, de Malgaches, d'artilleurs des 8e et 9e régiments de montagne de la Marine, de sapeurs de* *la 13ᵉ compagnie, d'un détachement de chasseurs d'origine africaine, de quelques membres de la cavalerie et d'une ambulance de campagne. Les hommes de la Légion étrangère furent laissés en arrière en tant que forces de réserve. On voyait l'ennemi dans toutes les directions. La plaine est coupée de long en large par la rivière du Kamolandy et par des ravins, présentant alors continuellement des obstacles, et rendant ainsi la marche d'approche de nos troupes très difficile. Des hauteurs où je demeurais debout, je pouvais suivre le moindre mouvement des forces en opposition. L'attaque commença vers 11 heures et 15 minutes à partir d'Ambontona, suivie d'une charge des tirailleurs Sakalava au-delà du village, aux environs de deux heures de l'après-midi. La colonne d'avant-garde était alors prise sous un tir croisé d'artillerie partant des sommets d'Andriba, à partir des collines avoisinantes situées en arrière des Français, et du côté gauche. Tous les obus manquèrent leurs cibles et explosèrent dans les ravins. Le général Duchesne envoya deux compagnies dotées d'un canon pour renforcer les Sakalava. Entre temps, les Hova maintinrent leur feu nourri, blessant un artilleur et ses confrères alors que ces derniers étaient en train d'ajuster leur tir. Alors que le canon français commença à tirer, quelques minutes plus tard, les canons Hova les plus proches, c'est-à-dire ceux qui sont situés à plus d'un kilomètre, furent tour à tour réduits au silence. Les obus à la mélinite amenaient avec eux non seulement la mort, mais généraient aussi une grande panique dans les rangs des Hova. Le tir du canon était ensuite dirigé contre les tranchées Hova, et réduisit instantanément leur feu au silence. Le pilonnage systématique des positions Hova continua pendant les deux heures qui s'en suivirent. En tout, ces derniers avaient tiré 150 obus, contre 50 du côté des artilleurs français. Un prisonnier capturé plus tard affirmait que les 50 obus avaient causé d'immenses dégâts. À la nuit tombante, les Français stoppèrent tout tir, et campèrent, tout en souhaitant la poursuite des combats. La brigade sous le commandement du général Voyron fut la première à lever le camp le surlendemain, et à se préparer pour l'ordre de bataille. Mais, au fur et à mesure que les Français avancaient, aucun signe de vie n'était visible. L'ennemi s'était enfui durant la nuit telle que ces derniers prirent position à travers un territoire qui, quelques heures auparavant, avait été occupé. La plaine était alors vide de toute âme. Tout avait été brûlé et détruit, sauf quelques 460 tonnes de riz. »*

17.8 La déroute des Hova en territoires Sakalava

Selon le révérend George A. Shaw, les Hova avaient démontré qu'ils étaient des patriotes déterminés, d'habiles politiciens et de très bons soldats, durant le conflit Franco-Hova de 1883-1885.[68] Cependant, mal équipés et pauvrement encadrés, les quarante mille soldats et officiers de l'armée Hova avaient capitulé en 1895, devant la fameuse colonne volante de cinq mille hommes du général Duchesne. Le colonel Shervinton attribuait la désertion en masse des soldats Hova dans les territoires Sakalava, du fait que ces derniers n'avaient avec eux que quelques réserves de munitions, juste pour soutenir une bataille. Par ailleurs, l'état sanitaire des soldats Hova avait été plus que précaire sur le front du fait que l'assistance médicale n'était pas tout simplement à la hauteur des évènements. Malgré la portée supérieure de leurs canons Hotchkiss, les artilleurs Hova se seraient souvent limités à des tirs à bout portant.[69] La science militaire des généraux français, combinant mouvements contournant, assauts frontaux suivis de charges dévastatrices de la cavalerie, et tirs d'obus à la mélinite, avait tout simplement eu raison de la résistance désespérée des Hova. Par ailleurs, la présence d'un grand nombre de guerriers Sakalava, dans les zones entourant leurs positions défensives, avait empêché ces derniers de prendre en revers leurs ennemis. Dans de telles conditions, leur désertion devint systématique dès que leurs troupes françaises commencèrent à menacer leurs voies de retraite. Les bombardements précis et continus d'obus anti-personnels, voire à la mélinite,[70] avaient semé la panique, même dans les rangs de ceux qui étaient fortement retranchés dans des forteresses considérées à l'époque comme quasi imprenables, telles les fortifications situées sur les hauteurs d'Andriba. Les duels d'artillerie tournaient souvent à l'avantage des artilleurs français parce que, la plupart du temps, les soldats Hova avaient du mal à ajuster leurs tirs.[71] Par ailleurs, beaucoup de leurs obus n'explosaient point lorsque par chance ils arrivaient à toucher leurs cibles. Devant l'irrésistible avance des troupes françaises en territoires Sakalava, les officiers Hova n'avaient d'autre choix que de replier le reste de leurs forces vers Antananarivo, où ils espéraient pouvoir mieux les contrôler. Un message de détresse, adressé par le général Rainianjalahy au Premier ministre Rainilaiarivony à partir d'Andriba, disait long à propos du désarroi des chefs militaires Hova : [72]

« *Je ne peux rien faire. Mes hommes n'opposeront aucune résistance. Ils prennent la fuite aussitôt que deux ou trois de leurs frères d'armes se font tuer. Rien ne pourra les arrêter. Pourriez-vous les envoyer des instructions un peu plus sévères ? Pourriez-vous par la même occasion m'envoyer un officier européen ? Ce dernier pourrait peut-être empêcher les hommes de s'enfuir.* »

Le général Rainianjalahy commandait douze mille soldats retranchés en position défensive sur les sommets d'Andriba. Il avait été dépêché sur le front occidental le 13 juin, accompagné de cinq mille soldats, afin de remplacer le général Ramasombazaha à la suite de la défaite des Hova Marovoay. Le 28 et 29 juin 1895, Rainianjalahy dirigeait trois grandes contre-offensives contre une avant-garde de l'armée française, composée de deux cents soldats, solidement retranchés dans le camp de Tsarasaotra.[73] Malgré leur courage et leur détermination, les troupes de Rainianjalahy durent abandonner la partie devant à un ennemi très organisé, laissant derrière eux plus de deux cents tués. À Tsarasaotra, les Hova avaient tout simplement vécu le syndrome Zoulou de Rorke's Drift lors du conflit Anglo-Zoulou en Afrique australe. Le 2 janvier 1879, les Zoulous avaient succombé en nombre devant le tir nourri d'une centaine de soldats britanniques, défendant le camp de Rorke's Drift ou KwaJim. La déroute des troupes de Rainianjalahy à Tsarasaotra démontre en fait la supériorité technique de l'armée française lors de la conquête de Madagascar en 1895. La défaite avait dû sûrement déclencher, à l'époque, la sonnette d'alarme au sein du gouvernement Hova. En effet, malgré leur avantage numérique, leur fougue et leur énergie du désespoir, les troupes de Rainianjalahy n'avaient pas réussi à neutraliser une centaine de soldats bien équipés et déterminés. Le général avait épousé Razaimanana, la fille du général Ratsimanisa Rainimaharo.

À la grande déception de Knight, un grand habitué des grandes batailles d'Afrique australe, Andriba avait été aisément prise par les troupes françaises. Cinquante tirs d'obus à la mélinite bien ajustés avaient suffi pour forcer les défenseurs Hova à abandonner, dans une panique générale, leurs lignes défensives dans la plaine et sur les hauteurs des collines d'Andriba.[74] Leurs officiers avaient été les premiers à prendre la fuite dès qu'ils se sentirent à la portée de tir de leurs ennemis. L'organisation et la volonté de se battre avaient fait grandement défaut aux soldats et officiers Hova qui avaient été engagés sur le front occidental en 1895. Malgré le fait qu'elle avait déjà en 1886 plus de deux cent trente officiers supérieurs dans ses rangs,[75] l'armée Hova n'avait jamais su établir une discipline militaire rigide dix ans après. En fait, les généraux de Ranavalona avaient été tout simplement en retard d'une guerre en 1895. Ni le soutien massif de dernière heure des guerriers Betsileo et de ceux originaires du Sud-est, envoyés sur le front munis de simples sagaies, ni le chant pathétique des femmes Hova dans les rues d'Antananarivo, n'avaient réussi à changer le cours de l'histoire. Désespérées, celles-ci s'étaient mises à chanter jour et nuit le *Mirary*, afin de conjurer le sort, et donner courage à ceux qui partaient se battre sur le front.[76] L'atmosphère insurrectionnelle et anarchique qui sévissait en septembre 1895 dans les campagnes de l'Imerina, semblait annoncer la fin imminente du royaume Hova de Madagascar.[77]

17.9 Les Hova auraient-ils pu gagner la guerre en 1895 ?

Selon un observateur, sous les yeux de leur reine, les défenseurs de la ville d'Antananarivo s'étaient comportés en de vrais soldats. Les officiers français avaient même admis qu'ils avaient été surpris de la détermination des Hova à défendre farouchement leur capitale.[78] Par ailleurs, ils reconnurent que les soldats Hova étaient de bons artilleurs, malgré le fait qu'une grande majorité de leurs obus n'avait point explosé après avoir touché leurs cibles.[79] Les canons Hova auraient tendance à exploser sur place.[80] Les cadets de l'armée, formés par le colonel Shervinton et ses officiers, avaient affiché une résistance héroïque en manipulant leurs canons comme de vrais professionnels. Barricadés sur les hauteurs de la colline où se trouvait l'*Hôpital de la Mission*, ils avaient fait jeu égal pendant plus de deux heures, avec les artilleurs français.[81] On rapporte que les soldats Hova se seraient mieux battus pour leur reine en 1895, s'ils n'avaient pas été sous les ordres de chefs militaires incompétents et dénués de tout sens de patriotisme.[82] Ils auraient même pu renverser la situation dans les territoires Sakalava, s'ils avaient été renforcés par deux colonnes composées de plusieurs milliers de soldats aguerris, bien équipés militairement, et commandés par des officiers compétents.[83] Le général Rasanjy avait préconisé une contre-attaque selon laquelle les deux colonnes avanceraient simultanément le long des rivières du Betsiboka et de l'Ikopa, afin de prendre en revers le gros du corps expéditionnaire français. Les Hova auraient été en mesure de décapiter entièrement les forces du général Duchesne durant la phase finale de la guerre, s'ils les avaient attaquées jour et nuit.[84] Selon Knight, le succès d'une telle opération dépendait énormément du rapatriement sur Antananarivo de toutes les forces Hova stationnées dans les provinces. Les gouverneurs de telles régions n'avaient cependant pas reçu à temps les ordres de rapatriement des troupes vers la capitale. Par ailleurs, le succès d'une telle contre-offensive de grande envergure laissait à désirer tant la discipline et le sens du sacrifice faisaient terriblement défaut chez les combattants Hova en général. Par exemple, lors du grand face-à-face sur les hauteurs d'Ambohimena, à la grande surprise des assaillants, les Hova abandonnèrent leurs postes de combat le lendemain des premières escarmouches. Le colonel britannique Graves, commandant les troupes Hova sur le front occidental, décrivit la panique générale de ses soldats en ces termes : [85]

« *Les soldats Hova s'enfuyaient dès que le premier obus français tombait dans leurs rangs. Ils étaient si terrorisés dans leur fuite que 300 d'entre eux s'étaient jetés dans le vide du haut des sommets d'Ambohimena.* »

Bousculés à Ampotaka, sept mille soldats Hova avaient vainement essayé de repousser leurs ennemis à Ambohimena, le 14 septembre 1895.[86] Malgré le succès militaire de ses troupes sur le terrain, Duchesne redoutait un scénario catastrophe selon lequel les forces Hova brûleraient Antananarivo avant de se replier en position défensive vers le Sud.[87] Une tactique similaire avait jadis été utilisée par les guerriers Sakalava du roi Ramitraho, afin de ralentir l'avancée irrésistible des troupes du roi Radama I sur leur capitale Mahabo. Dans un tel contexte, la colonne volante de Duchesne se trouverait tout simplement piégée, sans vivres, dans la capitale.[88] Par ailleurs, elle serait sous la menace permanente des forces Hova regroupées en territoire Betsileo. L'ombre de Shervinton en fait planait lourdement au-dessus des têtes des généraux Hova. En effet, ces derniers avaient été bel et bien en mesure d'exécuter la stratégie de repli si, dix années auparavant, le Premier ministre Rainilaiarivony avait autorisé le colonel britannique à établir une base militaire forte de vingt mille hommes à Fianarantsoa. Cependant, la stratégie de repli en territoire Betsileo ne pouvait réussir que si les Hova réduisaient en cendre leur capitale. Par ailleurs, leurs populations et leur armée devraient avoir assez de vivres pour survivre loin de leurs bases naturelles. Une armée Hova repliée en profondeur dans le pays Betsileo, commandée par des seigneurs de guerre tel le colonel Shervinton, ravitaillée en armes par des bateaux battant pavillon américain ou allemand, fortifiée par les renforts en provenance des autres provinces, aurait sûrement donné beaucoup de fil à retordre aux troupes françaises en 1895. Cependant, à défaut d'opérer un repli militaire stratégique, le Premier ministre et la reine Ranavalona III auraient tout simplement décidé de fuir en direction de la capitale du Betsileo, alors que la bataille faisait rage dans Antananarivo et ses alentours.[89] Ils étaient sur le point de partir lorsque la tour Nord-est du palais fut touchée de plein fouet par un obus à la mélinite, alors qu'un second obus avait carrément éventré la demeure. Les deux explosions avaient causé beaucoup de dégâts et plusieurs victimes,[90] à tel point que le couple royal abandonna leur plan. Craignant une répétition du fameux massacre de Marovoay, le Premier ministre Rainilaiarivony avait donné l'ordre de déplacer en masse les femmes et les enfants vers les denses forêts situées à l'est d'Antananarivo.[91]

Témoin de la ténacité et de la bravoure des soldats Hova lors du conflit de 1883-1885, le général Digby Willoughby avait prédit que jamais la France ne réussirait à imposer un régime de protectorat sur l'île de Madagascar. Le cours de l'histoire ne lui avait pas donné raison car les soldats Hova avaient fini par déserter en masse en 1895. Ils avaient été tout simplement mal encadrés, mal équipés, mal nourris, mal soignés, et par-dessus tout, trahis par une partie de leur hiérarchie. Selon Shervinton, la seule manière de battre l'armée française en 1895, c'était de transformer tout le territoire de Madagascar en champs de bataille. Il aurait placé des mines tout le long de la Betsiboka, et aurait attaqué les forces françaises dès leur arrivée à Mahajanga, le 5 mai 1895. Il croyait fermement à l'époque qu'il était possible de sauver l'indépendance de Madagascar, moyennant de grosses pertes en vies humaines chez les Hova. Il aurait tant voulu travailler pour le développement de l'île ou de l'armée, mais l'indifférence générale des autorités Hova à propos de son plan de bataille, avait finalement eu raison de son enthousiasme.[92] Vu le chaos qui avait régné au sein du corps expéditionnaire français en 1895, et le grand nombre de soldats tués à cause des maladies, les Hova auraient été largement en mesure de repousser l'invasion s'ils avaient été équipés de fusils modernes et de canons Armstrong.[93] L'armée Hova, qui avait déserté en masse en 1895, n'avait définitivement rien à voir avec celle qui avait combattu farouchement les forces de l'amiral Miot dix années auparavant. Willoughby témoignait que les soldats Hova n'avaient montré aucun signe de panique lors de la bataille d'Isahamaty en 1884, alors qu'une pluie de huit cents obus s'abattait continuellement sur leurs positions.[94] La déroute des soldats Hova en territoire Sakalava fut telle en 1895, qu'un observateur n'avait point hésité à comparer l'armée Hova à une force d'opéra comique, où les officiers brillaient plus par leurs rangs hiérarchiques que par leurs performances sur le terrain.[95] En fait, les généraux Hova avaient choisi de concentrer le gros de leurs troupes dans les régions proches d'Antananarivo. Knight résumait la bravoure retrouvée des Hova en ces termes : [96]

« Les Hova avaient bel et bien montré une résistance farouche pendant quatre jours, en dehors de leur capitale, contre les forces françaises. Ils avaient maintenu leurs positions avant d'être exposés aux tirs nourris de celles-ci. »

Selon lui, vu leur supériorité numérique écrasante, les Hova auraient été en mesure, le 30 septembre 1895, d'annihiler complètement les trois mille soldats de la colonne volante, s'ils avaient montré un peu de courage pendant les quatre heures de combat dans Antananarivo.[97] Ils auraient réussi à prendre en tenaille les forces françaises qui s'étaient retrouvées, par moments, assaillies de toute part par des milliers d'entre eux. La guerre elle-même serait loin d'être terminée ce jour-là, du fait qu'il y avait encore plus de quarante mille combattants Hova disponibles dans les alentours de la capitale. Les commentaires suivants du général Duchesne pourraient résumer les capacités de l'armée de la reine Ranavalona III durant la guerre Franco-Hova de 1895 :[98]

« Les Hova avaient généralement une bonne conception de la stratégie défensive, mais lorsqu'il s'agissait d'exécuter leurs plans, leurs efforts laissaient toujours à désirer. »

Alors que la colonne volante de Duchesne avait été totalement coupée de ses bases arrière et que les réserves en vivres et munitions de ses soldats s'amenuisaient de jour en jour, on pourrait aujourd'hui se demander si la reine Ranavalona III n'avait pas capitulé un peu trop tôt en 1895. Mais pouvait-elle faire autrement sans risquer l'anéantissement de la capitale de son royaume, comme il fut le cas d'Ulindi en 1879, capitale du royaume zoulou ? Celle-ci avait été complètement rasée par les troupes impériales britanniques. Selon le révérend Charles Thomas Price, la passion des Hova pour leur capitale égalait l'amour des Juifs pour Jérusalem.[99] Ainsi, cela pourrait expliquer la décision apparemment hâtive de la souveraine Hova. Devant la détermination du général Duchesne de mener sa mission jusqu'au bout, quitte à réduire en cendres le palais de Manjakamiadana et celui du Premier ministre,[100] la reine Ranavalona III n'avait d'autre choix que de hisser le drapeau blanc. Les Hova auraient pu certainement renverser la situation en 1895, s'ils avaient mis à exécution le plan Shervinton.[101] Ils auraient pu retarder l'échéance de leur défaite s'ils avaient combattu comme ils l'avaient fait à Maevatanana dans l'Ouest de l'île.[102] Bousculés sur le front occidental par une force militaire beaucoup mieux organisée, les Hova parvinrent toutefois à infliger une défaite cuisante aux troupes Antakarana du chef Tsialana, lors des batailles d'Ambohavavy et d'Ifassy dans le Nord de l'île. Selon Ranchot, l'irresponsabilité des autorités politiques locales françaises avait été la cause de la débâcle des guerriers de Tsialana. Il disait alors : [103]

« *Tsialana est devenu notre allié. Nous l'avons poussé à la guerre sans être en mesure de le diriger ni de l'appuyer. Le résultat d'aujourd'hui était certain à l'avance… tout le monde veut trop résoudre la question malgache à sa manière, les uns à Tamatave, les autres à Nosy Be ou à Diégo; d'autres dans le Sud. Chacun a son procédé et pour peu qu'il ait quelques moyens d'action, n'hésite pas à l'expérimenter.* »

Quant aux Merina, ils pourront toujours dire aujourd'hui que leurs ancêtres avaient été battus en 1895, non pas par des soldats français issus de la métropole, mais plutôt, par des tirailleurs sénégalais et algériens, épaulés par les troupes de la légion.[104] En effet, le témoignage suivant en dit long sur les performances des soldats français de la métropole, durant la campagne de Madagascar en 1895 : [105]

« L'armée nationale n'est pas en état de prendre une part si faible soit-elle, à la colonne mobile. Le bataillon du 200ᵉ ne figure là que pour mémoire; on compte qu'il ne pourra pas mettre en ligne plus de 160 ou 180 hommes sur 800; et c'est le bataillon le plus vigoureux. Combien en arrivera-t-il à Tananarive ? Le général Metzinger me disait hier que tout ce qu'on peut attendre de ce bataillon, c'est qu'il reste à l'arrivée assez d'hommes pour former la garde du drapeau. »

Selon le colonel Shervinton, les Hova n'avaient aucune chance de gagner la guerre de 1895, car leurs dirigeants n'avaient pas été tout simplement à la hauteur des évènements.[106] Sans aucun doute, le Premier ministre Rainilaiarivony et ses généraux avaient une lourde responsabilité quant au manque de préparation de l'armée Hova. Au moment où les troupes du général Duchesne se rapprochèrent d'Antananarivo, les actes de brigandage ravageaient les campagnes de l'Imerina,[107] le nombre de milices privées à la solde de nobles ne cessait d'augmenter,[108] et les rumeurs de révolutions de palais destabilisaient le gouvernement. Tout cela annonçait en fait la chute imminente de la dynastie des Andafiavaratra et de la monarchie qu'ils avaient servie tout le long du XIXᵉ siècle à Madagascar. Si déjà en 1893, le gouverneur adjoint de la région du Boina avait été démis de ses fonctions pour cause de trahison, comment les Hova pourraient-ils gagner la guerre en 1895 ? [109]

18. Le début d'une nouvelle forme de servitude : la colonisation

Qu'ils fussent Hova ou Sakalava, libres ou esclaves, les habitants de Madagascar allaient tous partager le même sort, au moment où la Reine Ranavalona III avait hissé un drapeau blanc sur son palais. En effet, leur destin était dorénavant programmé à des milliers de kilomètres de leur île. Une nouvelle forme de servitude, c'est-à-dire la colonisation, les transforma en simples vassaux d'une puissance étrangère, c'est-à-dire la France, pendant plus de soixante-cinq ans. Cela n'avait pas empêché, en 1896, les derniers patriotes malgaches de monter des actions de guérillas dévastatrices contre les forces coloniales françaises. Parallèlement, les populations multipliaient leurs révoltes à l'encontre des autorités en place tel qu'en avril 1896, Madagascar fut tout simplement au bord de l'anarchie. Schuman résume en ces termes la violence de la répression orchestrée par l'armée française afin de ramener l'ordre colonial : [1]

« *L'armée française exécuta ses devoirs civilisateurs à travers les massacres à grande échelle, le terrorisme, les exécutions en masse de prisonniers sans défense, et la destruction des villages et des villes par le feu et le sabre... De province en province, d'une ville à l'autre, voire d'une parcelle de terrain à une autre, les envahisseurs furent obligés de poursuivre leur travail, c'est-à-dire brûler, massacrer et détruire tout sur leur passage devant la résistance archarnée des autochtones en colère.* »

D'après les affirmations de Schuman, il semblerait que l'armée coloniale française avait, au nom de l'État français, utilisé au XIXᵉ siècle des méthodes répressives plus que barbares, afin de venir à bout des derniers patriotes malgaches. Hyppolite Laroche, résident-général de la France à Madagascar, avait lui-même, à l'époque, fortement dénoncé de telles pratiques.

Selon Freycinet, les peuples d'Europe avaient bel et bien leur part de responsabilité concernant la politique coloniale entamée par leurs nations respectives au XIXᵉ siècle. Jules Ferry aurait ainsi tout simplement suivi le souhait de ses compatriotes lorsqu'il avait préparé l'invasion de Madagascar en 1884.[2] Comment alors expliquer que ces derniers rejetèrent en bloc, au cours de la même année, la politique coloniale conduite par leur gouvernement ?[3] Ils en avaient fait de même en 1895, alors que les politiciens opportunistes et ambitieux issus de tous les horizons poussaient l'armée française à envahir Madagascar.[4] Certes, il y avait toujours à l'époque ceux qui pensaient que la grandeur de leur nation se mesurent par rapport au nombre de bottes qui écrasent la liberté des autres peuples. Freycinet faisait peut-être allusion à ceux-là ou à ceux qui aujourd'hui pensent encore que la colonisation fait partie d'une telle grandeur. Hélas, l'histoire finira toujours par faire parler les bottes et les uniformes souillées du sang des victimes des répressions arbitraires à grande échelle, comme celles entamées par l'armée coloniale française à Madagascar en 1896.

18. Le début d'une nouvelle forme de servitude : la colonisation

18.1 Le destin des dits « protégés de la France »

Longtemps soumis sous la domination de leurs ennemis de toujours, c'est-à-dire les Hova, les Sakalava jubilaient toutes les fois que ces derniers battaient en retraite en 1895. Ainsi, à la suite de la déroute des forces Hova dans les régions du Nord-ouest, un de leurs chefs portant le nom de Salimo, avait demandé aux généraux français l'autorisation d'organiser une fête populaire dans la ville de Marovoay.[5] Pragmatiques, les Sakalava s'arrangeaient toujours à l'époque pour être plus ou moins en bons termes avec les vainqueurs du jour. Ainsi, le 22 mai 1895, leurs chefs Rambony, Ranjaka, et Voletra, avaient fait savoir au général Duchesne qu'ils ne trahiraient jamais leur alliance de circonstance avec les Hova à moins que les troupes françaises parvinrent à défaire totalement ces derniers.[6] En 1894, ralliant à pied la ville de Mahajanga à partir d'Antananarivo, les Français apprirent à leurs dépends que les soi-disant peuples protégés de la France, c'est-à-dire les Sakalava et les Antakarana du Nord-ouest, avaient affiché des attitudes belliqueuses à leur encontre. Ces derniers, très jaloux de leur indépendance, étaient tout simplement hostiles à toute présence étrangère.[7] Ils avaient virtuellement bénéficié de la protection de la France car leurs régions avaient été fortement soupçonnées d'abriter d'énormes gisements de charbon, source d'énergie vitale pour les grandes puissances maritimes de l'époque.[8] Ainsi, lors de son discours de juillet 1885 devant la Chambre des Députés, Jules Ferry avait souligné l'importance du charbon en ces termes: [9]

« Les colonies sont pour les pays riches un placement de capitaux des plus avantageux. À l'heure qu'il est, vous savez qu'un navire de guerre ne peut pas porter, si parfaite que soit

son organisation, plus de quatorze jours de charbon, et qu'un navire qui n'a plus de charbon est une épave en mer; d'où la nécessité d'avoir des lieux d'approvisionnement, des abris, des ports de défense et de ravitaillement. »

La victoire de l'armée Hova en 1890 dans l'extrême Sud de l'île, contre les guerriers du Fiherenana du roi Tampoimanana, témoigne aussi de la nature stratégique du charbon au XIXᵉ siècle. En effet, les Hova n'auraient jamais été en mesure de vaincre leurs ennemis, si leur bateau, la *Normandie*, n'avait pas été ravitaillé à temps, avec du charbon en provenance du Natal, en Afrique australe.[10] Les régions du Nord-ouest avaient été aussi très convoitées à l'époque, car elles abritaient d'importants gisements d'or, entre autres celles situées autour de Suberbieville,[11] de Mandraty et de Maevatanana.[12]

Soucieuse d'établir coûte que coûte un traité de paix avec les Hova en 1885, la France avait abandonné ceux qui avaient combattu à ses côtés dans le Nord de Madagascar, c'est-à-dire les Antakarana. En effet, à la fin du conflit Franco-Hova, elle avait remis aux Hova des territoires Antakarana conquises par ses soldats, à l'exception de la baie de Diégo-Suarez.[13] Dix après, plus de vingt mille Sakalava avaient combattu au côté des Hova sur les sommets de Beritsoka,[14] sans parler de ceux qui, par milliers, avaient défilé dans les rues d'Antananarivo, au même titre que les guerriers originaires du Sud, en vue défendre la capitale.[15] Cependant, l'alliance Hova-Sakalava ne fut que de courte durée, car beaucoup de Sakalava avaient abandonné la cause Hova vers la fin de la guerre de 1895, et s'étaient mis à attaquer et à piller les villages de leurs ennemis de longue date.[16] Les troupes du général Duchesne auraient été mises sérieusement en difficulté dans les régions du Nord-ouest, si les Sakalava avaient attaqué en masse leur convoi de ravitaillement.[17]

On pourrait imaginer la déception des peuples dits « protégés de la France », sachant que la France avait conquis Madagascar en 1895, non pas pour remplacer une hégémonie par une autre, mais tout simplement, pour imposer la sienne à l'ensemble des populations de Madagascar. Pragmatiques, les autorités coloniales françaises avaient géré l'île au lendemain de la conquête, avec l'aide de ses ennemis d'hier, c'est-à-dire les Hova.[18] Même les colons originaires de l'île de la Réunion avaient été tout simplement remerciés par le général Galliéni. Quant aux Sakalava, bon nombre d'entre eux avaient sûrement terminé dans les plantations coloniales de la Réunion, au même titre que les patriotes malgaches qui avaient été fait prisonniers lors des campagnes dites de pacification, entamées par l'armée coloniale française sur tout le territoire de Madagascar. Selon Baudais, l'honneur de la France interdirait tout abandon des populations des régions du Nord-ouest, à la merci des Hova.[19] Cela n'avait pourtant pas empêché Galliéni de soumettre celles-ci par la force en 1902. Ainsi, à l'aube du XXe siècle, les peuples dits protégés de la France avaient tout simplement rejoint le lot de ceux qui allaient être soumis à une nouvelle forme de servitude importée d'outre mer, c'est-à-dire la colonisation.

18.2 L'héritage historique de la dynastie royale d'Avaradrano

Vers la fin du XVIIIe siècle, afin de conquérir et maintenir le pouvoir, le roi Andrianampoinimerina avait établi une alliance stratégique avec les puissants clans roturiers d'Avaradrano. Non seulement les nobles avaient été complètement éloignés du pouvoir, mais ils leur avaient été aussi interdits de voyager librement au sein du royaume. Par ailleurs, le Premier ministre Rainilaiarivony les avait dépouillés de leurs terres au profit des *Sakaizambohitra*, c'est-à-dire les vétérans de l'armée Hova qui avaient été envoyés en masse dans les campagnes de l'Imerina pour effectuer des tâches administratives. À la mort du roi Radama II, l'équilibre du pouvoir entre les monarques Hova et les clans Avaradrano avait basculé en faveur de ces derniers, dont les géneraux avaient transformé le régime de pouvoir absolu des souverains en une simple monarchie constitutionnelle. Ainsi, certains descendants des nobles de jadis considèrent le règne des monarques issus de la lignée d'Andrianampoinimerina, comme étant une longue période de deuil pour la noblesse Hova à Madagascar. Ils en veulent certainement aux généraux Andafiavaratra, descendants des fameux rois vazimba d'Analamanga et des chefs de clans roturiers d'Avaradrano, d'avoir affaibli politiquement les nobles tout au long du XIXe siècle. Les ultra-conservateurs vont même jusqu'à considérer la date du 30 septembre 1895, c'est-à-dire la capitulation de l'armée Hova face à l'armée française, comme un jour de libération. Cette date signifie tout simplement pour eux, comme la fin de la domination politique et militaire des généraux Andafiavaratra et des clans roturiers d'Avaradrano à Madagascar, plus spécialement en Imerina. Enfin, on pourrait citer tous ceux qui sont nostalgiques d'une période où les rois de patelins se divisaient le royaume Hova, et passaient leur temps à se faire la guerre entre eux, alors leurs sujets étaient vendus, par milliers, en tant qu'esclaves, aux négriers issus des quatre coins du monde. Cependant, une grande majorité des Merina d'aujourd'hui, c'est-à-dire les descendants des peuples du centre de jadis, honore l'héritage historique d'un des plus grands monarques d'Avaradrano, c'est-à-dire le roi Andrianampoinimerina. Ce dernier avait su donner à leurs ancêtres un royaume réunifié, un État solide, une armée puissante, une identité politique et une structure sociale dotée de bonne gouvernance. Sa vision d'étendre par la force les limites naturelles de son royaume, au-delà des Hautes-Terres centrales de Madagascar, ne fut certainement pas partagé, à l'époque, par les populations des royaumes avoisinants ou celles des régions côtières. Ainsi, celles-ci pourraient bien considérer aujourd'hui une telle vision comme étant, ni plus ni moins, que le symbole d'une forme d'aliénation qui a été imposée arbitrairement à leurs ancêtres au XIXe siècle. Dans un tel contexte, toute revendication de l'héritage historique des généraux et des monarques d'Avaradrano ne peut être qu'ambiguë. Cela n'empêche pourtant pas certains Merina d'arborer publiquement aujourd'hui les couleurs emblématiques du grand royaume Hova d'antan, c'est-à-dire le rouge et le blanc.

Étant aujourd'hui un patrimoine national, le palais de Manjakamiadana fut au centre d'un débat plus ou moins controversé, à la suite de sa destruction par les flammes en 1995. Mettant en avant leur soit-disant statut d'héritiers légitimes de la grande monarchie Hova, des notables Merina avaient revendiqué les droits exclusifs de diriger les efforts de reconstruction du palais. Ils oublient que des milliers de

Malgaches, issus de toutes les régions de Madagascar, ont été forcés de travailler jour et nuit, au péril de leurs vies, pour le bâtir, et se sont battus jusqu'au bout en 1895 pour le défendre.[20] De ce fait, la belle demeure de Manjakamiadana est un patrimoine historique appartenant à toutes les populations de Madagascar, et surtout pas aux descendants de ceux qui au XIXe siècle, avaient envoyé celles-ci à la servitude. Ne ménageant pas ses mots à propos du comportement des Hova en général, [21] tout en étant fortement biaisé en matière de suprématie raciale,[22] Knight accuse les élites Hova d'avoir transformer leur gouvernement en une machine à voler au XIXe siècle.[23] Selon un autre observateur, les élites Hova n'avaient jamais été en mesure de préserver militairement l'indépendance de Madagascar en 1895, car ils n'avaient tout simplement pas un bon sens du patriotisme.[24] Face à de telles accusations, il est peut-être temps pour ceux qui sont nostalgiques de l'hégémonisme de nature ethnique perpétré par leurs ancêtres, d'assumer les parties peu glorieuses d'un tel l'héritage historique. La grandeur des empires, des royaumes ou des nations telle qu'elle est montrée à travers certaines versions officielles de l'histoire, masque souvent la vérité à propos des oppressions qui en découle. En fait, une telle grandeur s'est toujours faite historiquement au détriment de la liberté des autres.

18.3 Le drapeau blanc maculé de sang des derniers patriotes

Le colonel Shervinton resuma l'abilité des Hova à combattre les troupes françaises en 1895 en ces termes : [25]

18. Le début d'une nouvelle forme de servitude : la colonisation

« J'avais toujours cru que les Hova allaient se battre pour de bon pour défendre leur capitale. Et cela, ils l'avaient fait sans le moindre doute. Se seraient-ils mieux préparés pour sa défense, je continue toujours à penser que la colonne volante conduite par le général Duchesne aurait été obligée de battre en retraite. Démunis de toutes réserves en quoi que ce soit, les troupes françaises ne seraient pas en mesure de se maintenir longtemps dans un pays aussi hostile. La combativité des Hova avait été largement démontrée par le fait que les militaires français avaient du mal à réprimer durant ces douze derniers mois, les bandes de voleurs essentiellement constitués de déserteurs et d'esclaves en fuite. Cependant, ce dont ils avaient réellement besoin, c'était un vrai chef. »

Il fallait attendre l'année 1897 pour que les populations du Sud-est se soulevassent contre le dictat colonial de la France à Madagascar.[26] Malheureusement pour eux, les jeux avaient été déjà faits deux ans auparavant, à l'époque où ils étaient spectateurs passifs d'une guerre qui allait changer plus tard leur statut d'homme libre. Selon Knight, ces derniers ne souciaient guère du destin de Madagascar en tant que nation en 1895, car ils voyaient pas leurs propres intérêts au-delà des bordures de leurs champs. La majorité des populations des provinces avaient été tout simplement indifférente quant à l'issue finale du conflit Franco-Hova en 1895.[27] Celui-ci ne semble pas du tout concerner les tribus habitant au Sud de Madagascar du fait qu'elles étaient trop occupées à se faire continuellement la guerre entre elles.[28]

Cependant, enrôlés de force ou engagés volontaires, des guerriers originaires du Sud-est, des Betsileo, des Betsimisaraka,[29] voire des Sakalava,[30] avaient bel et bien combattu bravement aux côtés des Hova pour défendre

Antananarivo et ses environs. Ainsi, les Betsileo, commandés par leur chef Rainijaonary,[31] et les Antemoro étaient montés au front seulement munis de sagaies et de haches. Sûrement ces derniers succombèrent sur le terrain non pas au nom de « La France orientale », mais tout simplement pour défendre la terre de leurs ancêtres, c'est-à-dire l'île de Madagascar. Alors que le sang des derniers patriotes continuait à couler dans les rizières de l'Imerina, des membres éminents du gouvernement Hova avaient déjà abandonné le bateau en détresse.[32] Le 30 septembre 1895, vers trois heures et demie de l'après-midi, des cavaliers Hova commandés par le général Radilifera, galopèrent en direction des lignes françaises, avec un drapeau blanc flottant dans les airs.[33] Ainsi capitula la grande armée Hova qui avait conquis presque tout le territoire de Madagascar en 1824, qui était victorieuse des forces françaises en 1829, qui avait mis en déroute les forces Franco-Britanniques en 1845 et qui avait tenu en échec les troupes de l'amiral Miot en 1885. Alors que, la colonne volante du général Duchesne marcha exténuée mais victorieuse dans les rues d'Antananarivo le 30 septembre 1895, les Hova arborèrent des morceaux d'étoffe blanche sur les fenêtres de leurs maisons, en guise de soumission.[34] Le bombardement intensif du palais de d'Andafiavaratra et de celui de Manjakamiadana avait eu raison de la volonté de combattre des quinze mille derniers défenseurs de la capitale ce jour-là.[35] Un correspondant du journal *Le Temps* rapporta que l'armée Hova avait perdu beaucoup d'hommes lors de la bataille d'Antananarivo.[36]

Alors que les Hova se lamentaient dans leur défaite, de nombreuses familles françaises défilaient d'une manière continue dans les cimetières de l'hexagone, pour enterrer les soldats qui avaient succombé en grand nombre lors de la campagne de Madagascar en 1895. Celle-ci était de loin l'expédition militaire la plus coûteuse en vie humaine de l'histoire de la France coloniale. Gravement malades, les soldats avaient même eu recours au suicide afin d'abréger leur souffrance.[37] Malgré leur victoire, les troupes du général Duchesne ressentirent une certaine amertume envers ceux qui avaient planifié la guerre. Ainsi, un soldat témoigna que les querelles franco-françaises entre le ministère de la Guerre et celle de la Marine, furent à l'origine du chaos logistique qui avait accéléré la mort de milliers de soldats de l'armée coloniale française dans les forêts tropicales et hostiles de Madagascar en 1895.[38] Cependant, la consommation abusive de la *fée verte*, boisson fortement alcoolisée et toxique, vendue en abondance par les commerçants originaires de l'île de la Réunion, avait aussi contribué au désastre.

19. D'ethnicité au tribalisme

Selon Larson, une identité ethnique ne se construit pas uniquement à partir d'un groupe de personnes qui partagent des caractères génétiques, des pratiques culturelles ou des expériences historiques. Au contraire, selon lui, elle est le résultat d'une puissante interprétation et politisation de caractères humains, de relations et d'expériences qui, ensemble, poussent une communauté imaginaire de citoyens à réclamer un héritage historique et culturel partagé.[1] L'origine du mot *tribu* datait de l'époque romaine où il désignait l'une des trois familles qui avaient été les premiers habitants de la ville de Rome. Celui du *tribalisme* caractérisait la structure sociale des Celtes, alors démunie de toute notion de cohésion nationale.[2] Le tribalisme est aujourd'hui une forme d'ethnicité qui a mal tourné. Selon Drury, les diverses tribus du Sud de Madagascar avaient toujours été continuellement en guerre entre elles au début du XVIIIe siècle.[3] Un souverain local s'était même allié avec les Hova pour se protéger de ses voisins au XIXe siècle. Une telle dimension horizontale du tribalisme n'était ni plus ni moins que le reflet des guerres d'expansion conduites par les divers monarques de l'île à cette époque là. Même à la veille de la conquête française de 1895, le Sud de Madagascar était perpétuellement dans un état d'anarchie à cause des affrontements entre les diverses tribus de la région.[4] Une dimension verticale du tribalisme s'était développée à Madagascar, à partir du moment où un groupe ethnique avait réussi à imposer par la force sa domination sur toutes les autres populations de l'île, comme il fut le cas des Hova en 1824. Un certain sentiment de supériorité animait ceux qui étaient au sommet de la nouvelle hiérarchie des tribus. Ils partageaient rarement leur identité ethnique avec ceux qu'ils avaient battus militairement sur le terrain, d'où la nature discriminative de leur société.

19.1 La cohésion ethnique des Zoulous au XIXᵉ siècle

Les grands mouvements migratoires de peuplement en Afrique australe, n'étaient pas uniquement dus aux conflits entre les populations locales, mais aussi par l'émergence du phénomène de trafic d'esclaves à grande échelle dans la région de Maputo connue jadis sous le nom de Delagoa Bay.[5] Les populations fuyaient alors vers l'intérieur des terres, vers les régions du Sud, voire dans les régions montagnardes difficilement accessibles aux trafiquants d'esclaves. Le flux migratoire de ces populations avait favorisé le développement en puissance du royaume Zoulou situé au sud de Delagoa Bay. Toute personne qui se trouvait dans sa fuite en territoire Zoulou bénéficiait automatiquement de l'identité ethnique Zoulou. Un tel processus d'intégration aurait contribué considérablement à la capacité de projection des Zoulous en Afrique australe, entre 1819 et 1828, durant le règne du roi Shaka.[6] Cependant, les populations qui refusaient l'autorité de ce dernier étaient purement et simplement exterminées.[7] La cohésion ethnique de la nation Zoulou avait produit des combattants déterminés à détruire, sans pitié, ceux qu'ils considéraient comme leurs ennemis. Ainsi, lors de la fameuse guerre Anglo-Zoulou en 1879, les Zoulous avaient donné beaucoup de fil à retordre à l'armée impériale britannique. Celle-ci avait dû engager une guerre totale de huit mois avant d'obtenir l'arrestation du roi zoulou Cetshwayo, le 28 août 1897. Selon un correspondant de guerre britannique témoin de la grande bataille Anglo-Zoulou de Khambula du 29 mars 1879, les guerriers zoulous, animés d'une férocité égale à celle du tigre, avançaient sans peur en direction des positions tenues par leurs ennemis. Selon lui, aucun soldat au monde n'aurait été aussi brave que le Zoulou ce jour-là, même si certains peuvent associer leur bravoure à une férocité animale. L'identité ethnique Zoulou était devenue un signe de ralliement pour les populations locales qui se battaient contre le dictat colonial de l'armée impériale britannique en Afrique australe.

Ainsi, les Zoulous avaient déjà démontré, au XIXᵉ siècle, qu'il était possible de transformer une diversité ethnique en une puissante force au service d'une même nation. Contrairement, animé d'un instinct de conservation d'ordre ethnique, et de sentiment de supériorité, les Hova n'avaient jamais voulu partager leur identité ethnique aux diverses populations ou tribus vivant sous leur contrôle. Il en allait de même pour les Sakalava au XVIIIᵉ siècle, où les nouveaux venus finissaient tout simplement leur journée dans les cales des navires des marchands d'esclaves sillonnant le canal du Mozambique.

19.2 Les relations inter-ethniques à Madagascar

À son arrivée à Marseille en 1896, le Premier ministre Rainilaiarivony avait donné quelques indications sur la nature des relations entre les divers groupes ethniques à Madagascar, durant la période pré-coloniale. Selon lui, les gouverneurs des provinces devaient être remplacés par des officiers français au lendemain de la conquête française en septembre 1895, sinon les Malgaches continueraient toujours à se battre entre eux. Une telle affirmation suggère ni plus ni moins que les conflits tribaux ne sont pas un fait colonial à Madagascar, même si diviser pour mieux régner demeure la stratégie adoptée par les autorités coloniales françaises. Cependant, il y avait bien eu à Madagascar des périodes où les relations inter-ethniques étaient au beau fixe, surtout durant le règne du roi Radama II et celui de la reine Ranavalona II. Par exemple, les relations Hova-Betsimisaraka semblaient avoir été d'une toute autre nature dans les années 1880. En effet, la princesse Juliette Fiche des Betanimena, tribu faisant partie du groupe ethnique Betsimisaraka, avait été reçue avec tous les honneurs lors de son déplacement à Antananarivo juste avant le conflit Franco-Hova de 1883-1885.[8] On rapporte que la princesse était souvent assise aux premières loges réservées aux invités d'honneur, à chaque grand défilé des troupes Hova dans la ville de Toamasina. Elle avait même été élevée au rang d'*andriambaventy*.[9] Le Premier ministre Rainilaiarivony avait demandé au général Rainandriamampandry, gouverneur de Toamasina, d'organiser de grandes cérémonies funéraires en janvier 1890, lors du décès de celle qui avait symbolisé de loin l'amitié entre les peuples Hova et Betsimisaraka au XIXᵉ siècle. Étant à l'époque, le centre de gravité de tout commerce et la résidence des chancelleries étrangères, la ville de Toamasina et ses habitants avaient sûrement bénéficié d'un traitement plus que privilégié de la part des autorités Hova. Les bombardements aveugles et répétés des navires français tout le long de la côte est, lors de la guerre Franco-Hova de 1883-1885, avaient par ailleurs contribué à un certain rapprochement entre les Hova et les Betsimisaraka.[10] Ainsi, dès que les derniers soldats de l'armée française quittèrent la ville de Toamasina en 1886, selon les accords du traité Franco-Hova de 1885, les notables d'origine Betsimisaraka réaffirmèrent leur allégeance aux Hova.[11] Parmi eux figuraient Ratsimitahatra et le général 12Vtra Ratsitokana. Sous l'impulsion du général Rainandriamampandry, une coopération étroite s'était établie entre les autorités Hova et les grands notables Betsimisaraka, c'est-à-dire les *Vodisaina*. Ensemble, ils avaient fait bâtir plusieurs écoles, mission jugée cruciale par Rainandriamampandry pour réussir l'évangélisation en profondeur de la région.[12] Ce dernier avait entraîné et incorporé des combattants Betsimisaraka au sein commando d'élite qui avait fait battu les guerriers du roi Tampoimanana dans l'extrême Sud de l'île en 1890.[13] Cependant, les masses populaires Betsimisaraka avaient toujours considéré les Hova habitant dans leurs régions comme des envahisseurs. L'enrôlement de force de bon nombre de leur fils, en tant que colporteurs d'armes au service de l'armée Hova,[14] avait sûrement envenimé les relations Hova-Betsimisaraka à la veille de la conquête française de 1895. Ainsi, les masses populaires Betsimisaraka se mirent à jubiler de joie dans les rues de Toamasina lorsque les forces françaises lancèrent leur assaut final contre les troupes du général Rainandriamanpandry en octobre 1895. Par ailleurs, l'opération de conversion des esprits à grande échelle, préconisée par le Premier ministre, avait échoué, malgré le grand effort d'évangélisation entamé par le général Rainandriamampandry auprès d'elles. Les Betsimisaraka n'avaient tout simplement pas voulu adopter la religion de ceux qui les avait conquis aux moyens des armes.[15] Sentant le rapport de force tourner en leur faveur en novembre 1895, ils se soulevèrent en masse contre tous les gouverneurs Hova de leurs régions.[16] Ils furent alors réprimés par l'armée française qui avait été aidée dans sa tâche par un certain Dr Berson.[17] Une révolte similaire avait été matée violemment en 1827 par les troupes du roi Radama I.[18] Les masses populaires Betsimisaraka se sont revoltés au XIXᵉ siècle pour se défaire de la présence militaire arbitraire d'un groupe ethnique dominant, c'est-à-dire les Hova. En persécutant ces derniers, c'est-à-dire les Merina, en 1972 et 2002 dans les rues de Toamasina, alors que la nation malgache est régie par un État dit de droit depuis 1960, elles véhiculent tout simplement le cancer qui, à terme, détruira toutes les sociétés à forte connotation ethnique, c'est-à-dire le tribalisme. La nature purement tribale de tels soulèvements populaires ramène tout simplement la nation moderne malgache dans un lointain passé où les populations se battaient continuellement entre elles, de l'aveu du Premier ministre Rainilaiarivony.

Une alliance stratégique entre Hova et Sakalava au XIXᵉ siècle aurait certainement jeté les bases pour l'établissement d'une vraie nation à Madagascar. Malheureusement, cela ne s'était jamais matérialisé d'une manière permanente du fait que deux prétentions contraires opposaient les deux groupes ethniques malgaches. Les Hova, dotés d'une puissante armée, avaient toujours voulu imposer leur domination à toutes les populations de Madagascar, sans avoir jamais réussi à soumettre totalement les Sakalava. Ces derniers, ayant été le groupe ethnique dominant de l'île durant la première moitié du XVIIIᵉ siècle, avait toujours été toujours fiers de vivre en tant que peuple indépendant. Ainsi, les conflits entre Hova et Sakalava avaient déterminé plus ou moins l'état des relations inter-ethniques à Madagascar au XIXᵉ siècle. Cependant, les deux groupes ethniques semblaient avoir temporairement enterré leurs haches de guerre durant le court règne du roi Radama II, à la suite de l'armistice générale proclamée par ce dernier le 1ᵉʳ septembre 1861. La période de paix s'était même prolongée durant le règne de la reine Ranavalona II. Celle-ci avait en effet favorisé le développement de rapports inter-ethniques basés sur la tolérance religieuse. Les missionnaires britanniques avaient été plus que surpris de voir les Sakalava des régions du Nord-ouest, payer un grand respect à l'égard de la souveraine Hova et de son époux, le Premier ministre Rainilaiarivony.[19] On rapporte aussi que des monarques Sakalava avaient été les alliés de circonstance des fils du roi Hova Andriamasinavalona, lors des guerres fraticides qui avaient opposé ces derniers à la suite du décès de leur père en 1710. Par ailleurs, un roi Sakalava du nom de Mikala Andriantsoanarivo avait donné son allégeance en 1804 au roi Andrianampoinimerina, afin de pouvoir maintenir sa légitimité auprès des siens.[20] Rafitrahana avait été honoré du titre d'*andriambaventy*,[21] alors que Bareravony avait aidé les Hova à remonter en 1895 le fleuve de la Betsiboka à bord de l'*Antananarivo*,[22] le seul navire de guerre de l'armée Hova. Cependant, de tels arrangements de circonstance n'éclipsent point la nature violente des affrontements Hova-Sakalava durant le règne du roi Radama I.[23]

En 1802, le roi Andrianampoinimerina avait lancé une politique d'ouverture à l'encontre des groupes ethniques du Sud-est, plus spécialement les Antemoro sujets du roi Ravoajanahary. Cinq scribes, représentant ce dernier, avaient siégé à la cour du royaume Hova en tant que conseillers royaux. Ils avaient été par la suite, ainsi que tous les membres de leurs ethnies, élevés au rang d'*andriamasinavalona*. Cependant, la politique adoptée par le monarque Hova n'avait pas fait l'unanimité au sein de la monarchie. Ainsi, ses fils Rabodolahy, Ramavolahy et Ralainanahary s'étaient opposés contre toute idée d'ennoblissement du peuple Antemoro, au prix de leurs vies. Andriamahazonoro fut l'un des cinq scribes Antemoro qui avaient conseillé le roi Andrianampoinimerina. Il avait épousé la princesse Ratsiadala, la demi-sœur du futur roi Radama I. Le grand notable Antemoro avait par ailleurs enseigné à ce dernier le *Sorabe*, une littérature d'origine arabe.[24] Ses fils avaient été très actifs au sein de la monarchie Hova. Ainsi, Raharolahy avait été gouverneur de la ville de Toamasina, alors que Ramahaleo avait aidé le prince Ramahatrarivo II à negocier la reddition honorable du roi Tampoimanana du Fiherenana en 1890.[25] Entre 1823 et 1825, le roi Radama I avait proposé aux chefs Betsimisaraka, Sakalava et Antemoro qui avaient reconnu son autorité, d'envoyer leurs enfants à Antananarivo pour être éduqués par les missionnaires britanniques.[26] Selon Knight, les tribus du Fiherenana de l'extrême Sud de Madagascar avaient toujours été contre la présence des Hova dans leurs régions.[27] Par contre, les Bara avaient contribué aux victoires des Hova lors des campagnes militaires du général Rainiharo dans les régions du sud.[28]

19. D'ethnicité au tribalisme

Durant la période coloniale, André Lebon, ministre des Colonies, avait préconisé l'implantation de la fameuse « politique des races » à Madagascar afin d'éliminer toute trace de l'hégémonisme Hova dans les affaires internes de l'île. Cependant, au lendemain de la victoire des troupes de Duchesne en 1895, pragmatiques, les autorités françaises avaient choisi de travailler avec les Hova pour administrer la nouvelle colonie. Une telle stratégie, poursuivie jusqu'en 1960, année de l'indépendance de l'île, avait fini à terme par produire l'effet opposé de celui visé par Lebon. [29] En effet, au lendemain de l'indépendance de l'île, les Merina jouaient un rôle important quant aux travaux d'administration de la jeune nation, et occupait des hautes fonctions de l'État. Parallèlement, ils avaient entrepris diverses activités économiques à travers l'île, quitte à se faire désigner péjorativement sous le terme de *Mpiavy*, c'est-à-dire les immigrants, par les populations locales. Persécutés physiquement par celles-ci en 1972, dans les villes de Toamasina, d'Antsiranana et de Mahajanga, plusieurs d'entre eux regagnèrent définitivement les Hautes-Terres centrales de Madagascar.

La spirale de la violence tribale atteignit son paroxysme quand de nouveau, en 2002, le même phénomène s'était reproduit dans les mêmes villes. Ce fut alors la crise la plus grave de l'histoire de la nation moderne malgache depuis son indépendance datant du 26 juin 1960. En effet, les institutions politiques et militaires de l'île furent sur le point d'imploser sous la pression d'un tribalisme matérialisé par les fameuses barrières qui avaient pratiquement coupé les régions de la province d'Antananarivo du reste de l'île. Le dénouement de la crise ressemblait étrangement à celui du conflit entre les Hova et les Sakalava au XIXe siècle. À l'époque, la France s'était interposée entre les belligérants en transportant les Sakalava et leurs chefs, battus par l'armée Hova, vers l'île de Nosy Be, territoire sous contrôle français. En 2002, elle avait aidé l'élite des régions provinciales, battue militairement par le nouvel homme fort des Hova et ses fameux réservistes, à prendre le chemin de l'exil vers la France, les îles Comores françaises et la Réunion. Dans les deux cas, l'assistance française semble fortement liée aux intérêts français à Madagascar. En tout cas, après tant de tergiversations de la diplomatie française, le ministre des Affaires étrangères de la France avait fini par se déplacer à Antananarivo afin de clarifier la position tenue par la France tout au long de la crise de 2002 et d'établir les nouvelles bases des accords de coopération entre les deux nations. Ainsi, Jules Ferry avait bien raison en 1884, en affirmant devant les parlementaires français que la France n'a vraiment aucun intérêt à se couper définitivement des Hova.[30] Quant à ces derniers et leurs alliés, ayant bénéficié du soutien de dernière minute de Washington, ils devaient dorénavant gérer une victoire politique et militaire dans un contexte qui n'avait rien à voir avec celui de leurs ancêtres au XIXe siècle. Un observateur américain avait alors affirmé qu'être magnanime dans la victoire est beaucoup plus important que la victoire elle-même, tant la paix civile demeure la clef de voûte de la réussite de tout programme de développement en profondeur à Madagascar.

Épilogue

Selon le colonel américain William W. Robinson, le journaliste Edward Frederick Knight, l'explorateur français Nicolas Mayeur, le révérend George A. Shaw, les officiers britanniques Digby Willoughby et Charles Shervinton, et un journaliste du journal *Le Temps*, les Hova de Madagascar avaient prouvé la grandeur de leur civilisation au XIXe siècle, à travers les réalisations de leur système monarchique. Par ailleurs, le révérend J. MacMahon affirmait qu'ils n'avaient point besoin d'être conquis au nom de n'importe quelle autre civilisation, car ils étaient eux-mêmes hautement fiers de la leur. Ils avaient même réussi à maîtriser les technologies militaires utilisées par les grandes puissances européennes de l'époque. En effet, les Hova avaient été capables de produire des armes, des munitions et des canons pour une armée dont la structure avait été plus ou moins façonnée par les mercenaires britanniques, français, allemands, et américains au service de leur monarchie. Par ailleurs, sous l'impulsion d'un roi visionnaire, ils avaient réussi à établir et à préserver une identité politique qui les avait permis d'être simultanément citoyen d'un État et sujet d'un monarque. Signe de l'état avancé de leur système monarchique, leurs ambassadeurs parcouraient le monde pour faire rayonner l'île de Madagascar bien au-delà de l'Océan Indien, voire jusqu'aux États-Unis d'Amérique en 1883. Leurs généraux, entre autres ceux de la dynastie des Andafiavaratra, avaient fréquenté des écoles militaires prestigieuses en Angleterre. Les Hova avaient fait du christianisme une religion d'État sous le règne de la reine Ranavalona II, la souveraine qui avait été de loin la plus respectée des Malgaches, toutes ethnies confondues. Durant le règne de celle-ci, les populations de Madagascar vivaient en paix entre elles, et plus de mille deux cents églises et mille cent écoles avaient été bâties à travers l'île. Cependant, force est de constater que la longue domination des Hova au XIXe siècle avait, dans une certaine mesure, aussi aliéné les autres populations de l'île. Le Premier ministre Rainilaiarivony, le dernier grand chef politique de la dynastie des Andafiavratra, avait essayé tant bien que mal de remédier à cet état de fait durant ses longues années de pouvoir. Hélas, la France coloniale ne lui avait pas donné le temps de réaliser son dernier rêve : faire de Madagascar une nation juste et moderne.

Soumis sous un régime de colonisation entre 1896 et 1960, les Malgaches ont toujours su démontrer leur grande résilience en tant que peuple. Réconciliés avec eux-même et leur histoire, débarrassés du tribalisme primaire qui lui devrait appartenir à un passé révolu, ils seront sûrement en mesure de relever les grands défis qui les attendent en ce début du XXIe siècle.

Bibliographie

[1] Blood in the Sand: The storming of Madagascar in 1845
Ian Hernon, Sutton Publishing, 2001

[2] The true story of the French dispute in Madagascar
Captain S. Pasfield Oliver, published in 1885 in London
by T. Fisher Unwin
Reprinted in 1969 in the USA by Negro Universities Press

[3] Project Canterbury: Mauritius and Madagascar - Journals
of an Eight Years's Residence in the Dioceses of
Mauritius, and of a Visit to Madagascar
Vincent W. Ryan, D.D., Bishop of Mauritius, 1864

[4] Perceptions of Ranavalona I: A Malagasy Historic Figure
as a Thematic Symbol of Malagasy Attitudes Toward
History.
Alison Kamhi, Stanford Undergraduate Research
Journal, Vol. 1, May 2002

[5] Victoire Rasoamanarivo (1848-1894): Steadfast pillar of
the Malagasy Church
The Hagiography Circle, 2002

[6] A History of Madagascar
Mervyn Brown, Markus Wiener Publishers, 1995, 2000

[7] Madagascar in War Time: The "Times" Special
Correspondent's Experience Among The Hova During
the French Invasion of 1895
Edward Frederick Knight, 1896, Longmans, Green, and Co.

[8] Politique et Prestidigitation
Suzanne Blatin, Historia numéro 6, mai 1947

[9] Ranavalo à Arcachon

Aimé Nouailhas, Société Historique et Archéologique d'Arcachon et du Pays de Buch, No 123 pp.90-99 et No 124 pp.22-43, 2005

[10] Objects as Envoys: cloth, Imagery and Diplomacy in Madagascar
Christine Mullen Kreamer and Sarah, 2002

[11] Five Years in Madagascar, with Notes on the Military Situation
Colonel Francis Cornwallis Maude
Negro Univ. Press, NY, 1969, reprint from 1895

[12] Engraving: The French in Madagascar
Harper's Weekly, July 6, 1895

[13] The Malagasy and The Europeans
Phares Mutibwa, Longman Group Limited, London, 1974

[14] The Slave Trade: The Story of the Atlantic Slave Trade, 1440-1870
Hugh Thomas, Touchtone – Simon & Schuster, 1997

[15] L'Empire Colonial Français
Atlas Colonial Français, l'Illustration, 1929

[16] L'Expédition de Madagascar en 1895. Journaux De Route
Anthouard, (A.) D' & Ranchot, (A.), Paris, Soc. D'Ed Geogr. Marit. & Col

[17] Toamasina, la cité des femmes
Dominique Bois, CLIO, N° 6-199, Femmes d'Afrique

[18] The pleasant and surprising adventures of Robert Drury, during his fifteen years of captivity on the Island of Madagascar.
Robert Drury, 1729, London: Whittaker, Treacher, and Arnot

[19] British Archaeology

Issue 67, October 2002, "Shipwreck into Slavery" by
Mike Parker Pearson
Editor Simon Denison

[20] General Digby Willoughby: "African adventurer and
Command-in-Chief of the Madagascar Army"
Dr Graham H. Neale. The Journal of the Orders and
Medals Research Society, Vol 21 No 1 (174), 1982

[21] Africa: A Biography of the Continent
John Reader, Vintage Books, September 1999

[22] History of Africa
Kevin Shellington, St Matin's Press New York, 1995

[23] Madagaskar: Symbiose zwischen Gestern und Heute
Expansion and development relating to domestic affairs
of the Merina Franz Stadelmann, PRIORI, 2002

[24] History and Memory in the Age of Enslavement:
Becoming Merina in Highland Madagascar, 1770-1822
Pier Larson, Heinemann, September 2000

[25] An economic History of Imperial Madagascar, 1750-
1895: The Rise and Fall of an Island Empire
Gwyn Campbell, David Anderson, Carolyn Brown
Cambridge University Press, April 2005

[26] The Acquisition of the Malagasy Voicing System
Nina Hyams, Dimitris Ntelitheos, Cecile Manorohanta
UCLA, Department of Linguistics
Université Nord, Antsiranana, Madagascar

[27] Report on The Willoughby Case
Press of The Queen of Madagascar, Nanjaka, 1888

[28] French Aggressions in Madagascar
General Digby Willoughby, The Fortnightly Review, Vol.
41, 1 Jan. 1887

[29] The Shervintons: Soldiers Of Fortune
Kathleen Shervinton, published in 1899 in London by
T. Fisher Unwin

[30] La Diplomatie malgache face à la Politique des Grandes Puissances
Pierre Randrianarisoa - CNRS, 1970

[31] A Protected Queen
Mason Abercrombie Shufeldt
Cosmopolitan, U.S.A, March 1891, pp. 581-591

[32] The French Foreign Legion
James Wellard, George Rainbird Limited, 1974

[33] African-American Consuls Abroad, 1897-1909
Benjamin R. Justesen, Foreign Service Journal, September 2004

[34] H-Net Reviews: In the Humanities & Social Sciences
Gwyn Campbell, H-SAfrica, April 2001
Benjamin R. Justesen, Foreign Service Journal, September 2004

[35] Madagascar: Les Ancêtres au quotidien
Malanjaona Rakotomalala, Sophie Blanchy, Francoise Raison-Jourde
L'Harmatan, 2001

[36] Les premiers missionnaires protestants de Madagascar (1795-1827)
Vincent Huyghues-Belrose, Editions Karthala, 2001

[37] Malagasy – Le Royaume de Madagascar au XIXe Siècle - Tome 1, 1793-1894
Michel Prou, Edition Harmattan, décembre 2004

[38] Madagascar
Pierre Vérin, Editions Karthala, 1990

[39] Ny tantaran'ny Firenena Malagasy
E. Fagerng, Marline Rakotomamonjy, Edisiona Salohy, 1963

[40] La Prédiction ou la vie de Rainilaiarivony, 1828-1896
Annick Cohen-Bessy,

[41] Raombana – Histoires, Vol 1
Traduction française par Simon Ayache

[42] L'Histoire des rois d'Imerina: Interprétation d'une tradition orale
Alain Délivré, Klincksieck, 1974

[43] L'attitude des Malgaches face au Traité de 1885
Faranirina Esoavelomandroso
Université de Madagascar - Lettres, Antananarivo, 1977

[44] Rainilaiarivony, un Homme d'Etat malgache
G. S. Chapus, G. Mondain, Editions Diloutremer

[45] Un complot colonial à Madagascar: l'affaire Rainandriamampandry
Stephen Ellis, Editions Karthala, 1990

[46] Madagascar before the conquest: The Island, the Country and the People
James Sibree

[47] Missionary Writting and Empire, 1800-1860
Anna Johnston, Cambridge Univeristy Press, 2003

[48] French Imperialist Perceptions of Cecil Rhodes
Richard Tholoniat (Université du Maine, Le Mans, France)
Pascal Venier (University of Salford, Manchester, UK)

[49] Le comité de Madagascar 1894-1911
Omaly sy Anio, Revue d'Histoire
Université de Madagascar, Antananarivo, vol. 28, 1998, pages 43-56

[50] Une campagne de propagande coloniale: Galliéni, Lyautey et la défense du
régime militaire à Madagascar (1899-1900)
Pascal Vernier, European Studies Research Institute, University of Salford

[51] Firaketana
Pasteur Ravelojaona, 1936, 2ième Edition

[52] Amboditsiry

Henriette-Elise Reallon, La revue de Madagascar, N°14, avril 1936

[53] Female Caligula: Ranavalona, the Mad Queen of Madagascar
Keith Laidier, John Wiley & Sons, 2005

[54] Rainilaiarivony devant la convoitise des puissances étrangères
Pierre Randrianarisoa
Presses de l'Imprimerie de Madagascar, 3ème édition, 1997

[55] The Rise and Fall of the British Empire
Lawrence James, St. Martin's Griffin, New York, 1994

[56] European Hegemony and African Resistance, 1880-1990
Charles O. Chikeka, The Edwin Mellen Press, 1931
Lawrence James, St. Martin's Griffin, New York, 1994

[57] The French Encounter with Africans
William B. Cohen, Indiana Press University, 1980

[58] France and Britain in Africa
Gifford and Louis, Yale University, 1971

[59] Britain and Germany in Africa
Gifford and Louis, Yale University, 1967

[60] The Merina Kingdom in the Late 1870's as Reported in the Despatches of
Colonel William W. Robinson U.S. Consul in Madagascar
Liliana Mosca, Omaly Sy Anio, N° 37-38, pp. 109-140,1993 (1995)

[61] La Traite à Madagascar dans la seconde moitié du XVIIe siècle à la lumière
de quelques documents Anglo-américains
Liliana Mosca, Università degli Studi di Napoli, 20-22 septembre 1999

[62] La Traite à Madagascar dans la seconde moitié du XVIIe siècle à la lumière

de quelques documents Anglo-américains
Liliana Mosca, Università degli Studi di Napoli, 20-22
septembre 1999

[63] The Rising of the Red Shawls
Stephen Ellis, Cambridge University Press, 1985

[64] Madagascar and France with some Account of the Island,
its People, its
Resources and Development
George A. Shaw, American Tract Society, 1st USA Edition,
1885

[65] Missionary to the Malagasy
The Madagascar Diary of the Rev. Charles T. Price, 1875-1977
Price, Arnold H. Price, American University Studies,
Series #60, 1989

[66] Dictionary of National Biography
Supplement 1901-1911, Oxford University Press, 1958,
p684

[67] The Great Red Island
Arthur Stratton, Charles Scribner's Sons, New York, 1964

[68] East Africa and the Orient: Cultural Synthesis in Pre-
Colonial Times
H. Neville Chittick, Robert I. Rotberg, Africana
Publishing Company, 1975

[69] Death of General Digby Willoughby
South Africa, June 8, 1901, p540

[70] The Times: The War in Madagascar
September 3, 1895 – October 16, 1895

[71] The Times: France and Madagascar
March 1, 1884 – December 26, 1884

[72] The Times: France and Madagascar
November 1, 1895 – December 31, 1895

[73] The Times: France and Madagascar
January 1, 1896 – February 29, 1896

[74] The Times: France and Madagascar
March 1, 1896 – April 29, 1896
[75] Madagascar: Histoire, organisation, colonisation
Andre You, Berger-Levrault & Cie, Editeurs, 1905
[76] War & Diplomacy in the French Republic: Madagascar
Frederick C. Schuman, Howaqrd Fertig, N, 1969
[77] Souvernirs: 1878 - 1893
Charles De Freycinet, Da Capo Press, New York, 1973

Références

Avant propos

1 [64] p293; 2 [67] 142; 3 [76] p115; 4 [45] p67

Chapitre 1

1 [34] p2; 2 [34] p2; 3 [75] 19, 4 [24] p1; 5 [28] p443; 6 [29] p95; 7 [10] p127;
8 [7] p113; 9 [7] p19; 10 [68] p207; 11 [70] octobre 3; 12 [65] pp.70-72; 13 [68] p165;
14 [26] p3; 15 [24] p167; 16 [46] p21; 17 [65] p70; 18 [68] p207; 19 [38] p69;
20 [37] p278, [38] p79; 21 [38] p80; 22 [12] p90, [67] p130; 23 [67] p130;
24 [67] p131; 25 [24] p208; 26 [24] p205, [25] pp. 61-78; 27 [36] p279;
28 [24] p166; 29 [24] p6, [36] pp. 372-373.

Chapitre 2

1 [38] p30; 2 [41] p154; 3 [41] p162; 4 [41] p160; 5 [41] p170, p174; 6 [42] p266;
7 [24] p179; 8 [24] p168; 9 [35] p340; 10 [38] p79; 11 [38] p34; 12 [24] p223;
13 [51] pp.551-554; 14 [51] pp.551-554; 15 [67] p159; 16 [24] p232; 17 [36] p370.

Chapitre 3

1 [4] pp. 29-31; 2 [25] p60; 3 [42] p276; 4 [24] p206; 5 [24] pp. 223-224;
6 [24] p230; 7 [24] p206; 8 [34] p6; 9 [24] p252; 10 [24] p252; 11 [56] p39; 12 [42] p278; 13 [1] p63; 14 [6] p157; 15 [6] p162; 16 [37] p280; 17 [1] p64;
18 [1] p64; 19 [1] p65;20 [36] p10; 21 [53] p2; 22 [24] p235; 23 [37] p156;
24 [25] p14; 25 [2] p6; 26 [17] p13; 27 [2] p7; 28 [25] p166; 29 [58] p11; 30 [2] p7;
31 [2] p10; 32 [2] p10; 33 [2] pp. 265-268; 34 [2] p13; 35 [2] p35; 36 [1] p59;
37 [2] p16; 38 [2] p17; 39 [2] p15, p25; 40 [2] p17, p18; 41 [2] p20, p23;
42 [2] p14; 43 [6] p166, [2] p25; 44 [6] p166; 45 [2] p26; 46 [2] p21; 47 [6] p167;
48 [38] p47; 49 [6] p168; 50 [25] p298; 51 [6] p168; 52 [38] p103; 53 [53] p31;
54 [7] p134; 55 [53] p201; 56 [57] p179.

Chapitre 4

1 [24] p199; 2 [38] p45; 3 [25] p162; 4 [2] p6, p14; 5 [6] p128; 6 [6] p151;
7 [6] p158; 8 [2] p266; 9 [38] p50; 10 [38] p50; 11 [53] p83; 12 [2] p60;
13 [44] p13; 14 [6] p158; 15 [7] p13; 16 [25] p116; 17 [1] p60; 18 [1] p60;
19 [1] p62; 20 [2] p13; 21 [3] Chap V - Section 2; 22 [1] p58; 23 [2] p152;
24 [25] p163, 25 [6] p163.

Chapitre 5

1 [6] p158; 2 [18] p215; 3 [6] p181; 4 [2] p163; 5 [2] p153; 6 [37] p159;
7 [37] p164; 8 [2] p153, p154; 9 [25] p163.

Chapitre 6

1 [6] p170; 2 [6] p170; 3 [6] p171; 4 [2] p21; 5 [6] p171; 6 [6] p172; 7 [6] p172;
8 [6] p174; 9 [34] p2; 10 [27] p325; 11 [2] p185, p192, p198; 12 [7] p111;
13 [2] p28; 14 [6] p174; 15 [2] p28; 16 [2] p31, p69; 17 [38] p110; 18 [6] p176;
19 [44] p34; 20 [6] p177; 21 [6] p177; 22 [24] p207; 23 [6] p178, [44] p42;
24 [44] p42; 25 [44] p49; 26 [2] p32; 27 [64] p282.

Chapitre 7

1 [44] p74; 2 [65] p242; 3 [37] p163; 4 [44] p214; 5 [44] p160;
6 [6] p201, [37] pp. 174-175; 7 [25] p163; 8 [25] p250; 9 [25] p258; 10 [25] p231;
11 [25] p166; 12 [37] p187; 13 [37] p280; 14 [13] p89; 15 [13] p190.

Chapitre 8

1 [37] p189; 2 [29] p124; 3 [2] p167; 4 [65] p110; 5 [29] p124; 6 [10] p124;
7 [2] p149; 8 [37] pp. 195-196; 9 [71] décembre 1884; 10 [6] p220; 11 [29] p127;

12 [37] p218; 13 [37] p219; 14 [37] p219; 15 [44] p342; 16 [44] p160.

Chapitre 9

1 [5] p9.

Chapitre 10

1 [2] p164; 2 [28] p434; 3 [37] p148; 4 [2] p165; 5 [28] p433; 6 [29] p141;
7 [28] p434; 8 [2] p157; 9 [2] p155, [37] p168; 10 [38] p113; 11 [37] p169;
12 [24] p263, 13 [25] p217, p119; 14 [29] p126; 15 [38] p114; 16 [2] p72;
17 [67] p174, p208; 18 [25] p268; 19 [11] p25; 20 [11] p21, [29] p144;
21 [2] p240; 22 [64] p292; 23 [10] pp. 126-128; 24 [64] p130; 25 [31] p581;
26 [13] p270; 27 [10] p125, p126; 28 [25] p300; 29 [29] p169; 30 [10] p142;
31 [10] p122; 32 [10] p124; 33 [10] p136; 34 [33] p73; 35 [10] p137;
36 [10] p137; 37 [10] p143; 38 [37] p280; 39 [10] p138; 40 [7] p157; 41 [25] p103;
42 [25] p103; 43 [29] p176; 44 [13] p342; 45 [25] p195, [29] p173; 46 [25] p106;
47 [25] p298; 48 [37] p232; 49 [11] p25, [37] p147; 50 [6] p220; 51 [11] p34;
52 [37] p234; 53 [11] p31; 54 [29] p166; 55 [37] p195; 56 [37] p195;
57 [29] p205, p206; 58 [44] p182; 59 [7] p255, p275; 60 [37] p235; 61 [11] p163; 62 [37] p236; 63 [16] p243; 64 [7] p159, p160; 65 [29] p143; 66 [16] p124; 67 [16] p57;

68 [25] p163; 69 [37] p233; 70 [28] p441; 71 [49] p2, p5; 72 [72] novembre 15; 73 [40] p289; 74 [11] p247; 75 [16] p126; 76 [29] p226;
77 [40] p261; 78 [29] p226; 79 [11] p23; 80 [29] p223; 81 [29] p182; 82 [45] p29;
83 [45] p35; 84 [7] p243; 85 [7] p315; 86 [7] p316; 87 [2] p242; 88 [29] p208;
89 [16] p253; 90 [29] p215; 91 [16] p238; 92 [16] p240; 93 [7] p309; 94 [16] p241;
95 [29] p143; 96 [16] p253; 97 [6] p182; 98 [11] p23; 99 [11] p26; 100 [28] p434;
101 [2] p164, p165; 102 [7] p134; 103 [60] p136; 104 [65] p242; 105 [11] p25;
106 [37] p163;107 [40] p274; 108 [29] p229; 109 [40] p290; 110 [16] p238;
111 [55] p198; 112 [70] octobre 12.

Chapitre 11

1 [53] p35; 2 [15] p14; 3 [16] pIX; 4 [37] p191; 5 [6] p123; 6 [6] p130;
7 [71] mars 28; 8 [2] p70; 9 [2] p33; 10 [2] p72; 11 [2] p33; 12 [44] p48;
13 [2] p74; 14 [2] p74; 15 [2] p51; 16 [2] p56; 17 [2] p58; 18 [12] p640;
19 [37] p188; 20 [2] p63;

Chapitre 12

1 [16] pp. 203-204; 2 [16] p207; 3 [16] p228; 4 [16] p231; 5 [16] p255;
6 [16] p254; 7 [16] pp253; 8 [11] p260; 9 [6] p220; 10 [11] p155; 11 [11] p158;

12 [25] p231; 13 [29] p171; 14 [11] p158; 15 [53] p34; 16 [67] p127; 17 [53] p34;
18 [25] p230; 19 [11] p156, p157; 20 [36] p10; 21 [14] p663; 22 [25] p232;
23 [21] p478; 24 [14] p623; 25 [24] p4; 26 [24] pp. 150-153; 27 [53] p34;
28 [25] p113; 29 [53] p23; 30 [25] p241; 31 [25] p229; 32 [18] p215; 33 [14] p259;
34 [7] p119; 35 [53] p34; 36 [14] p369.

Chapitre 13

1 [2] p184; 2 [1] p62; 3 [28] p432; 4 [2] p76; 5 [28] p436; 6 [28] p433, [2] p190;
7 [2] p52, p54; 8 [25] p12; 9 [28] p435; 10 [24] p1; 11 [2] p111, p112;
12 [37] p192; 13 [44] p232; 14 [71] mars 28; 15 [37] p194; 16 [2] p172;
17 [2] p192; 18 [71] juillet 22; 19 [37] p191; 20 [49] p4; 21 [71] juillet 22;
22 [2] p193; 23 [29] p124; 24 [25] pp. 204-205; 25 [25] p298; 26 [25] pp. 298-299;
27 [7] p114; 28 [28] p437; 29 [28] p437; 30 [25] p103; 31 [28] p438, [37] p206;
32 [37] p206; 33 [29] p101; 34 [29] p108; 35 [28] p441; 36 [29] p143; 37 [13] p271;
38 [65] p207, p208; 39 [16] p X; 40 [71] octobre 24; 41 [37] p204; 42 [37] p206;
43 [2] p173, p174; 44 [2] p198; 45 [37] p205; 46 [37] p205; 47 [16] p X;
48 [28] p139; 49 [28] p439; 50 [28] p439; 51 [58] p15, p20; 52 [37] p207;

53 [16] p238; 54 [71] mars 28; 55 [29] p121; 56 [37] p207; 57 [6] p215;
58 [43] p72, p73; 59 [20] p49; 60 [29] p140; 61 [16] p108.

Chapitre 14

1 [2] p156; 2 [42] p281; 3 [7] p323, p324; 4 [7] p324; 5 [16] p241; 6 [7] p324;
7 [2] pp. 210-212; 8 [2] pp. 213-217; 9 [12] p640; 10 [16] p X, [20] p438;
11 [20] p438; 12 [7] p324; 13 [7] p329; 14 [29] p230; 15 [45] p59; 16 [45] p48;
17 [45] p45; 18 [45] p51; 19 [45] p67; 20 [50] p9; 21 [57] p279; 22 [13] p195.

Chapitre 15

1 [11] p20; 2 [11] p17, [2] p158; 3 [11] p268; 4 [11] p19; 5 [11] p19; 6 [11] p21;
7 p [11] p18; 8 [64] p280; 9 [37] p170; 10 [10] p101; 11 [33] p73; 12 [28] p435;
13 [2] pp. 230-233; 14 [2] p240; 15 [16] p158; 16 [45] p28; 17 [16] p256;
18 [40] p273; 19 [49] p5; 20 [72] 1ᵉʳ decembre; 21 [9] p90; 22 [9] p43;
23 [11] p269, p270; 24 [8] p460; 25 [8] p462; 26 [9] p92; 27 [7] p269;
28 [70] octobre 13; 29 [70] octobre 11; 30 [8] p460.

Chapitre 16

1 [16] p91; 2 [16] p91; 3 [48] p1; 4 [20] p46; 5 [20] p44; 6 [20] p44; 7 [20] p44;

8 [28] p437, [66] p634; 9 [20] p48, [28] p437; 10 [13] p271;
11 [12] p640, [28] p438; 12 [2] p201, p202; 13 [20] p49; 14 [10] p102;
15 [6] p212; 16 [28] p439; 17 [20] p44; 18 [69] p540; 19 [20] p44; 20 [29] p120;
21 [29] p119; 22 [29] p119; 23 [29] p120; 24 [27] p4; 25 [27] p42; 26 [20] p50;
27 [20] p44; 28 [20] p49; 29 [20] p51; 30 [20] p53; 31 [29] p142;
32 [29] pp. 1-218; 33 [7] p239; 34 [16] p172; 35 [7] p264; 36 [7] p264;
37 [7] p277; 38 [7] p278.

Chapitre 17

1 [28] p441; 2 [29] p96; 3 [29] p110; 4 [76] p112 ; 5 [11] p87, pp. 239-254;
6 [25] pp. 14-17, [37] p237, p238, p240; 7 [7] p163; 8 [29] pp. 203-204, [45] p29;
9 [29] p223; 10 [7] p311; 11 [16] p123, p177; 12 [16] p81; 13 [29] pp. 205-217;
14 [2] p190; 15 [16] p128; 16 [55] p196; 17 [55] p198; 18 [55] p198; 19 [55] p299;
20 [58] p240; 21 [59] p18; 22 [59] p115; 23 [59] p115; 24 [74] mars 12;
25 [13] p343; 26 [13] p343; 27 [57] p273, p274; 28 [49] p43, p56;
29 [72] novembre 28 ; 30 [32] p67; 31 [32] p67; 32 [37] p237; 33 [67] p138;
34 [7] p302; 35 [32] p67; 36 [72] novembre 28; 37 [72] décembre 9;
38 [31] p586; 39 [72] décembre 9; 40 [12] p640; 41 [16] p85; 42 [71] mars 28;

43 [7] p298; 44 [7] p261, p298; 45 [67] p137; 46 [16] p XIV; 47 [32] p67;

48 [12] p640; 49 [12] p640, [16] p110; 50 [7] p230; 51 [24] p236; 52 [7] p310;

53 [70] septembre 3; 54 [16] p227; 55 [16] p249; 56 [7] p303, [16] p165;

57 [40] p261; 58 [70] octobre 1; 59 [72] décembre 16; 60 [74] mars 14;

61 [72] décembre 14; 62 [7] p179; 63 [6] p227; 64 [7] p181; 65 [12] p639;

66 [7] p188; 67 [70] octobre 3; 68 [64] p6; 69 [32] p65; 70 [16] p213;

71 [11] p286, [16] p215, [70] octobre 3; 72 [7] p238; 73 [6] p228;

74 [6] p228; 75 [37] p213; 76 [7] p233, p271; 77 [7] p257, p258; 78 [7] p291;

79 [7] p286; 80 [40] p262; 81 [7] p281, p287, p291, [29] p227; 82 [7] p130;

83 [16] p126; 84 [7] p267; 85 [7] p264; 86 [40] p260; 87 [24] p221; 88 [16] p235;

89 [40] p262, p263; 90 [40] p264, p265; 91 [7] p179; 92 [29] p135;

93 [25] p334; 94 [28] p438; 95 [32] p65; 96 [7] p267; 97 [7] p299; 98 [7] p300;

99 [65] p104; 100 [16] p227; 101 [29] p173, p174; 102 [16] p170; 103 [16] p178;

104 [16] p187; 105 [16] p187; 106 [29] p192; 107 [16] p125, [7] p257;

108 [7] p211; 109 [22] p174.

Chapitre 18

1 [76] p125; 2 [77] p268; 3 [76] p116; 4 [67] p137; 5 [16] p31; 6 [16] p85; 7 [16] p88;

8 [37] p206; 9 [37] p206; 10 [37] p232; 11 [16] p86; 12 [16] p103; 13 [37] p196;

14 [40] p258; 15 [7] p261; 16 [7] p168; 17 [16] p167; 18 [16] p239; 19 [76] p111;

20 [29] p208; 21 [7] p113; 22 [7] p113; 23 [7] p22; 24 [8] p245; 25 [29] p215;

26 [38] p51; 27 [43] p86; 28 [7] p15; 29 [7] p272; 30 [7] p261; 31 [7] p264;

32 [16] p227, p229; 33 [7] p290; 34 [16] p229; 35 [70] octobre 15; 36 [70] octobre 15;

37 [16] p194; 38 [70] septembre 24.

Chapitre 19

1 [24] p208; 2 [21] p614; 3 [6] p54, [18] p215, p227; 4 [7] p9, p15, [37] p222;

5 [21] p479; 6 [22] p262; 7 [56] p21; 8 [2] p162; 9 [37] p170; 10 [2] p174;

11 [37] p218; 12 [37] p210; 13 [37] p230; 14 [37] p238; 15 [37] p238;

16 [45] p41; 17 [73] October; 18 [67] p163; 19 [2] p33; 20 [6] p103; 21 [37] p149;

22 [44] p305; 23 [38] p31; 24 [37] p37; 25 [37] p231; 26 [36] pp. 299-300;

27 [7] p13; 28 [44] p13; 29 [37] p156; 30 [2] p185.

Appendice:
Les photos d'illustration

Le palais Royal - Manjakamiadana
Copyright - Mission Archives, School of Mission and Theology,
Stavanger, Norway, ca. 1900

Le palais du Premier ministre - Andafiavaratra
Copyright - Mission Archives, School of Mission and Theology,
Stavanger, Norway, ca. 1900

La reine Ranavalona III
Copyright - Mission Archives, School of Mission and Theology,
Stavanger, Norway, ca. 1890 – 1895

Le Premier ministre Rainilaiarivony
Copyright - Mission Archives, School of Mission and Theology,
Stavanger, Norway, ca. 1895

Le roi Radama II
Copyright - Mission Archives, School of Mission and
Theology, Stavanger, Norway , ca. 1862

La reine Rasoherina
Copyright - Mission Archives, School of Mission and Theology,
Stavanger, Norway

La reine Ranavalona III à Imarivolanitra
Copyright - Mission Archives, School of Mission and Theology,
Stavanger, Norway, ca. 1895

Dernier discours royal de la reine Ranavalona III à Andohalo
Copyright - Mission Archives, School of Mission and Theology,
Stavanger, Norway, ca. 1895

Le général Rainitomponiera et sa femme Razaimanana
Copyright - Wisbech & Fenland Museum

Le général Rainandriamampandry
Copyright - Mission Archives, School of Mission and Theology,
Stavanger, Norway, ca. 1895

Le général Digby Willoughby
Photo reproduite à partir du livre de Kathleen Shervinton (1899)
« The Shervintons: Soldiers of Fortune »

John Lewis Waller
Copyright - Archives du Kansas State Historical Society

L'armée Hova en parade sur la plaine de Mahamasina
Copyright - Mission Archives, School of Mission and Theology,
Stavanger, Norway, 1896

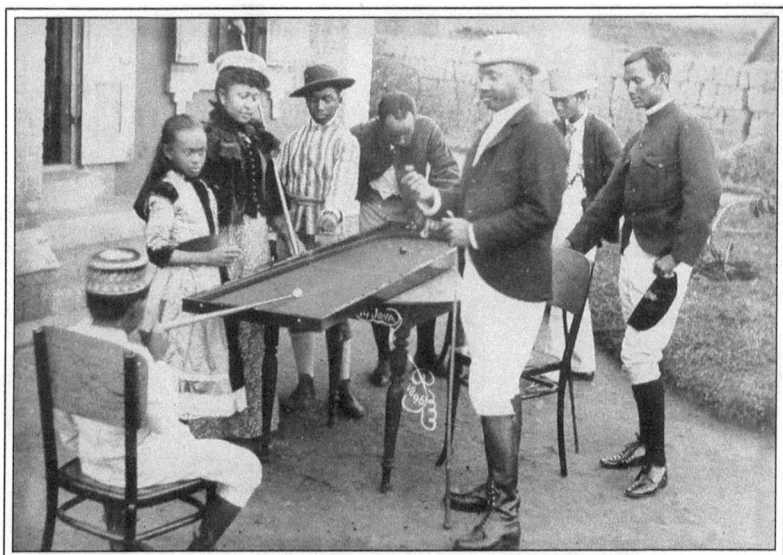

Le prince Ramahatrarivo II en famille
Copyright - Mission Archives, School of Mission and Theology,
Stavanger, Norway, ca. 1896

Le général Rasanjy
Copyright - Mission Archives, School of Mission and Theology,
Stavanger, Norway, ca. 1890

La résidence générale de France à Ambohitsirohatra
Copyright - Mission Archives, School of Mission and Theology,
Stavanger, Norway - 14 juillet 1896

La maison du général Ratelifera à Amboditsiry
Copyright - Mission Archives, School of Mission and Theology,
Stavanger, Norway, ca. 1905

La princesse Ramasindrazana
Copyright - Mission Archives, School of Mission and Theology,
Stavanger, Norway, ca. 1890

Une femme Hova en tenue traditionnelle
Copyright - Mission Archives, School of Mission and Theology,
Stavanger, Norway

Andriantsitohaina and Raonitsietena, 1862–65
Copyright - Wisbech & Fenland Museum

Le palais royal et les maisons des nobles à Antananarivo
Copyright - Royal Ontario Museum, Canada

Photographed by Rev. W. Ellis.   Page 373.

SLAVE MARKET IN THE PUBLIC ROAD, ANTANANARIVO.

Un marché d'esclaves sur la voie publique à Antananarivo
Copyright - Royal Ontario Museum, Canada

Page 61.

PLACE WHERE THE FIRST CHRISTIAN MARTYRS WERE PUT TO DEATH.

La place où les premiers martyrs furent mis à mort

Le tombeau du général et Premier ministre Rainiharo
Copyright - Mission Archives, School of Mission and Theology,
Stavanger, Norway

Index

B

Bakary 155
Bara 63, 66, 71, 92, 166, 290
Bareravony 290
Basutoland 214
Baudais 92, 155, 158, 274
Bazoche 66
Benao 192
Benjamin Harrison 118
Berceau 66
Beritsoka 274
Berson 290
Betanimena 202, 290
Betsiboka 290
Betsileo 63, 66, 73, 87, 92, 97, 155, 166, 202
Betsimisaraka 60, 63, 155, 202, 290
Beylié 252
Bismarck 231, 244
Boina 63, 158, 229, 274
Bompard 185
Brady 60
Buisson 155
Bulawayo 220
Burleigh 205

C

Callet 18
Cameron 44
Campan 89
Cap 63, 158, 220
Carayon 34
Caroline du Sud 166
Cassas 89
Cavaignac 246
Cazeneuve 209
Celtes 281

U

V

W

Z

zanakanandriana 21
Zanzibar 63
zazahova 21
zazamarolahy 21
Zélée 66

To order additional copies of

Les Généraux Andafiavaratra et la France au XIXᵉ siècle à Madagascar

For orders outside of United States:
Call or visit your local bookstore

For orders in the United States:
have your credit card ready and call
1 800-917-BOOK (2665)

or e-mail
orders@selahbooks.com

or order online at
www.selahbooks.com